Bettina Munimus

Heide Simonis

Aufstieg und Fall der ersten Ministerpräsidentin Deutschlands

Mit einem Geleitwort von Heide Simonis

AF670559

GÖTTINGER JUNGE FORSCHUNG

Schriftenreihe des Göttinger Instituts für Demokratieforschung

Herausgegeben von Dr. Matthias Micus

ISSN 2190-2305

1 *Stine Harm*
Bürger oder Genossen?
Carlo Schmid und Hedwig Wachenheim - Sozialdemokraten trotz bürgerlicher Herkunft
ISBN 978-3-8382-0104-7

2 *Benjamin Seifert*
Träume vom modernen Deutschland
Horst Ehmke, Reimut Jochimsen und die Planung des Politischen in der ersten Regierung Willy Brandts
ISBN 978-3-8382-0105-4

3 *Robert Lorenz*
Siegfried Balke
Grenzgänger zwischen Wirtschaft und Politik in der Ära Adenauer
ISBN 978-3-8382-0137-5

4 *Johanna Klatt*
Rita Süssmuth
Politische Karriere einer Seiteneinsteigerin in der Ära Kohl
ISBN 978-3-8382-0150-4

5 *Bettina Munimus*
Heide Simonis
Aufstieg und Fall der ersten Ministerpräsidentin Deutschlands
Mit einem Geleitwort von Heide Simonis
ISBN 978-3-8382-0170-2

Göttinger Institut
für Demokratieforschung

Bettina Munimus

HEIDE SIMONIS

Aufstieg und Fall der ersten Ministerpräsidentin Deutschlands

Mit einem Geleitwort von Heide Simonis

ibidem-Verlag
Stuttgart

Bibliografische Information der Deutschen Nationalbibliothek
Die Deutsche Nationalbibliothek verzeichnet diese Publikation in der Deutschen Nationalbibliografie; detaillierte bibliografische Daten sind im Internet über http://dnb.d-nb.de abrufbar.

Bibliographic information published by the Deutsche Nationalbibliothek
Die Deutsche Nationalbibliothek lists this publication in the Deutsche Nationalbibliografie; detailed bibliographic data are available in the Internet at http://dnb.d-nb.de.

Umschlagsfoto: Heide Simonis. Quelle: Privatarchiv Heide Simonis. Abdruck mit freundlicher Genehmigung.

∞

Gedruckt auf alterungsbeständigem, säurefreien Papier
Printed on acid-free paper

ISSN: 2190-2305

ISBN-13: 978-3-8382-0170-2

© *ibidem*-Verlag
Stuttgart 2010

Alle Rechte vorbehalten

Das Werk einschließlich aller seiner Teile ist urheberrechtlich geschützt. Jede Verwertung außerhalb der engen Grenzen des Urheberrechtsgesetzes ist ohne Zustimmung des Verlages unzulässig und strafbar. Dies gilt insbesondere für Vervielfältigungen, Übersetzungen, Mikroverfilmungen und elektronische Speicherformen sowie die Einspeicherung und Verarbeitung in elektronischen Systemen.

All rights reserved. No part of this publication may be reproduced, stored in or introduced into a retrieval system, or transmitted, in any form, or by any means (electronical, mechanical, photocopying, recording or otherwise) without the prior written permission of the publisher. Any person who does any unauthorized act in relation to this publication may be liable to criminal prosecution and civil claims for damages.

Printed in Germany

Eine neue Kultur des Schreibens

Idee

„Göttinger Junge Forschung“, unter diesem Titel firmiert eine Publikationsreihe des „Instituts für Demokratieforschung“, das am 1. März 2010 an der Georg-August-Universität in Göttingen gegründet worden ist. Ein Ziel dieses Institutes ist die Synthese zwischen Universität *und* Gesellschaft, Politik *und* Wissenschaft, Forschung *und* Öffentlichkeit.

In einem solchen Sinne sind auch die Bände der „Göttinger Jungen Forschung“ als Scharnier gedacht. Junge Wissenschaftler können aus der universitären Eigenwelt heraustreten und einer breiteren Öffentlichkeit die Resultate ihrer Forschungen präsentieren. Sie können zeigen, dass sie die Techniken wissenschaftlichen Arbeitens beherrschen – und gleichzeitig zu farbigen und ausdrucksstarken Formulierungen fähig sind. Das mag feuilletonistisch klingen und manchem Kollegen unseriös anmuten. Doch meint die Synthese, wie sie uns vorschwebt und durch die Publikationsreihe promoviert werden soll, nicht zuletzt dies: auf eine manierierte Fachsprache weitestgehend zu verzichten, den exklusiven Sonderjargon zumindest dort zu unterlassen, wo er zur Präzisierung nicht erforderlich ist, und – jedenfalls wo das möglich ist, ohne die Interpretationen übermäßig zu verkürzen oder zu trivialisieren – stattdessen spannend und originell zu formulieren.

Inspiration

Am neu gegründeten „Institut für Demokratieforschung“ verankert, steht diese Buchreihe zugleich in der Tradition der „Göttinger Schule“ der Politikwissenschaft. Was ist damit gemeint, wodurch zeichnet sich der so titulierte politikwissenschaftliche Ansatz aus? Als in den 1990er Jahren in der Politikwissenschaft die Bezeichnung „Göttinger Schule“ aufkam, bezog sich das vor allem auf die Milieustudien der Göttinger Parteienforscher. Unter Rückgriff auf das Milieukonzept war es gelungen, die zeitgenössische Stabilität der bundesrepublikanischen Parlamentsparteien bei Wahlen, die starke Bindung ihrer Sympathisanten, ebenso parteipolitische Feindbilder und grundlegende Überzeugungen vor allem durch die eigenkulturelle Abschottung der Parteien und ihrer Anhänger in parallelgesellschaftlichen Organisationsnetzwerken zu erklären. Die Hochphasen der klar voneinander separierten Milieus mochten zum Zeitpunkt der Betrachtung weit zurückliegen, die Ideologien und Mythen längst verblasst sein, die alten Feste und Bräuche allenfalls noch erinnert, nicht aber mehr demonstrativ gepflegt werden – vielfach modifiziert, transformiert und dem Gesellschaftswandel angepasst, besaßen emotionale Milieuresiduen trotzdem immer noch Erklärungskraft für die Analyse regionaler Wählerhochburgen sowie zur Untersuchung beispielsweise der Besonderheiten des sozialstrukturellen Profils der Parteimitglieder wie auch des politischen Selbstverständnisses der Parteianhänger.

Die wegweisenden Analysen zu den Milieus korrespondierten mit bestimmten Forschungsschwerpunkten, die bis heute unverändert im Fokus der Göttinger Politikwissenschaft stehen. Milieus siedeln im Schnittfeld verschiedener Ursachen, Einflüsse und Wirkungen. Wer auf sie sein Augenmerk richtet, der kommt an Parteien nicht vorbei, den, nach der klassischen Formulierung von M. Rainer Lepsius, „politischen Aktionsausschüssen“[1] der Milieus. Auch Fragen der politischen Kultur sind schnell bei der Hand, wo erklärt werden muss, warum die eine Gesellschaft organisatorisch gestützte, sämtliche Lebensbereiche umfassende Vergemeinschaftungen hervorbringt, die andere dagegen nicht; oder weshalb manche Bevölkerungsgruppen eine Affinität zur Selbstausgrenzung in einer introvertierten Separatkultur zeigen, die anderen fremd ist.

Und insofern Milieus nicht von selbst, gleichsam voraussetzungslos und aus dem Nichts heraus, entstehen, sondern Ergebnisse bewussten Organisationshandelns sind, liegen auch Untersuchungen zu politischer Führung nahe, wenn von Milieus die Rede ist. Politische Anführer agieren nicht im luftleeren Raum, sie sind in institutionelle Strukturen und kulturelle Kontexte eingebun-

---

1 Lepsius, M. Rainer: Parteiensystem und Sozialstruktur. Zum Problem der Demokratisierung der deutschen Gesellschaft, in: ders.: Demokratie in Deutschland, Göttingen 1993, S.25-50, hier: S.37.

den und können – wie im 19. Jahrhundert bereits Otto von Bismarck wusste – den Strom der Zeit nicht schaffen, sondern allenfalls auf ihm steuern. Doch immer dann, wenn sich der gesellschaftliche Wandel beschleunigt, wenn lange Bewährtes überständig und vermeintliche Sicherheiten brüchig werden, dort also, wo sich die berühmten Gelegenheitsfenster öffnen – in diesen Momenten kommt es dann doch auf die individuellen Fähigkeiten der politischen Führungspersonen an, da vermögen der Instinkt und die Weitsicht, die Chuzpe, Entschlusskraft und das Verhandlungsgeschick, kurz: der Machtwille und die politische Tatkraft Einzelner den Geschichtsfluss umzuleiten und neue Realitäten zu schaffen.

Obwohl nun die Göttinger Politikwissenschaft in den vergangenen Jahren sukzessive ihr Blickfeld erweitert und immer weitere Dimensionen in ihre Analysen integriert hat, bilden die alten Kernbereiche unverändert das Zentrum der Göttinger Forschungen. Thematisch werden die in diese Reihe aufgenommenen Arbeiten daher um folgende Untersuchungsgebiete kreisen: An Fallbeispielen werden Möglichkeiten und Grenzen, biographische Hintergründe und Erfolgsindikatoren politischer Führung untersucht. Kulturelle Phänomene, beispielsweise die Gestalt und Wirkung gesellschaftlicher Generationen, werden ebenso Thema sein wie auch klassische Organisationsstudien aus dem Bereich der Parteien- und Verbändeforschung.

Sprache

Gleichwohl: Seit einiger Zeit wird die Bezeichnung „Göttinger Schule“ breiter verwendet, als ihr Kennzeichen gilt heute nicht mehr die Beschäftigung mit Milieus oder spezifischen, klar abgrenzbaren Inhalten an sich, sondern allgemeiner ein spezifischer Darstellungsstil, der Forschungsergebnisse für ein interessiertes, fachfremdes Publikum aufarbeitet und die Vermittlung der akademischen Erkenntnisse weit über die engen Grenzen der eigenen Disziplin in die Öffentlichkeit hinein anstrebt. Die „Göttinger Schule“ steht für die Lust an der öffentlichen Einmischung und den Verzicht auf akademische Wortungetüme. Dabei bedeutet der eher lockere, essayistische Stil nicht, dass die Texte rasch oder unbedacht heruntergeschrieben würden. Eher im Gegenteil: Sozialwissenschaftliche Phänomene spannend darzustellen ist harte Arbeit. Man muss sich hinsetzen, die Gedanken in fesselnde Sätze verwandeln, die Sinn ergeben, welche zudem der Komplexität des untersuchten Gegenstandes gerecht werden und den Leser dennoch zum Umblättern veranlassen. Um Barbara Tuchman zu zitieren: „Das ist mühselig, langsam, oft schmerzlich und manchmal eine Qual. Es bedeutet ändern, überarbeiten, erweitern, kürzen, umschreiben."[2]

Diese Ausdrucksweise zu fördern, und in Anbetracht des dominanten Präsentationsstiles der zeitgenössischen Sozialwissenschaften könnte man etwas hochtrabend auch von einer neuen „Kultur des Schreibens" sprechen, ist ein zentrales Anliegen der vorliegenden Buchreihe. Schreiben, davon sind wir überzeugt, lernt man nur durch die Praxis des Schreibens. Praxis des Schreibens heißt aber Veröffentlichung, und die Möglichkeit zu einer frühen Publikation und gleichzeitig zu einem frühzeitigen Training sowie Nachweis der eigenen Vermittlungskompetenz soll mit der Reihe „Göttinger Junge Forschung" geboten werden.

Es liegt nun nahe, dieses Ziel, eine neue Kultur des Schreibens herauszubilden, nicht kurzfristig anzustreben. Ebenso offensichtlich wird die bloße Absichtsbekundung, verständlichere und lesbarere Texte zu verfassen und sich verstärkt in die öffentlichen Diskurse einzumischen, zunächst einmal wenig bewirken. Perspektivisch wird es vielmehr darum gehen müssen, eine neue Generation von Politik- und Sozialwissenschaftlern zu begründen, deren Talente zu Vermittlung und Transfer ihrer Forschungsresultate, zum melodiösen Schreiben wie auch zu wirkungsvoller öffentlicher Intervention von Anfang an während des Studiums weiterzuentwickeln sind. In diesem Sinne hat die Buchreihe die Funktion, vorhandene Begabungen im Umfeld des Göttinger „Instituts für Demokratieforschung" durch die reizvolle Offerte einer frühzeitigen Publikation gezielt zu – horribile dictu – fördern und fordern.

2 Tuchman, Barbara: In Geschichte denken, Frankfurt a.M. 1984, S.27.

Offenheit

Kreativ schreiben aber kann nur, wer beizeiten seine Gedanken schweifen lässt. Die neue Kultur des Schreibens verträgt sich daher nicht mit der Neigung zu starrer Kategorienbildung, der Glättung realer Widersprüche in konstruierten Systemen und scheinexaktem Schubladendenken, wie sie in den Sozialwissenschaften verbreitet sind. Die Autoren dieser Reihe arbeiten daher mit methodisch sehr viel offeneren Verfahren, die als „dichte Beschreibung“ oder „aufmerksame Beobachtung“ apostrophiert werden können. Die aufmerksame Beobachtung gleicht einer Entdeckungsreise in unbekannte Erkenntnisfelder. Es wird aufzunehmen, festzuhalten und zu berücksichtigen versucht, was in einer konkreten Handlungssituation geschieht. Der Fluchtpunkt ist das Aufspüren und Sichtbarmachen von möglichen Zusammenhängen. Kann die aufmerksame Beobachtung insofern mit einem Weitwinkelobjektiv verglichen werden, so ist die dichte Beschreibung der Zoom. Alles das, was für die gewählte Fragestellung entbehrlich ist, wird herausgefiltert und der Rest zu einer fesselnden Erzählung komponiert. Mithilfe von Faktenkenntnis, Einfühlungsvermögen und Vorstellungskraft werden die Zusammenhänge und Bedeutungen hinter den Details sichtbar gemacht, durch die Konzentration auf das Wesentliche und die scharfe erzählerische Konturierung zunächst verschwimmender Linien die Leser in den Bann geschlagen.

In diesem Sinne setzen die Autoren der Reihe „Göttinger Junge Forschung“ auf die Integration ganz unterschiedlicher Aspekte, Sichtweisen und Methoden, um das für komplexe Probleme charakteristische Zusammenspiel multipler Faktoren analysieren und die internen Prozesse eines Systems – die sogenannte "black box" – verstehen zu können. Menschliches Handeln ist häufig unlogisch, politische Entscheidungen entspringen nicht selten Zufällen. Der Gefahr, Nuancen einzuebnen und Geradlinigkeit zu behaupten, wo tatsächlich Unebenheiten dominieren, kann man nur durch forschungspragmatische Offenheit entgehen. Einer interessanten, anregenden, inspirierenden Darstellung und also dem Genuss bei der Lektüre kommt das ohnehin zugute.

Matthias Micus

Göttingen, im April 2010

Inhalt

Geleitwort von Heide Simonis

Nur drei Mal in der rund 60-jährigen Geschichte der Bundesrepublik Deutschland bekleideten Frauen das Amt der Ministerpräsidentin. Ich war die erste. Und ich musste beweisen: Eine Frau kann genauso gut ein Bundesland regieren wie ein Mann. Man möchte meinen, dass meine zwölf Jahre als Regierungschefin und Staatsoberhaupt von Schleswig-Holstein zu einer gewissen Normalität beigetragen haben und dass Frauen in politischen Spitzenpositionen nicht mehr als Ausnahmeerscheinung wahrgenommen und entsprechend beurteilt werden. Aber dem ist nicht so. Obwohl Deutschland seit 2005 von einer Bundeskanzlerin regiert wird und seit Oktober 2009 auch in Thüringen und seit Juli 2010 in Nordrhein-Westfalen Frauen an der Landesspitze stehen, ist mehr als ein gewisser Unterton geblieben. Politikerinnen sehen sich immer noch mit der Frage konfrontiert: „Kann die das überhaupt?" So war es bei mir – und so war es beim Amtsantritt von Christine Lieberknecht und Hannelore Kraft.

Frauen in einflussreichen Positionen sind weiterhin selten anzutreffen. Wenn sie in der Politik in ein höheres Amt gelangen, dann meist, weil es einen Mann zuvor „aus der Kurve getragen hat". Indes: Der Weg zur Bundeskanzlerin oder zur Ministerpräsidentin ist kein einfacher. Und frau rutscht da nicht einfach so rein. Sie muss die gleichen – wenn nicht gar bessere – Qualifikationen mitbringen wie der männliche Mitbewerber. Rücken Frauen durch Kompetenz und harte Arbeit in eine Machtposition vor, sei es in der Wirtschaft oder in der Politik, werden sie meist, ja in aller Regel strenger und kritischer bewertet als Männer. Sie müssen sich den allseitigen Respekt erst erkämpfen. Demgegenüber wird seltener und zuweilen auch herablassend über ihre Leistungen und Erfolge berichtet. Und auf Fehler stürzen sich die Medien gelegentlich mit Häme und Boshaftigkeit. Auch dem Äußeren wird besonderes Interesse gewidmet. Die Führungsqualitäten eines Mannes würden wohl nicht schlechter bewertet werden, weil sich die Farbe der Krawatte mit der des Hemdes beißt.

Bei Frauen hingegen fließt Rocklänge, Make-up, Frisur und Mimik direkt oder aber unterschwellig in die Beurteilung ihrer Kompetenz ein.

Viele Politikerinnen verfügen über ausgeprägte Tugenden, über Teamgeist, Geduld und Zähigkeit. Es fehlt jedoch oft der Mut, den Führungsanspruch auch selbstbewusst nach außen zu vertreten. Wenn sie es tun, laufen sie nicht selten Gefahr, als Vorgesetzte oder Kollegin zu „nerven". Und sobald eine Politikerin in der Sache Härte zeigt – weil es die Situation verlangt – heißt es schnell, sie sei machtversessen, kompromisslos oder gar „stutenbissig". Ein konsequenter und am Erfolg ausgerichteter Führungsstil von Frauen gilt vielfach nach wie vor als eher unschicklich.

Deutschland braucht mehr Frauen in Führungsverantwortung. Das Land wird es sich nicht länger leisten können, auf die Potenziale gut ausgebildeter und motivierter Frauen zu verzichten. Und das gilt nicht nur in der Politik. In einer alternden Gesellschaft ist ein solches Defizit gar unverantwortlich. Die heutige junge Frauengeneration steht in Ausbildung und Qualifikation, wie viele Studien belegen, Männern in nichts mehr nach. Aber die „gläserne Decke" hindert sie oft am weiteren beruflichen Aufstieg. In einer sich wandelnden Welt, angesichts ökonomischer Globalisierung, ökologischer Problemverschärfung und riskanter technischer Optionen sind neben „hardware"-Kenntnissen vor allem auch „software"-Fähigkeiten wichtig. Und über diese verfügen Frauen in hohem Maße. Sie werden also gebraucht.

Als Ministerpräsidentin habe ich Höhen aber auch Tiefen durchlaufen, wie das in einer langjährigen politischen Karriere nicht ungewöhnlich ist. Als erste Frau in diesem Amt habe ich ein Exempel statuieren können, das vielen jungen Frauen heute als Vorbild dient. Ich konnte und kann ihnen sagen: „Ihr könnt es schaffen – aber Ihr müsst es wollen!" Das vorliegende Buch von Bettina Munimus, einer jungen Autorin zeigt, auf was dabei zu achten ist und worauf es ankommt. Ich stimme nicht mit jeder ihrer Bewertungen überein, aber ich bewundere ihre Belesenheit und ihren Kenntnisreichtum.

Heide Simonis

Vorbemerkung

Aufmerksam und gebannt verfolgte ich im Frühjahr 2005 die Berichterstattung über den wohl schlimmsten Tag im politischen Leben von Heide Simonis. Am 17. März 2005 wurde das politische Ende der ersten und lange Zeit einzigen Ministerpräsidentin Deutschlands im Kieler Landtag besiegelt. Nach zwölf Jahren im Amt trat sie zur Wiederwahl an und scheiterte an einem unbekannten Abweichler in den eigenen Reihen, der ihr seine Stimme in vier Wahlgängen verweigerte. Als Beobachterin fragte ich mich, wie es zu einer solch öffentlichen Demütigung kommen konnte. Lag es daran, dass sie als Frau dieses Amt bekleidete? Oder war Rache das Hauptmotiv? Das Thema „Frauen und politische Führung" ist in der Politikwissenschaft nach wie vor ein noch wenig beleuchtetes Feld. Dabei sticht die Frage ins Auge: Führen Frauen politisch anders?

Den Fall Simonis nahm ich zum Anlass, mich im Rahmen meiner Magisterarbeit intensiver mit Frauen und deren Führungsstil in der Politik zu beschäftigen. Die Recherche für diese Arbeit im Jahr 2006 erwies sich allerdings als schwierig, da die genauen Umstände des politischen Endes weiterhin unklar waren. Politisch gehörte die „Causa Simonis" noch nicht der Vergangenheit an. Die Mehrheit der angefragten Personen lehnte ein Gespräch mit mir ab. Vor allem ehemalige Mitarbeiter und Mitglieder ihres Kabinetts standen für ein Gespräch nicht zur Verfügung. Ein vereinbarter Gesprächstermin mit einem ehemaligen Mitarbeiter der Kieler Staatskanzlei wurde abgesagt, nachdem ich ihm zuvor auf seine Bitte den von mir ausgearbeiteten Fragenkatalog für das Gespräch zugesandt hatte. Er versicherte mir eine schriftliche Beantwortung, die ich allerdings nie erhielt. Die Geschehnisse im März 2005 werden von Simonis' engerem Umfeld offensichtlich weiterhin politisch als sensibel bewertet. Trotz geäußerter Bedenken konnte ich mit einigen Weggefährten der ehemaligen Ministerpräsidentin sprechen. Ein Gespräch mit Heide Simonis selbst im November 2006 in Kiel empfand ich als besonderen Gewinn. Ihr und ihrem Mann Udo danke ich herzlich für viele hilfreiche Anmerkungen und ihre Unterstützung bei der Fertigstellung des Buches.

Die Arbeit war verfasst, abgegeben und benotet, als im Frühjahr 2009 Andrea Ypsilanti, Spitzenkandidatin der SPD in Hessen, ein ähnlich klägliches Schicksal wie Simonis ereilte. Wieder eine Frau, die auf dem Weg in die Staatskanzlei die Gefolgschaft verlor. Im Oktober 2009 brauchte Christine Lieberknecht in Thüringen drei Anläufe, um schließlich zur ersten christdemokratischen Ministerpräsidentin gewählt zu werden. Im Juli 2010 wurde Hannelore Kraft Landeschefin in Nordrhein-Westfalen, die zweite sozialdemokratische Ministerpräsidentin in der deutschen Geschichte. Auch wenn diese Politikerinnen jeweils ihren eigenen politischen Aufstieg beschritten, so zeigen die Beispiele der jüngsten Vergangenheit doch gewisse Gemeinsamkeiten mit der politischen Karriere von Heide Simonis. Die Buchveröffentlichung nahm ich zum Anlass, mich im Sommer 2010 noch einmal genauer mit diesen Parallelen auseinanderzusetzen.

Für die wissenschaftliche Betreuung habe ich ganz besonders meinem akademischen Lehrvater Professor Franz Walter zu danken. Ohne seine anregenden und originellen Hinweise und seinen fürsorglichen Zuspruch wäre dieses Projekt in dieser Form nicht zu Stande gekommen. Ebenso danke ich Professor Peter Lösche als Zweitbetreuer für seine Unterstützung. Der Ort für Inspiration und Anregung war das Kolloquium der AG Parteien- und politische Kulturforschung an der Universität Göttingen, das nunmehr in das neugegründete Göttinger Institut für Demokratieforschung übergegangen ist. Die Diskussionsrunden in diesem Kreis waren stets eine intellektuelle Bereicherung. Mein besonderer Dank gilt Peter Munkelt und Astrid Stroh des Politischen Archiv der Sozialen Demokratie in Berlin, die mir durch ihre Unterstützung den Zugang zum Pressematerial überhaupt erst ermöglichten. Anne-Kathrin Oeltzen danke ich ausdrücklich für das akribische „Durchkneten". Nicht nur für Korrekturen und den sprachlichen Feinschliff, sondern auch für das Ertragen meiner arbeitsbedingten Launen und ruheloser Arbeitsphasen danke ich Julius Kitzlinger von Herzen. Für zahlreiche Korrekturen sind meiner Schwester Annemarie sowie Boris P. Haselbach und Britta Stutzinger zu danken.

Ohne meine Eltern, Natalie und Harry, wäre diese Arbeit nicht möglich gewesen. Sie haben mich in jeglicher Hinsicht unterstützt. Ihnen ist diese Arbeit gewidmet.

1. Einleitung

1.1 Einführung in das Thema und zentrale Fragestellungen

Ministerpräsidentin eines Bundeslandes zu werden, ist keine einfache Sache. Andrea Ypsilanti, ehemalige Landesvorsitzende und Spitzenkandidatin der hessischen SPD ist im Frühjahr 2009 spektakulär daran gescheitert. Dasselbe hatte zuvor auch Ute Vogt versucht. Die Landeschefin der SPD in Baden-Württemberg war zwei Mal, bei der Landtagswahl 2001 und erneut 2006, als Kandidatin für das Amt der Ministerpräsidentin ins Rennen gegangen, verlor jedoch in beiden Anläufen gegen die amtierenden Ministerpräsidenten Erwin Teufel und Günther Oettinger von der CDU. Ebenso vergeblich waren in den Jahren 1994 und 1998 die Versuche von Renate Schmidt in Bayern, als Spitzenkandidatin das Amt der Ministerpräsidentin zu erobern. In der Landtagswahl 2011 fordert die Christdemokratin Julia Klöckner den mächtigen Landesvater Kurt Beck in Rheinland-Pfalz heraus. Im Oktober 2009 wurde Christine Lieberknecht die zweite Ministerpräsidentin Deutschlands, nachdem Dieter Althaus zurückgetreten war und dadurch die Bildung einer großen Koalition in Thüringen ermöglichte. Allerdings musste der Landtag dreimal abstimmen, um die Christdemokratin schlussendlich zur Regierungschefin zu wählen. Nach langem Sondieren und Taktieren ist Hannelore Kraft im Juli 2010 Regierungschefin einer von den Linken tolerierten rot-grünen Minderheitsregierung in Nordrhein-Westfalen geworden. Damit ist die ehemalige Unternehmensberaterin die erste Frau an der Regierungsspitze des Landes und die zweite Sozialdemokratin im Ministerpräsidentenamt.

Davor war es lange Zeit nur einer Frau geglückt, dieses Amt zu bekleiden: der Sozialdemokratin Heide Simonis.[1] Während Frauen in den letzten Jahren auf den verschiedensten Ebenen des politischen Systems vertreten wa-

1 Lediglich die SPD-Politikerin Louise Schröder hatte als amtierende Oberbürgermeisterin von West-Berlin (Mai 1947 bis Januar 1949) eine vergleichbare politische Position inne. Sie amtierte als Oberbürgermeisterin, da die Amtsübernahme des eigentlich gewählten Oberbürgermeisters Ernst Reuter durch ein sowjetisches Veto blockiert worden war.

ren, und Deutschland seit 2005 von einer Bundeskanzlerin regiert wird, ist eine Ministerpräsidentin immer noch eine Ausnahmeerscheinung. Mit ihrem Regierungsantritt als schleswig-holsteinische Ministerpräsidentin im Mai 1993 drang Heide Simonis in diese bis dahin ausschließlich männliche Phalanx ein. Was nach dem Rücktritt des populären Ministerpräsidenten Björn Engholm im Mai 1993 zunächst wie eine personelle Notlösung für die damals amtierende SPD-Regierung und Landes-SPD erschien, war der Gipfel der politischen Karriere von Heide Simonis, die mit ihrem Einzug in den Deutschen Bundestag 1976 begann und über das Amt der Finanzministerin in Kiel führte. Die Ministerpräsidentin Simonis regierte Schleswig-Holstein zwölf Jahre und damit länger als sämtliche ihrer männlichen Amtsvorgänger. Sie galt als eine Exotin in der Politik, nicht nur als erste Ministerpräsidentin, sondern auch, weil sie eine impulsive Politikerin mit einem politisch recht unkonventionellen und manchmal durchaus schroffen Sprachgebrauch war. Ihre Sonderstellung in der Männerriege der Ministerpräsidenten wurde seit ihrem Amtsantritt sowohl von den Medien als auch von ihr selbst exponiert betont. Dabei hatte sie schon vor ihrem Amtsantritt als Landeschefin bewiesen, dass sie als Frau ihren männlichen Politikerkollegen ebenbürtig war. Sie reüssierte in der verteilungsumkämpften Haushalts- und Finanzpolitik und damit in einem Politikbereich, der als „hartes", männliches Feld gilt: Sowohl in Haushaltsdebatten während ihrer Zeit als Bundestagsabgeordnete von 1976 bis 1988 in Bonn als auch in ihrem anschließenden Amt als Finanzministerin in Schleswig-Holstein, insbesondere als Verhandlungsführerin der Länder in den Tarifverhandlungen des öffentlichen Dienstes zwischen den Bundesländern und den Gewerkschaften im Jahr 1992.

Simonis' politische Karriere nahm am 17. März 2005 ein abruptes Ende, als ihr Versuch scheiterte, sich als Ministerpräsidentin einer rot-grünen Minderheitsregierung, gestützt auf die Stimmen der SSW[2]-Abgeordneten, mit nur einer Stimme Mehrheit vom Landtag wählen zu lassen. Diese Mehrheit kam nicht zu Stande, weil ihr ein Abgeordneter seine Stimme in vier durchgeführten Wahlgängen konsequent versagte. Nach dieser Niederlage zog sich Heide Simonis resigniert aus der aktiven Politik zurück. Dieses politische Ende

2 Der Südschleswigsche Wählerverband (SSW) vertritt die in Schleswig-Holstein lebende dänische Minderheit

schmälert jedoch nicht ihre bisher beispiellose politische Karriere: Von 1993 bis 2005 führte sie die Regierung an der Waterkant und war als schleswig-holsteinische „Landesmutter“ in der Bevölkerung beliebt und genoss hohes Ansehen.

Simonis' Karriere ist ein lohnendes Anschauungsbeispiel, um den Weg von Frauen im politischen Machtbetrieb Deutschlands zu verstehen. Ihr Werdegang in der Politik zeigt exemplarisch, was Frauen im Amt der Ministerpräsidentin erwartet, wie sie als Landesmütter führen. Mit der exemplarischen Untersuchung der politischen Karriere von Heide Simonis als erste Ministerpräsidentin soll ein Beitrag zur qualitativen, wissenschaftlichen Auseinandersetzung mit weiblichen Führungseliten in der Politik geleistet werden.

Im Mittelpunkt dieser Arbeit steht die Analyse der politischen Karriere von Heide Simonis als erste Ministerpräsidentin eines deutschen Bundeslandes. Es soll nach den spezifischen Charakteristika ihrer politischen Führung gefragt werden, durch die sie an die Macht gelangte und mit denen sie im Amt regierte. Folglich werden zwei Phasen der politischen Karriere von Simonis untersucht: Zunächst wird nachgezeichnet, wie Simonis ihren Weg zur Macht in der männlich dominierten Politik schaffte: Welche Konstellationen und Rahmenbedingungen begünstigten ihren Aufstieg zur Ministerpräsidentin? Welche strukturellen und normativen Hürden und Barrieren musste Heide Simonis als Frau überwinden, um diese politische Spitzenposition zu erlangen? Knüpfte sie für ihren Aufstieg Seilschaften oder organisierte sie sich in Netzwerken?

Nach der Analyse von Simonis' Aufstiegsweg in der Politik wird nach ihren Stärken und Schwächen als politische Führungsperson im Amt der Ministerpräsidentin gefragt. Dabei sollen die Charakteristika ihres Führungsstils herausgearbeitet werden: Wie führte und agierte sie während ihrer zwölfjährigen Regierungszeit politisch? Was waren ihre Erfolge und Niederlagen? Worin bestanden ihre Machtressourcen? Welchem Karriere-Typ entspricht die politische Karriere von Heide Simonis? Zeigt ihr politischer Führungsstil als Ministerpräsidentin charakteristische Elemente auf, die mit ihrem Frausein zusammenhängen? Und wie gingen in der politischen Machtarena ihre männlichen Kollegen mit Simonis um? Wie überzeugte Simonis ihre Gefolgschaft? Wie hielt sie ihre Gegner in Schach und wie erfolgreich war sie dabei? Und wie ging Simonis mit Krisen um? Schließlich bleibt die Frage, welche Ursachen und politischen Führungsschwächen zu ihrem jähen Ende mit der gescheiterten Ministerpräsidentenwahl im Landtag führten.

1.2 Forschungsstand

Zu Heide Simonis als erste Ministerpräsidentin liegt bisher keine grundlegende Analyse über ihren politischen Aufstieg und ihr Wirken vor. Dies ist erstaunlich, da die Karriere dieser Spitzenpolitikerin durchaus einen interessanten Forschungsgegenstand darstellt. Generell ist jedoch festzuhalten, dass bis zu Beginn der neunziger Jahre nur sehr wenige politikwissenschaftliche Studien vorlagen, die sich mit der Thematik „Frauen in der Politik" oder „Frauen und Politik" befassten. Dies ist vor dem Hintergrund einer wachsenden politischen Präsenz von Frauen, insbesondere seit den achtziger Jahren, eine beachtliche Forschungslücke. Es lassen sich drei Forschungszweige nennen, die sich mit geschlechterspezifischen Fragestellungen befassen: Die Partizipationsforschung, die Rekrutierungsforschung und die Frauen(geschichts)forschung.

Die Forschungslage im Bereich der *Partizipationsforschung* mit Fokus auf die Beteiligung von Frauen ist im hiesigen Kontext weiterhin nicht sehr umfangreich, seit Ende der neunziger Jahre nehmen die Forschungsarbeiten jedoch zu. Innerhalb dieses Forschungszweiges wird politische Partizipation im Allgemeinen in breiten Kategorien erfasst wie beispielsweise über die Teilnahme an Wahlen und über das Engagement in Parteien und Verbänden, über zeitlich begrenzte, themenbezogene Partizipation z. B. in Bürgerinitiativen oder über eine unkonventionelle Partizipation im Sinne des zivilen Ungehorsams bis hin zu politisch motivierter Gewalt.[3] Neben der Untersuchung des Wahlverhaltens von Frauen und ihrer gesellschaftlichen und politischen Aktivitäten im unkonventionellen Bereich, also in nicht-staatlichen Organisationen, fokussiert die Mehrzahl der vorhandenen Studien zumeist die Partizipation von

3 Vgl. Meyer, Birgit: Frauen im Männerbund. Politikerinnen in Führungspositionen von der Nachkriegszeit bis heute. Frankfurt (Main) 1997, S. 18.

Frauen im Bundestag und in den Landesparlamenten. Hier sind unter anderem Arbeiten von Brigitte Geißel, Beate Hoecker, Carol Hagemann-White und Christina Holtz-Bacha zu nennen.[4] Diese orientieren sich jedoch weiterhin vorwiegend an standardisierten quantitativen Erhebungsverfahren.

Bemerkenswert für die politikwissenschaftlichen Arbeiten, die der Frage nach den Schwierigkeiten und Problemen von Frauen in politischen Organisationen und deren Gremien nachgehen, ist der Verweis auf die „Defizite" von Frauen in der männlich geprägten politischen Machtarena.[5] Das Frausein weise im Vergleich zum männlichen Normalbild von Politik ein Defizit auf, da „männliches Denken und Handeln normativ prägend wirken und mit der gegebenen Politik restlos identifiziert wird"[6].

In Bezug auf die Tatsache der vergleichsweise geringen Repräsentanz von Frauen in den verschiedenen Ebenen des politischen Systems wurde in der Forschung vielfach festgestellt, dass Frauen auf unterschiedliche Weise politisch partizipieren und hierbei heterogene Präferenzen aufweisen. Als Erklärungsmuster für Bedingungsfaktoren und Ursachen für dieses Phänomen werden „strukturelle, situative, geschlechtsrollenbedingte und persönlichkeitsbedingte Erklärungsansätze"[7] geliefert. Diese Erklärungsansätze vermitteln jedoch den Eindruck, als basiere dies lediglich auf herrschenden Stereotypen. Politische Aktivitäten und politikrelevante Eigenschaften von Frauen werden in diesen Forschungsarbeiten häufig aus einer „Opferperspektive" heraus be-

---

4 Geißel, Brigitte: Politikerinnen. Politisierung und Partizipation auf kommunaler Ebene. Opladen 1999; Hoecker, Beate: Politische Partizipation von Frauen: Kontinuität und Wandel des Geschlechterverhältnisse in der Politik. Ein einführendes Studienbuch. Opladen 1995; Geißel, Brigitte: Politisierungsprozesse und politische Sozialisation von Frauen. Überblick und Diskussion zum Forschungsstand in der aktuellen deutschen und anglosächsischen Literatur. In: Maleck-Lewy, Eva; Virginia Penrose: Gefährtinnen der Macht: politische Partizipation von Frauen im vereinigten Deutschland; eine Zwischenbilanz. Berlin, 1995, S. 17-36; Hagemann-White, Carol: Können Frauen die Politik verändern? In: Aus Parlament und Zeitgeschichte, 1987, B 9-10, S. 29-37 sowie Holtz-Bacha, Christina (Hrsg.): Frauen, Politik und Medien. Wiesbaden 2008.

5 Vgl. Meyer, Birgit: Frauen im Männerbund, S. 16.

6 Vgl. ebd., S. 24.

7 Vgl. ebd. S. 23.

trachtet, auf die Frauen aufgrund der patriarchalischen Verhältnisse generell verwiesen seien.[8]

Innerhalb der Rekrutierungs- und Karriereforschung wird das Geschlecht im Rahmen der politischen Eliteforschung als einer von vielen unterschiedlichen Bestimmungsfaktoren für den politischen Karriereprozess betrachtet. In den elitensoziologischen Arbeiten, wie beispielsweise denen von Dietrich Herzog und Rudolf Wildenmann[9], wurde das Geschlecht jedoch nicht als die entscheidende Variable angesehen und demnach auch nicht systematisch empirisch untersucht. Insofern ist auch in dieser Forschungsrichtung das Fehlen von adäquaten Untersuchungskategorien festzuhalten, da der Forschung weiterhin ein an den „Normen einer männlichen Karrierebiographie orientiertes Karrieremuster“[10] zugrunde gelegt wird.

Neuere Untersuchungen innerhalb der Frauen(geschichts)forschung versuchen, auf qualitative Weise den Charakteristika und Besonderheiten von weiblichen Karrierebiographien und -wegen nachzugehen. Einige dieser feministisch inspirierten Arbeiten wählen einen biographischen Ansatz, um nach den spezifischen Besonderheiten von Frauen in ihrem Arbeitsverständnis, ihrem Lebenszusammenhang, in ihrem Politikverständnis und ähnlichem zu fragen sowie nach Gründen zu suchen, warum diese Wesensmerkmale hinsichtlich der auf männliche Interessen und Biographien zugeschnittenen Machtverhältnisse nicht zum Tragen kämen.[11] Hier sind unter anderem die Forschungsarbeiten von Bärbel Clemens, Maike Bernhardt, Birgit, Barbara Schaeffer-Hegel und Bärbel Schöler-Macher[12] zu nennen. Diese Arbeiten, die sowohl in

8 Ebd., S. 25.

9 Herzog, Dietrich: Der moderne Berufspolitiker. Karrierebedingungen und Funktion in westlichen Demokratien. In: Hoffmann-Lange, Ursula et al. (Hrsg.): Eliten in der Bundesrepublik Deutschland. Stuttgart 1990, S. 28-51; Wildenmann, Rudolf: Führungsschicht in der Bundesrepublik Deutschland 1981. Mannheim 1982.

10 Meyer, Birgit: Frauen im Männerbund. S. 22.

11 Vgl. ebd., S. 16.

12 Clemens, Bärbel (Hrsg.): Frauen machen Politik. Parlamentarierinnen in Niedersachsen. Hannover 1996; Bernhardt, Maike: Politik als (Frauen-) Beruf: zur Logik und Typologie der Karriere weiblicher Abgeordneter. Dissertation Universität Tübingen 2000; Meyer, Birgit: Frauen im Männerbund. Politikerinnen in Führungspositionen von der Nachkriegszeit bis heute. Frankfurt (Main) 1997; Schaeffer-Hegel, Barbara: Frauen mit Macht. Zum Wandel der politischen Kultur durch die Präsenz von Frauen in Führungspositionen. Pfaffenweiler 1995;

der Rekrutierungs- als auch in der Frauenforschung anzusiedeln sind, nehmen meist eine vergleichende Perspektive auf der Basis von mehreren Fallbeispielen ein, deren Ergebnisse teilweise anonymisiert dargestellt werden. Bisher fehlen breit angelegte, qualitativ fundierte Einzelfallanalysen von Spitzenpolitikerinnen, was vermutlich auf die bisher weiterhin geringe Anzahl von Frauen in den herausragenden politischen Positionen in der Bundesrepublik Deutschland zurückzuführen ist.

Ebenso ist ein Forschungsdesiderat hinsichtlich der Analyse des Ministerpräsidentenamtes im Allgemeinen und von politischer Führung von Ministerpräsidenten im Besonderen zu konstatieren. Nach der umfangreichen Durchsicht der wissenschaftlichen Literatur ist vor allem auf die Arbeit von Herbert Schneider[13] zu verweisen, der eine erste umfangreiche Studie zu Ministerpräsidenten vorgelegt hat. Karl-Rudolf Korte hat die Regierungsstile der Ministerpräsidenten in Nordrhein-Westfalen untersucht.[14] Für die hessischen Regierungschefs liegt ebenfalls eine Studie vor.[15] Landespolitiker, im speziellen Ministerpräsidenten in den Bundesländern, sind innerhalb der politikwissenschaftlichen Eliteforschung jedoch weiterhin eine „weitgehend ungeachtete Elite“[16] geblieben.

Die vorliegende Arbeit verbindet Erkenntnisse der vorhandenen Studien der Frauen- und Rekrutierungsforschung mit der politikwissenschaftlichen Untersuchung der politischen Führung von Ministerpräsidenten. Da eine wissenschaftliche Betrachtung des Phänomens der „Landesmutter“ bisher fehlt, jedoch – wie anfangs skizziert – offensichtlich an Relevanz gewinnt, sollen in diesem Zusammenhang mögliche hypothetische Erklärungsansätze aufgrund

Schöler-Macher, Bärbel: Die Fremdheit der Politik. Erfahrungen von Frauen in Parteien und Parlamenten. Weinheim 1994.

13 Schneider, Herbert: Ministerpräsidenten. Profil eines politischen Amtes im deutschen Föderalismus. Opladen 2001, S. 144.

14 Vgl. Korte, Karl-Rudolf; Martin Florack, Timo Grunden: Regieren in Nordrhein-Westfalen. Strukturen, Stile und Entscheidungen 1990-2006. Wiesbaden 2006.

15 Vgl. Klecha, Stephan; Bettina Munimus, Nico Weinmann: Hessens Ministerpräsidenten im Profil. In: Schroeder, Wolfgang (Hrsg.): Parteien und Parteiensystem in Hessen. Vom Vier- zum Fünfparteiensystem? Wiesbaden 2008, S. 284-312.

16 Holl, Stefan: Landespolitiker: eine weitgehend unbeachtete Elite. In: Hoffmann-Lange, Ursula et al. (Hrsg.): Eliten in der Bundesrepublik Deutschland. Stuttgart 1990, S. 76.

der exemplarischen Untersuchung der ersten Ministerpräsidentin Heide Simonis geliefert werden.

Die Arbeit konzentriert sich auf zwei Fragenkomplexe. Zum einen wird im ersten Teil der Arbeit in einer qualitativ-interpretativen Untersuchung der politische Aufstieg von Heide Simonis zur Ministerpräsidentin analysiert, also ihr politischer Karriereweg. Zum anderen wird im zweiten Teil der Arbeit ihr politischer Führungsstil im Amt der Ministerpräsidentin untersucht, um hermeneutische Erkenntnisse darüber zu erhalten, welche spezifischen Momente und Konstellationen gegeben sein müssen, damit Frauen auf dem „männlichen Terrain" der Politik Karriere machen können und als Ministerpräsidentin reüssieren. Um Ergebnisse nicht vorweg zu nehmen oder gar zu verfälschen, wird keine strenge Fokussierung auf die Unterschiede zwischen Männern und Frauen beziehungsweise keine präskriptive Definition von „weiblichen" und „männlichen" Attributen vorangestellt. Vielmehr soll deskriptiv-analytisch eine Annäherung an den Untersuchungsgegenstand versucht werden.

Als Grundlage für die Untersuchung der politischen Karriere von Heide Simonis wird auf die von Dietrich Herzog ausgearbeitete Systematisierung der Karriere- und Aufstiegsmuster[17] in der Politik zurückgegriffen, und zwar auf die Idealtypen der „reinen politischen Karriere" und der „Standard-Karriere". Daran anschließend werden exemplifikatorisch Besonderheiten von Frauen in der Politik herausgearbeitet, die aus den verschiedenen Forschungsarbeiten aus diesem thematischen Bereich als Kategorien entnommen werden können.[18] Es wird hierbei jedoch bewusst keine „Defizitperspektive" eingenommen. Vielmehr sollen Differenzen zwischen den vorhandenen Charakteristika von Frauen im Vergleich zur weiterhin „männlichen politischen Normalbiographie" aufgezeigt werden, ohne dabei jedoch das Leitbild der männlichen Präsenz vorweg als negativ zu bestimmen. Die Modelle der „reinen politischen Karriere" und der „Standard-Karriere" von Dietrich Herzog werden im Hinblick auf

17 Herzog, Dietrich: Politische Karrieren. Selektion und Professionalisierung politischer Führungsgruppen. Opladen 1975.

18 Vgl. u. a. hierzu Schnitger, Elke: Frauen und Parlamente: Verhältnisse und Verhinderungen. Oldenburg, 1990; Foster, Helga; Helga Lukoschat; Barbara Schaeffer-Hegel (Hrsg.): Die ganze Demokratie. Zur Professionalisierung von Frauen für die Politik. Pfaffenweiler 1998, Schaeffer-Hegel, Barbara: Frauen mit Macht. Zum Wandel der politischen Kultur durch die Präsenz von Frauen in Führungspositionen. Pfaffenweiler 1995.

den politischen Karriereaufstieg als Idealtypen[19] verstanden, in denen Frauen als historische „Newcomer" beziehungsweise Außenseiter betrachtet werden, ohne dabei ein vorliegendes „Defizit" aufgrund patriarchalischer Verhältnisse konstatieren zu wollen. Vielmehr liegen ganz allgemein unterschiedliche „Bedingungen und Anforderungen parteipolitischen und parlamentarischen Handels"[20] weiterhin in der „asymmetrischen Beziehung der beiden Geschlechter zur Berufsstruktur"[21] und den weiterhin „männerbündischen Mechanismen"[22] innerhalb der Politik begründet.

Die Analyse von politischer Führung will im Allgemeinen Aussagen liefern, wie sich die persönlichen Charakteristika und Qualitäten einer politischen Führungsperson auf den politischen Gestaltungs- und Entscheidungsprozess auswirken.[23] Politische Führung ist ein vielschichtiges und komplexes Phänomen, in dem sich die Persönlichkeit des politischen Akteurs, die Handlungsmöglichkeiten und institutionellen Rahmenbedingungen des Amtes sowie die historischen und gesellschaftlichen Strömungen bündeln und reflektieren. Somit wird im Folgenden im Anschluss an Peter Lösche politische Führung als Koordination der Variabeln „Person", „Institution" und „Umwelt" verstanden.[24] Dabei werden institutionelle Merkmale des Amtes – hier der Minister-

19 Max Weber definiert den Idealtypus folgendermaßen: „Er wird gewonnen durch einseitige Steigerung eines oder einiger Gesichtspunkte und durch Zusammenschluss einer Fülle von diffus und diskret, hier mehr, dort weniger, stellenweise gar nicht, vorhandenen Einzelerscheinungen, die sich jenen einseitig herausgehobenen Gesichtspunkten fügen, zu einem in sich einheitlichen Gedankenbilde. In seiner begrifflichen Reinheit ist dieses Gedankenbild nirgends in der Wirklichkeit empirisch vorfindbar, es ist eine Utopie und für die historische Arbeit erwächst die Aufgabe, in jedem einzelnen Falle festzuhalten, wie nahe oder wie fern die Wirklichkeit jenem Idealbilde steht". Hierzu Weber, Max: Die „Objektivität" sozialwissenschaftlicher und sozialpolitischer Erkenntnis. In.: Ders.: Gesammelte Aufsätze, Band 7, Tübingen 1988, S. 191.

20 Meyer, Birgit: Frauen im Männerbund. S. 27.

21 Talcott Parsons zitiert nach Bernhardt, Maike: Politik als (Frauen-) Beruf: zur Logik und Typologie der Karriere weiblicher Abgeordneten. Dissertation Universität Tübingen 2000.

22 Meyer, Birgit: Frauen im Männerbund. S. 27.

23 Vgl. Murswieck, Axel: Führungsstile in der Politik in vergleichender Perspektive. In: Hartwich, Hans-Hermann; Göttrik Wewer (Hrsg.): Regieren in der Bundesrepublik II. Formale und informale Komponenten des Regierens in den Bereichen Führung, Entscheidung, Personal und Organisation. Opladen 1991, S. 82.

24 Vgl. Lösche, Peter: „Politische Führung" und Parteivorsitzende. In: Forkmann, Daniela; Michael Schlieben (Hrsg.): Die Parteivorsitzenden in der Bundesrepublik Deutschland 1949-2005, Wiesbaden 2005. S. 349-368.

präsidentin –, historische Konstellationen und machtpolitische Determinanten ebenso in das Untersuchungsblickfeld genommen wie subjektive Eigenarten der untersuchten Person. Die biographisch orientierte Einzelfallanalyse ist als theoretisch-methodische Vorgehensweise besonders attraktiv. So dient sie der „detaillierten Erfassung der Zusammenhänge zwischen Einstellungen und sozialer Umwelt und der Erforschung der Persönlichkeitsentwicklung“[25]. Soziologische Porträts zeigen, so Heinz Bude, wie sich „das Gesetz der Gesellschaft und der Geschichte, was auch immer die Leute machen und tun, erfüllt“[26]. Für ihn ist die Einzelfallstudie der „Königsweg für die Entdeckung interessanter theoretischer Aussagen“[27].

Das Analyseraster wird sich bei der Untersuchung der politischen Karriere von Heide Simonis – wie oben beschrieben – in den drei Hauptvariablen „Person“, „Umwelt“ und „Institution“ bewegen.[28] Dabei wird der Führungsstil zu einer „vorwiegend beschreibenden Kategorie, die es erlaubt, innerhalb eines Regierungssystems persönlich bedingte Eigentümlichkeiten vor dem Hintergrund objektiver Gegebenheiten darzustellen, was nicht ausschließt, dass mit der Darstellung dann Bewertungen verbunden sind“[29].

In den Vorüberlegungen wird im Hinblick auf die politische Führung im Amt der Ministerpräsidentin keine präskriptive Kategorisierung spezifischer weiblicher Besonderheiten vorweggenommen. Damit soll vermieden werden, den Blick in diesem bisher wenig erforschten Bereich durch vorab formulierte Hypothesen einzuengen. Durch die bewusst gewählte qualitative Vorgehensweise sollen Hypothesen und relevante Fragestellungen gefunden werden. Erst mit diesem wissenschaftlichen Zugang in der Tradition qualitativer Sozialforschung kann die systematische Untersuchung der Einflussfaktoren, Ressourcen

25 Lamnek, Siegfried: Qualitative Sozialforschung. Weinheim 2005. S. 682.

26 Bude, Heinz: Das Altern einer Generation. Die Jährgänge 1938-1948. Frankfurt (Main) 1995. S. 14.

27 Bude, Heinz: Der Fall und die Theorie. Zum erkenntnislogischen Charakter von Fallstudien. In: Gruppendynamik, Heft 4 (1988), S. 422.

28 Vgl. Lösche, Peter: „Politische Führung“ und Parteivorsitzende. S.351.

29 Thomas Ellwein zitiert nach Murswieck, Axel: Führungsstile in der Politik in vergleichender Perspektive. In: Hartwich, Hans-Hermann; Göttrik Wewer (Hrsg.): Regieren in der Bundesrepublik II. Formale und informale Komponenten des Regierens in den Bereichen Führung, Entscheidung, Personal und Organisation. Opladen 1991, S. 82.

und Restriktionen des hier ausgewählten Falls, der politischen Karriere von Heide Simonis, weitere hermeneutische Forschungsstrategien nach sich ziehen.

Das Ergebnis dieser Arbeit ist die Rekonstruktion und Interpretation der politischen Lebensgeschichte der Politikerin Heide Simonis mit besonderer Fokussierung auf ihren politischen Aufstieg zur Ministerpräsidentin und ihre politische Führung in diesem Amt.

Als Quellenlage in Form von Biographien und Portraits zur Person Heide Simonis liegen ihre Autobiographie „Unter Männern“[30] zum zehnjährigen Amtsjubiläum 2003 vor sowie ein Buch[31] mit ihren beiden Schwestern zur gemeinsamen Kindheit am Rhein nach 1945. Ebenso ist das 2007 in Buchform veröffentlichte Interview mit Erich Maletzke „Ausgeteilt, Eingesteckt. Leben mit und ohne Politik” und die Biographie von Antje[32] aus dem Jahr 1994 zu nennen. Zwei weitere Kurzportraits[33] sowie vor allem die Medienberichterstattung und die persönlichen Einschätzungen und Interpretationen von Personen, die ihr politisches Wirken in unmittelbarer Nähe miterlebt und verfolgt haben, dienen als Informationsgrundlage. Vor diesem Hintergrund liegt die Problematik dieser Arbeit darin, dass die Analyse einer Lebensgeschichte eine Rekonstruktion der Vergangenheit impliziert,[34] die auf dem Fundament strukturierter Selbst- und Fremdbilder basiert. Deshalb muss selbstverständlich berücksichtigt werden, dass (politische) Ereignisse einem Selektionsprozess durch Journalisten und politischen Akteuren unterliegen, bevor sie zu einer Nachricht werden.[35] Ebenso sind qualitative Einschätzungen durch subjektive Deutungsmuster der befragten Personen beeinflusst.

30 Simonis, Heide: Unter Männern. Mein Leben in der Politik. München 2003.

31 Simonis, Heide; Doris Steinhardt; Barbara Steinhardt-Böttcher: Drei Rheintöchter. Eine Kindheit am Rhein nach 1945. Bonn 2008.

32 Meyer, Antje: Heide Simonis. Deutschlands erste Ministerpräsidentin. Bergisch Gladbach 1994.

33 Gaus, Günter: Heide Simonis. In: Ders.: Zur Person. Berlin 1998, S. 29-57; Krause-Burger, Sibylle: Heide Simonis. Mutter Courage und ihre Kinder. In: Dies.: Die neue Elite. Topmanager und Spitzenpolitiker aus der Nähe gesehen. Düsseldorf 1995, S. 171-180.

34 Vgl. Fuchs, Werner: Biographische Forschung, S. 167.

35 Vgl. Ackermann, Volker: Presseartikel. In: Rusinek, Bernd-A.; Ders.; Jörg Engelbrecht (Hrsg.): Einführung in die Interpretation historischer Quellen. Schwerpunkt: Neuzeit. Paderborn, München, Wien, Zürich 1992, S. 237.

1.3 Aufbau der Arbeit

Um die zwei zentralen Fragen, zum einen nach den Gegebenheiten des politischen Aufstiegs von Heide Simonis, zum anderen nach ihren politischen Führungsqualitäten als Ministerpräsidentin, hinreichend bearbeiten zu können, sind zunächst einige theoretische Vorüberlegungen notwendig. In einem ersten Schritt werden im zweiten Kapitel die Besonderheiten politischer Karrieren von Politikerinnen herausgearbeitet. Um fundierte Erkenntnisse über die politischen Führungsqualitäten der Ministerpräsidentin Simonis zu erhalten, werden die Imperative und Machtressourcen politischer Führung des Amts des Ministerpräsidenten herausgearbeitet. Dies erfolgt im Kapitel 2.2. Der Hauptteil dieser Arbeit umfasst die biographische Einzelfallanalyse der politischen Karriere von Heide Simonis. Zunächst wird in Kapitel 3 die politische Person Heide Simonis vorgestellt. Daran anschließend wird in Kapitel 4 der politische Karriereaufstieg zur ersten Ministerpräsidentin untersucht. Die politischen Führungsqualitäten von Heide Simonis werden in Kapitel 5 und 6 analysiert. Im Fazit der Arbeit werden die Ergebnisse in einer konklusiven Betrachtung zusammengetragen und gebündelt. Abschließend wird Bezug auf die jüngsten Ambitionen von Frauen für dieses Amt genommen und die erkennbaren Parallelen zum Werdegang Simonis diskutiert.

2. Vorüberlegungen: Karrieren – Frauen – Machtressourcen

2.1 Politische Karrieren von Politikerinnen

2.1.1 Aufstiegsmuster politischer Karrieren

Politische Werdegänge beruhen auf Karrieren ganz eigener Verlaufswege und Charakteristika. Der Beruf des Politikers besitzt eine Sonderstellung, da er weder durch formelle Zugangsvoraussetzungen noch durch einen systematischen Ausbildungsgang oder ein einheitliches Qualifikationsprofil gekennzeichnet ist. Eine politische Karriere wird als erfolgreicher Aufstiegsweg über verschiedene (hierarchisch geordnete) Organisations- und Institutionsebenen im politischen Feld verstanden, bei dem das Erreichen und die Sicherung eines Mandats beziehungsweise der Machtposition in einem Parlament auf Landes- oder Bundesebene von zentraler Bedeutung sind.[36] In der politischen Karriereforschung geht es um die Frage, welchen Karriereweg Personen im jeweiligen politischen System gehen und welche Qualifikationen sie haben beziehungsweise durch „learning by doing“ erlangen müssen, um politische Führungspositionen zu erreichen.

Dietrich Herzog unterscheidet in seinen Arbeiten zwischen drei typischen Rekrutierungswegen für das politische Führungspersonal in der Bundesrepublik Deutschland: Erstens der „reinen politischen Karriere“, zweitens der „Standard-Karriere“ und drittens der „cross-over“- oder „Seiteneinsteiger-Karriere“.[37] Die „cross-over“- oder „Seiteneinsteiger-Karriere“ kann bei der Analyse des Karriereweges von Heide Simonis bereits nach einem oberflächlichen Blick auf ihre politische Biographie im Vorfeld ausgeschlossen werden,

36 Vgl. Bernhardt, Maike: Politik als (Frauen-) Beruf. S. 4.

37 Herzog, Dietrich: Politische Führungsgruppen. Darmstadt 1982; Herzog, Dietrich: Der moderne Berufspolitiker. Karrierebedingungen und Funktion in westlichen Demokratien. In: Hoffmann-Lange, Ursula et al. (Hrsg.): Eliten in der Bundesrepublik Deutschland. Stuttgart 1990, S. 28-51.

weil es sich bei diesem Typus um einen Positionssprung aus einer führenden Funktion im privaten Beruf in ein herausgehobenes öffentliches Amt handelt.[38] Dieses Merkmal liegt im zu untersuchenden Fall nicht vor, weil Simonis in einem verhältnismäßig jungen Alter ihre Karriere begann und sukzessiv politisch aufgestiegen ist. Für die Untersuchung der politischen Karriere von Heide Simonis wird demnach auf die Ideal-Typen der „reinen politischen Karriere" und der „Standard-Karriere" Bezug genommen. Der kontinuierliche politische Aufstieg über innerparteiliche Führungspositionen in den Basisorganisationen stellt das generelle Muster der politischen Selektion dar und kommt sowohl in der „Standard-Karriere" als auch in der „reinen politischen Karriere" zum Ausdruck.[39]

Die beiden Karriere-Typen werden durch unterschiedliche Karriereschritte gekennzeichnet. Bezeichnend für die „reine politische Karriere" ist der Beginn der politischen Laufbahn bereits im jungen Erwachsenenalter beispielsweise noch während oder kurz nach der Ausbildungsphase, ohne dabei umfangreiche berufliche Erfahrungen gesammelt zu haben. Die im parteipolitischen Alltagsjargon als „Ochsentour" bezeichnete Anfangsphase umfasst die langjährige Bewährung und den kontinuierlichen Aufstieg in den Führungsgremien der Basisorganisationen der Parteien. In aller Regel werden auf lokaler Ebene Parteiämter (Kreisvorstände und ähnliches) übernommen, die häufig in Verbindung mit öffentlichen Wahlämtern wie beispielsweise dem des Stadtrates, Bürgermeisters oder in den kommunalen Selbstverwaltungsorganen stehen. In der Zeit als aktives Mitglied auf lokaler Ebene sammeln Politiker spezielles Wissen „über politisch relevante Organisationen, über wichtige Personen, über den gegenwärtigen ‚Problemhaushalt', über angemessene Verhaltensweisen zur Durchsetzung politischer Ziele usw."[40]. Das Durchlaufen eines *cursus honorum* ist für die längerfristige Karriereentwicklung eine wesentliche, beinahe unabdingbare Grundvoraussetzung. Für ein weiteres Vorankommen im politischen Feld ist die Nominierung zu einem Bundes- oder Land-

38 Herzog, Dietrich: Der moderne Berufspolitiker. S. 41

39 Herzog, Dietrich: Politische Karrieren. S. 220.

40 Herzog, Dietrich: Der moderne Berufspolitiker. S. 34.

tagsmandat zu intendieren, die jedoch ohne die Verankerung einer innerparteilichen Hausmacht gänzlich unmöglich erscheint.

Jeder ambitionierte Politiker braucht auf seinem Weg zur Macht eine Gruppe von Unterstützern, die die gleichen Interessen teilen, ihn oder sie mit evidenten Informationen ausstatten und ihm/ihr in Krisensituationen den Rücken freihalten. „Networking", so wird heutzutage häufig dieser Prozess des Suchen und Findens dieser spezifischen Freundschaften bezeichnet. Eine probate Methode der Machtgewinnung ist, sich bereits existierenden Machtstrukturen anzuschließen, einen Förder- oder Mentorenkreis zu suchen und sich auf diese Weise innerparteiliche Machtressourcen zu organisieren. Auch die Zugehörigkeit zu einem Parteiflügel kann anfangs förderlich sein, „um bei der zwischen Flügeln üblichen proportionalen Aufteilung von Führungsämtern berücksichtigt zu werden"[41]. Dabei erscheinen die Untermauerung der eigenen Machtposition und der Ausbau der Hausmacht als unerlässliche Konzession. Demnach dominiert in der politischen Praxis das Prinzip der Ancienität[42], welches sich in der Dauer der Gruppenzugehörigkeit bemisst. Der Politiker-Typus der „reinen politischen Karriere" ist von Beginn an ein politischer *professional*, weil er oder sie sehr frühzeitig unmittelbar in besoldeten politischen Berufstätigkeiten wie etwa als Assistent von einem Politiker oder Parteiangestellten tätig ist.[43] Die materielle Versorgung erfolgt hierbei von Anfang an ausschließlich oder zumindest primär über die politische Tätigkeit. Das heißt, dass das Vorankommen im politischen Feld von Beginn an Priorität besitzt. Ambitionen einer beruflichen Entwicklung im außerpolitischen Bereich werden weniger fokussiert.

Kennzeichnend für die „Standard-Karriere" ist die Übernahme eines innerparteilichen oder eines öffentlichen Amtes erst nach einer mehr oder weniger festen Etablierung in einem privaten Beruf.[44] Auch wenn das politische Interesse und Engagement in einer früheren Lebensphase wie in der Schulzeit

41 Scheer, Hermann: Die Politiker. München 2003. S. 230.

42 Vgl. Hoecker, Beate: Zwischen Macht und Ohnmacht: Politische Partizipation von Frauen in Deutschland. In: Dies. (Hrsg.): Handbuch politische Partizipation von Frauen in Europa. Opladen 1998, S. 80.

43 Herzog, Dietrich: Der moderne Berufspolitiker. S. 41.

44 Ebd., S. 40.

oder während der beruflichen Ausbildung geweckt war und stattfand, ist diese politische Laufbahn als eine zweite Karriere nach der beruflichen Laufbahn zu verstehen, die sukzessiv zur wichtigeren und schließlich zur eigentlichen wird. Der politische Karriereaufstieg vollzieht sich über Positionen auf höheren Organisationsstufen: Der Politiker muss auf Bezirks-, Landes oder Bundesebene vor allem in Sonderorganisationen, Beiräten oder Fachausschüssen politischen Einfluss durch fachliche Kompetenz und Sachverstand beweisen. Fachwissen und Qualifikationen aus dem privaten Beruf oder das Innehaben eines einflussreichen öffentlichen Amtes oder einer einflussreichen früheren Position können dafür als geeignete Voraussetzungen dienen.[45] Die Kompetenzen politiknaher Berufe sind von erheblichem Nutzen, gar eine privilegierte Kondition. Politiknähe ist unter anderem dann gegeben, „wenn die berufliche Tätigkeit nicht nur im Binnenverhältnis von Betrieben und Organisationen liegt, sondern wenn es sich um Aufgaben im Außenverhältnis handelt, so beispielsweise Kontakte zur Presse, Verhandlungen mit staatlichen Stellen, nationale oder internationale Verbindungen usw.“[46].

Ein wesentlicher Aspekt bei der Verfolgung einer politischen Karriere ist die Frage der Abkömmlichkeit vom privaten Beruf[47] und – in den meisten Fällen bei Frauen – von Familienpflichten und Kindererziehung. Im Zuge des Erklimmens der Karriereleiter nimmt die politische Tätigkeit immer mehr Zeit in Anspruch; sie entwickelt sich von einer Feierabendaktivität zum Hauptberuf. In diesem Sinne erfolgt mit dem sukzessiven innerparteilichen Aufstieg und der damit verbundenen Etablierung in politischen Positionen eine individuelle „Professionalisierung“ hin zu einer Tätigkeit als Berufspolitiker. Mit dem hierarchischen Aufstieg nimmt neben der zeitlichen Belastung auch die Arbeitsintensität zu, was zur Folge hat, dass die Identifikation mit der Politikerrolle als (Haupt-)Beruf zugunsten einer Entfremdung zum erlernten Beruf ansteigt.[48]

Zur Analyse des politischen Karriereweges von Heide Simonis werden die dargelegten Kategorien dieser beiden Idealtypen verwendet. In diesem Zusammenhang hat Herbert Schneider in seiner Studie einen Überblick über die

45 Herzog, Dietrich: Politische Karrieren. S.74

46 Herzog, Dietrich: Politische Führungsgruppen. S. 78.

47 Ebd., S. 79.

48 Vgl. Hoecker, Beate: Politik: Noch immer kein Beruf für Frauen?, S. 7.

Karriere-Typen von Ministerpräsidenten vorgenommen. Er hatte unter anderem den politischen Karriereweg von Heide Simonis weder der „reinen politischen Karriere“ noch der „Standard-Karriere“ zugeordnet, sondern konstatiert, dass es sich bei Simonis um die Mischform „politische Karriere mit Berufsvorphase“[49] handelt. Für dieses Karrieremuster ist die Ausübung in einem „mehr oder weniger politiknahen Beruf“[50] vor der Zeit als Berufspolitiker/in charakteristisch, deshalb ist eine „reine politische Karriere“ auszuschließen. Jedoch ist die relativ kurze Dauer der beruflichen Arbeitstätigkeit im erlernten Beruf von parteipolitischen Funktionen begleitet. In diesem begrenzten Zeitraum wird nur ein geringes Maß an beruflicher Erfahrung außerhalb der Politik gesammelt, bevor der nachfolgende Karrieresprung zum/zur Berufspolitiker/in erfolgt.[51] Vor diesem Hintergrund soll der politische Karriereweg von Heide Simonis im Hauptteil dieser Arbeit grundlegend untersucht werden.

2.1.2 Besonderheiten politischer Karrieren von Frauen

Das Verhältnis von Frauen und Politik – und damit im Sinne Max Webers auch das Verhältnis von Frauen und Macht – birgt etwas Besonderes, Mystisches, gar Unschickliches. Die von Max Weber in seinem berühmten Vortrag „Politik als Beruf“[52] formulierten Kriterien charakterlicher Eignung und moralischer Reife der Berufsgruppe Politiker schließt Frauen zwar nicht explizit aus, für ihn ist Politik jedoch eine „Sphäre männlicher Erfahrungs- und Vorstellungswelt“[53]. Der Berufspolitiker kämpft um Macht, auf den Kampffeldern sind Siege zu bestreiten und Niederlagen zu verhindern und bisweilen ist eine „männliche und herbe Haltung“[54] erforderlich. Nach Bärbel Schöler-Macher legen seine Ausführungen insgesamt dar, „dass die Frau für das politische Geschäft nicht geeignet ist und die Politik und entsprechend auch die politische

49 Seine Untersuchung basiert ebenfalls auf den von Dietrich Herzog aufgestellten Kategorien. Vgl. Schneider, Herbert: Ministerpräsidenten. S. 133.

50 Ebd., S. 133.

51 Ebd., S. 134.

52 Weber, Max: Politik als Beruf. Stuttgart 1992.

53 Schöler-Macher, Bärbel: Die Fremdheit der Politik. Erfahrungen von Frauen in Parteien und Parlamenten. Weinheim 1994, S. 24.

54 Weber, Max: Politik als Beruf. S. 66.

Profession ein ausschließlich Männern vorbehaltenes Terrain bleiben soll."[55] Auch wenn seit Beginn des 20. Jahrhunderts Frauen faktisch der Zugang in die politische Arena offen steht, haftet nach wie vor dem Beruf des Politikers eine Aura der Männlichkeit an. Politik scheint in der Alltagswelt bis heute weitläufig eine „Männersache"[56] geblieben zu sein.

Doch nicht erst seit dem Regierungsantritt von Angela Merkel als Bundeskanzlerin ist das Thema „Frauen und Macht" von öffentlichem Interesse, wie die darüber während des Bundestagswahlkampfes 2005 durchaus kontrovers geführte Diskussion zeigt.[57] In den vergangenen zwanzig Jahren nahm der Frauenanteil in den deutschen Parlamenten stetig zu.[58] Während der Frauenanteil im Deutschen Bundestag sich im Jahr 1987 bei 15,4 Prozent bewegte und im Jahr 1976 lediglich 7,3 Prozent betrug, ist erst in der 12. Wahlperiode (1990-1994) ein Anstieg auf 20,5 Prozent zu verzeichnen.[59] Nach der Bundestagswahl 2009 sind von insgesamt 622 Abgeordneten 204 Frauen im Bundestag vertreten, der Frauenanteil liegt somit bei 32,8 Prozent.

Der quantitative Anstieg von Frauen ist neben dem individuellen Bestreben von Frauen, politisch zu partizipieren, auch auf die innerparteilichen Quotenregelungen zurückzuführen: Die in der SPD 1988 eingeführte Frauenquote sieht eine sukzessive Zunahme des Frauenanteils bei der Vergabe von Listenplätzen und Parteiämtern von 40 Prozent vor. Zur Erhöhung ihres Frauenanteils bei allen Parteiämtern um mindestens ein Drittel und bei der Besetzung jedes dritten Listenplatzes bei Wahlen durch eine Frau, führte die CDU im Jahr 1996 das Frauenquorum ein. Bei den Grünen und der PDS beträgt die in der Parteisatzung verankerte Gleichstellungsquote 50 Prozent. Die FDP setzt es sich zum Ziel, einen innerparteilichen Frauenanteil von 25 Prozent zu errei-

55 Schöler-Macher, Bärbel: Die Fremdheit der Politik. S. 24.

56 Ebd., S. 11.

57 Vgl. Mayer, Susanne: Weil sie eine Frau ist? In: Die Zeit, 25.8.2005.

58 Weibliche Abgeordnete sind vergleichsweise stark in den Parlamenten der Stadtstaaten, dagegen in den katholisch geprägten süddeutschen Bundesländern traditionell schwach vertreten. Vgl. hierzu Edinger, Michael; Claudia Holfert: Frauen im Parlament: Eroberung einer Männerbastion? In: Gesellschaft, Wirtschaft, Politik, 1 (2005), S. 30.

59 Vgl. Hoecker, Beate: Politische Partizipation von Frauen: Kontinuität und Wandel des Geschlechterverhältnisse in der Politik; ein einführendes Studienbuch. Opladen 1995, S. 84.

chen, jedoch ohne eine verbindliche Frauenquote in ihrem Parteiprogramm verankert zu haben.[60]

Trotzdem blieb die Anzahl der Frauen in politischen Spitzenpositionen, etwa in Ämtern in den „gewichtigen" Ministerien oder als Fraktionsvorsitzende im Bund und in den Ländern letztlich doch recht überschaubar. Insgesamt scheint Politik nicht der Ort zu sein, an dem Frauen sich „wohl fühlen", an dem sie nachhaltig in Spitzenpositionen wirken.[61] Mit Ausnahme des Bundesjustizministers sind die „gewichtigen" Ämter des Bundesverkehrsministers, Bundesfinanzministers, Bundesinnenministers sowie des Bundesaußenministers in der Geschichte der Bundesrepublik bislang noch nie von einer Frau ausgeübt worden.[62] An die „gläserne Decke", durch die ein weiterer politischer Aufstieg blockiert wird, stoßen karriereorientierte Frauen also bis heute: „Je höher die hierarchische Ebene, je größer die Entscheidungsbefugnisse der entsprechenden Positionen, je «wichtiger» innerhalb der gültigen Politikprioritäten die Aufgabenbereiche, um so weniger Frauen sind dort anzutreffen"[63], resümiert Bärbel Schäfer-Macher. Gelangt eine Frau, wie im Fall von Heide Simonis, in eine solche Position und betritt damit die männlich dominierte Machtarena, erhält sie häufig den Status der Exotin.

Im Hinblick auf die politische Partizipation von Frauen in historischer Perspektive bleibt festzuhalten, dass Frauen der Weg in politische Spitzenpositionen weiterhin schwer fällt. Dies hat der Fall Ypsilanti als letztes spektakuläres Beispiel jüngst gezeigt. So besteht laut Maike Bernhardt das bis heute geltende grundlegende Dilemma der Frauen darin, dass sie zwar uneingeschränkten Zugang zum außerfamiliären Berufs- und Erwerbsprozess haben, jedoch ohne dabei grundsätzlich von der Aufgabe als Hausfrau und Mutter in ver-

60 Hoecker, Beate: Innerparteiliche Frauenförderung in Großbritannien und Deutschland. In: Zeitschrift für Parlamentsfragen 27 (1994) 4, S. 642-657.

61 Schaeffer-Hegel, Barbara: Der Berliner Frauensenat von 1989/1990. In: Dies. (Hrsg.): Frauen mit Macht. Zum Wandel der politischen Kultur durch die Präsenz von Frauen in Führungspositionen. Pfaffenweiler 1995, S. 12.

62 Vgl. Vierhaus, Rudolf; Ludolf Herbst (Hrsg.): Biographisches Handbuch der Mitglieder des Deutschen Bundestages 1949-2002, Band 1, A-M, München 2002; Band 2, N-Z, München 2002; Band 3, Zeittafel – Verzeichnisse – Ausschüsse, München 2003.

63 Schöler-Macher, Bärbel: Die Fremdheit der Politik. S. 11.

gleichbarem Maße wie Männer entlastet zu werden.[64] Und Elke Schnitger stellt fest: „Wer Karriere machen will, muss frei sein von Sorgen um Kinder, Oberhemden und Wocheneinkauf, er/sie muss jemanden haben, der die Reproduktion der eigenen Person und der Familie sichert."[65] Daraus folgt, dass eine Frau im Zuge einer politischen Karriere entweder einen Lebenspartner haben muss, der bereit ist, den Haushalt und die Familienarbeit auf sich zu nehmen, oder aber sie auf Kinder und Familie – vielleicht sogar auf eine feste Partnerschaft – verzichten muss. Beides lässt sich mit den Zeiterfordernissen einer politischen Karriere schwer vereinbaren.

Entschließt sich eine Frau für den Weg einer politischen Karriere, muss sie – wie ihre männlichen Kollegen – die innerparteiliche Ochsentour durchlaufen und politische Verbündete suchen oder zumindest Unterstützer auf ihrer Seite haben. Durchsetzungsstarke Frauen in der Politik sind oftmals im Dunstkreis „großer" Männer aufgestiegen. Die in der politischen Alltagspraxis vorherrschenden Entscheidungen spielen sich in weiten Teilen nicht auf formalen, offiziellen Ebenen ab, sondern werden von Cliquen, im Rahmen von Kungeleien und Hinterzimmergesprächen oder ähnlichem entschieden. Diese informelle Kultur der Politik kann eine Machtressource für die Mitglieder der jeweiligen Insider-Gruppe darstellen, denn sie beruht auf einem ausgeklügelten System eines „do-ut-des"-Mechanismus (wörtlich: „ich gebe damit Du gibst").[66] Offenbar werden Seilschaften zwischen Personen gesponnen, die für den Kreis der Eingeweihten gleichzeitig in großem Maße Affinität, Kohäsion und Bindung bedeuten.[67] Es sind solidarische Zweckbündnisse, deren gemeinsames Ziel im „maximalen Nutzen für jeden einzelnen"[68] besteht. Dabei sind für diese Seilschaften eine hierarchische Struktur und Gefolgschaft kennzeichnend: „Der eine klettert, der andere sichert, dann sichert der erste und zieht den anderen nach"[69]. Das Klettern des einen und die Absicherung durch andere sind von Disziplin, Loyalität, Kalkulierbarkeit und Geschlossenheit abhängig.

64 Vgl. Bernhardt, Maike: Politik als (Frauen-) Beruf. S. 24.

65 Schnitger, Elke: Frauen und Parlamente. S. 177.

66 Schöler-Macher, Bärbel: Die Fremdheit der Politik. S. 25

67 Ebd., S. 26

68 Paris, Rainer: Solidarische Beutezüge. Zur Theorie der Seilschaft. In: Ders.: Stachel und Speer. Machtstudien. Frankfurt (Main), S. 139.

69 Ebd., S. 140.

Wenn diese funktionalen Haltungen in ausreichendem Maße vorhanden sind, kann die Gruppe effektiv den langfristig gezielten Machtausbau voranbringen.[70] Es ist zu vermuten, dass Männer diese Mechanismen besser für sich nutzen als Frauen. Barbara Schaeffer-Hegel stellt in einer von ihr vorgelegten Studie fest, dass Politikerinnen ihre männlichen Kollegen „als Strategen und loyale Gruppenangehörige“ wahrnähmen, da deren politisches Handeln eine „ausgeprägt strategische, planvolle Langfristorientierung“[71] aufweise. Nach Erfahrungen der befragten Frauen würden Männer gezielt Bündnissysteme auf- und ausbauen. Um sich im Kampf um Positionen gegenseitig zu unterstützen, schlössen sich Männer schneller zu Seilschaften zusammen.[72]

Viele Politikerinnen haben offensichtlich eine Abneigung gegen diese hierarchischen Anordnungen, die auf Führung und Gefolgschaft basieren, „in der jeder seinen festen, kalkulierbaren Platz hat und der noch auf der niedrigsten Stufe Stehende am Glanz des ‚Führers' partizipiert“[73]. Für viele macht- und selbstbewusste Politikerinnen ist „das geforderte Maß an ‚bedingungslosem Gehorsam' gegenüber der männlichen Führungsperson“[74] nur schwer zu ertragen. Karriereorientierte Frauen sehen sich in der Position, in der sie sich entweder an die gegebenen Strukturen adaptieren oder sich in eigenen Netzwerken organisieren müssen. Netzwerke sind im Gegensatz zu Seilschaften eher horizontal als vertikal angelegt und benötigen mehr Kommunikation und Kompromissbereitschaft, dabei wird der Statusunterschied der Beteiligten in der Regel nicht stark akzentuiert. Frauen wollen scheinbar eher als Team arbeiten und viele Frauen können oder wollen die Rolle des „Führers“ nicht annehmen.[75]

70 Ebd.. S. 139.

71 Schöler-Macher, Bärbel: Elite ohne Frauen. Erfahrungen von Politikerinnen mit einer männlich geprägten Alltagswirklichkeit in Parteien und Parlamenten. In: Leif, Thomas; Hans-Josef Legrand; Ansgar Klein (Hrsg.): Die politische Klasse in Deutschland. Eliten auf dem Prüfstand. Bonn 1992, S. 410.

72 Ebd..

73 Ebd., S. 414.

74 Lukoschat, Helga: Austausch und Vernetzung: Maßnahmen zur Stärkung von Frauen in der Politik. In: Foster, Helga; Dies.; Barbara Schaeffer-Hegel (Hrsg.): Die ganze Demokratie. Zur Professionalisierung von Frauen für die Politik. Pfaffenweiler 1998, S. 130.

75 Lukoschat, Helga: Austausch und Vernetzung. S. 131.

Offenbar ist es für Frauen schwierig, in die beschriebenen „Herrenrunden" einzudringen und Fuß zu fassen. Genau dieses Eingebundensein in die unterschiedlichsten Organisationsebenen und Ämter sowie die weit reichende Nutzung möglichst aller Kommunikationskanäle kennzeichnen jedoch laut Dietrich Herzog die Anforderungen an den modernen Typus des Berufspolitikers in modernen Demokratien.[76] Nach Helga Lukoschat stehen Frauen genau an diesem Punkt vor unüberwindbaren Hindernissen: Einige Politikerinnen selbst sprechen in Interviews von der Angst, sich „verkaufen und verbiegen lassen zu müssen"[77], um mit den von Männern gesetzten Standards und Verhaltensformen mithalten zu können.[78] Oder sie werden von männlichen Parteikollegen bewusst aus den innerparteilichen Machtzirkeln ausgegrenzt.

Elke Schnitger hat herausgearbeitet, dass dem männlichen Mitstreiter die weibliche Konkurrentin schwer einschätzbar vorkommt, da sie ihm fremd erscheint, „in ihrem Wesen, ihrem Beziehungsverhalten, ihren Ansprüchen, ihrer Arbeitsweise"[79]. Ein Grund für die Schwierigkeit der Frauen in den „Männerbünden" aufgenommen zu werden ist, dass sie eine „nicht einschätzbare Bedrohung"[80] darstellen. Eine Bedrohung deshalb, weil ein anderes Wesen zunächst in eine bislang gut organisierte und überschaubare Struktur Veränderungen hineinbringt und der Struktur damit neue Einstellungen und Reaktionen sowie eine andere Sicht der Dinge abverlangt.[81] Dagegen sind den männlichen Kollegen die gängigen männlichen Prinzipien, Handlungsweisen und Rituale der Politik vertraut, diese haben sie verinnerlicht. So ähnelt beispielsweise das Konkurrenzverhalten von männlichen Politikern einem sportlichen Wettkampf, denn jeder vermag den anderen aufgrund des eigenen Geschlechts einzuschätzen. Dies lässt sich an der politischen Streitkultur veranschaulichen: In der politischen Männerwelt ist es durchaus üblich, sich in der Öffentlichkeit laut und vernehmlich zu streiten und sich damit bei öffentlichen Auftritten wirkungsvoll in Szene zu setzen, um schlussendlich ein hohes Maß an Kampfesbereit-

76 Hoecker, Beate: Politik: Noch immer kein Beruf für Frauen? S. 8.
77 Lukoschat, Helga: Austausch und Vernetzung. S. 130.
78 Schnitger, Elke: Frauen und Parlamente. S. 167.
79 Ebd..
80 Ebd..
81 Ebd., S. 177.

schaft und -willen zu demonstrieren. Elke Schnitger konstatiert in diesem Zusammenhang, dass das anschließende gemeinsame Biertrinken die männliche Eigenart illustriert, sich auch angesichts unterschiedlicher Meinungen und Sichtweisen zu akzeptieren beziehungsweise die persönlichen Differenzen auf andere Weise beizulegen.[82] Frauen hingegen haben mit einer solchen Streitkultur ihre Probleme. Nach Meinung von Bärbel Schöler-Macher nehmen Frauen Kritik oft persönlich, was wiederum Argwohn und Intrigen zur Folge haben kann.[83]

Bei der Auseinandersetzung um die finanziell interessanten wie auch prestigeträchtigen politischen Ämter und Mandate lässt sich das männliche Ausschlussverfahren in Form eines „Schulterschlusses der Männer“ verdeutlichen. „Politische Herrschaft” sei die männlich konstruierte Herrschaft, so hat es Pierre Bourdieu in seinem Werk zusammengefasst.[84] Viele Parteifunktionäre behalten ihr gewohntes Nominierungs- und Abstimmungsverhalten zugunsten der eigenen männlichen Gefolgschaft bei. Die CDU-Politikerin Ursula Bendix-Engler sprach es auf einem CDU-Parteitag öffentlich an: „Bei der Nominierung sind die Männer Meister der Absprache. Das große Handicap der Frauen ist (...), dass man auf Ortsebene und auf Verbandsebene Partner für eine Absprache suchen muss. Da haben uns die Männer eins voraus: Man trifft sich bei bestimmten Vereinen an der Bar, und dann lässt sich das mal so schnell kameradschaftlich, persönlich miteinander absprechen. Und schon sind gewisse Koalitionen da, und die Frau kann die Hürde der Nominierung nicht mehr nehmen.“[85] In diesem Zusammenhang stellt Cathrin Kahlweit folgende These auf: Insbesondere dann, wenn die Gefahr besteht, dass bei einer anstehenden Wahl Stimmen und damit Mandate verloren gehen könnten, „pflegen Männer Wagenburgen, um ihre Listenplätze zu bauen“[86].

Es ist zu beobachten, dass Frauen sich politisch-professionelle Anforderungen männlicher Ausrichtung aneignen müssen. In den empirischen Unter-

82 Schnitger, Elke: Frauen und Parlamente. S. 166.

83 Vgl. hierzu Schöler-Macher, Bärbel: Elite ohne Frauen. S. 408.

84 Bourdieu, Pierre: Die männliche Herrschaft. Frankfurt (Main) 2005

85 Ursula Bendix-Engler (CDU) auf dem 33. Bundesparteitages der CDU im Jahr 1985, zitiert nach Hoecker, Beate: Politik: Noch immer kein Beruf für Frauen?, S. 11.

86 Kahlweit, Cathrin: Damenwahl. Politikerinnen in Deutschland. München 1994, S. 111.

suchungen wird oftmals dieses Erfordernis benannt, um gegen geschlechterbezogene Ressentiments und Diskreditierungen anzukämpfen.[87] Es wird konstatiert, dass Frauen häufig kritischer beäugt und beurteilt werden, wobei sich die Kritik nicht immer auf die fachliche Auseinandersetzung bezieht. Äußerlichkeiten wie Kleidung, Frisur, Stimme beziehungsweise Stimmlage oder Körperhaltung scheinen regelrecht zu provozieren. Diese Merkmale werden zumindest stärker beachtet als bei Männern. Viele abfällige Kommentare in der Politik und in den Medien beziehen sich auf diese Attribute.[88] Augenscheinlich treten Frauen aus der „Armee der schwarzen Anzugträger" optisch hervor. Bestimmte gemeinsame Sprachformen, Kleidungsstile und Verhaltensmuster sind Ausdrucksweise und Charakteristika eines bestimmten „esprit de corps"[89], einer Art kollektiven Verhaltens. Diese politischen Verhaltensrituale und Mentalitäten sind ebenfalls weitestgehend männlich codiert und sind bindendes Mittel der Gruppe. Im schlimmsten Fall wird der politischen Spitzenfrau ihre Weiblichkeit abgesprochen – sie damit zur „Unfrau" erklärt –, weil sie sich nicht in das gesellschaftlich normative „weibliche" Rollenmuster einordnen lässt. Schönheit, Stil, ein gepflegtes Äußeres, welche auf den Geschlechter-Stereotypen beruhen, werden in der heutigen medialen Dauerbeobachtung von Frauen in größerem Maße erwartet als von Männern.

Ebenso spielen die gesellschaftliche Schichtzugehörigkeit und damit auch der Habitus eine wesentliche Rolle: Je höher die gesellschaftliche Position der Frau, desto mehr muss sie auch durch ihre Erscheinung den Milieu-Erwartungen entsprechen.[90] Für viele strebsame Frauen in der politischen Wirkungsarena ist die Frage des richtigen Auftretens ein schwieriges Unterfangen, denn es gilt: Schick müssen die Damen sein, nur eben nicht zu schick. Einer-

87 Vgl. u. a. hierzu Foster, Helga; Helga Lukoschat; Barbara Schaeffer-Hegel (Hrsg.): Die ganze Demokratie. Zur Professionalisierung von Frauen für die Politik. Pfaffenweiler 1998.

88 Dass das äußere Erscheinungsbild und Auftreten und damit die Form der Körperpräsentation in der Politik eine bemerkenswerte Rolle spielt, wurde beispielsweise von Bärbel Schöler-Macher aufgegriffen. In: Die Fremdheit der Politik, hierzu S. 26. und in: Elite ohne Frauen. Erfahrungen von Politikerinnen mit einer männlich geprägten Alltagswirklichkeit in Parteien und Parlamenten, S. 407.

89 Schöler-Macher, Bärbel: Die Fremdheit der Politik. S. 26.

90 Vgl. Bourdieu, Pierre: Die feinen Unterschiede: Kritik der gesellschaftlichen Urteilskraft. Frankfurt (Main) 1998, S. 279, 635.

seits darf sie sich nicht zu sexy präsentieren, andererseits darf ihr Äußeres keinen Anlass geben, als „farblos" oder als „graue Maus" degradiert zu werden.

2.1.3 Resümee: Anforderungen an Frauen auf dem Weg einer politischen Karriere

Für eine berufliche Karriere in der Politik – das haben die bisherigen Ausführungen gezeigt – gibt es ein ungeschriebenes Anforderungsprofil. Ulla Weber, Marion Esch und Barbara Schaeffer-Hegel haben auf der Basis der von ihnen durchgeführten Studien zur Situation von Politikerinnen in Parlamenten einen Katalog relevanter Anforderungen und erforderlicher Kompetenzen von Frauen in der Politik herausgearbeitet.[91] Als erste wichtige Voraussetzung wird eine hohe ressortspezifische Fachkompetenz für die Ausübung eines politischen Amtes genannt. Zusätzlich sei es nach Ansicht der Autorinnen von Vorteil, politisches Fachwissen unabhängig vom jeweiligen Fachgebiet zu besitzen. Dazu gehören unter anderem Grundkenntnisse der Rechtswissenschaft, Betriebs- oder Finanzwirtschaft sowie Kenntnisse in Verfahrenstechnik.

Um politisch aufzusteigen, seien ebenso Kenntnisse der „offiziellen und informellen Strukturen und Hierarchien des politischen Apparats"[92] unerlässlich. Darüber hinaus erfordere der politische Erfolg hohe strategische Qualifikationen: Zeitmanagement und die Beherrschung von Techniken der effektiven Aneignung von Fachwissen. Gerade in diesem Zusammenhang äußerten die in den Studien befragten Politikerinnen Defizite, im Unterschied zu ihren männlichen Kollegen ohne umfassende Hintergrundinformationen nicht ad hoc über bestimmte Sachverhalte urteilen und entscheiden zu können.

Eine Politikerin muss für den politischen Erfolg über eine Vielzahl von Durchsetzungsstrategien und -techniken wie Bündnispolitik, Konflikt- und Konkurrenzfähigkeit, Standfestigkeit und Kompromissfähigkeit, Hartnäckig-

91 Weber, Ulla; Marion Esch; Barbara Schaeffer-Hegel: Politikerin als Beruf. Ergebnisse einer Untersuchung zur politischen Bildung und Professionalisierung von Frauen für die Politik. In: Aus Politik und Zeitgeschichte, B 22-23, 1998, S. 3-11. Im Rahmen des Forschungsprojekts „Zur Situation und Zukunft von Frauen in der Politik als Aufgabe politischer Bildungsarbeit" wurden weibliche Abgeordnete des Bundestages, der Landtage, des Europäischen Parlaments sowie Politikerinnen auf kommunaler Ebene empirisch zu ihrer Lage befragt.

92 Ebd., S. 5.

keit und ein adäquates Maß an Skrupellosigkeit verfügen. Darüber hinaus verweisen Weber, Esch und Schaeffer-Hegel auf das Erfordernis, „sich in der Öffentlichkeit zu präsentieren und zu positionieren“[93]. Die Autorinnen konstatieren, dass Frauen oftmals bescheidener auftreten und eher im Hintergrund arbeiten. Als Erklärungsansatz führen sie in diesem Zusammenhang an, dass die erwähnten Durchsetzungstechniken in der männlich geprägten Politik zwar notwendig sind, diese Verhaltensweisen jedoch in der Gesellschaft als „unweiblich“ gelten.

Um die eigene Persönlichkeit vor Verletzungen und Beschädigungen aus der Umwelt zu schützen, nannten die befragten Politikerinnen die Notwendigkeit, deutlich zwischen der eigenen Person und der ausgeübten politischen Funktion zu trennen. Als Möglichkeit wird die „Konstruktion einer öffentlichen Person“[94] angeführt: Die öffentliche Person, also die Rolle der Politikerin in der Öffentlichkeit, wird wie eine Schauspielrolle gespielt. Auf der politischen Bühne könne die konstruierte öffentliche Person beschädigt werden, jedoch bleibe die darunter verdeckte eigene Person unbekannt und integer.[95]

Anhand dieser aufgeführten Kategorien soll die politische Karriere von Heide Simonis analysiert werden. Es soll danach gefragt werden, ob diese Erfordernisse auch bei ihrem politischen Aufstieg und während ihrer politischen Führung eine relevante Rolle gespielt haben.

---

93 Weber, Ulla; Marion Esch; Barbara Schaeffer-Hegel: Politikerin als Beruf. S. 6.

94 Ebd..

95 Ebd., S. 7.

2.2 Politische Führung als Ministerpräsident

2.2.1 Stellung und Aufgaben im Amt

Besteht auf Bundesebene eine verfassungsrechtliche wie politische Funktionstrennung zwischen einem überparteilichen, neutralen Bundespräsidenten und einem Bundeskanzler, der durch die parlamentarische Mehrheit die Regierungsverantwortung übertragen bekommt, so findet sich auf Länderebene eine herausgehobene Sonderstellung: Im Amt des Ministerpräsidenten kumulieren die Funktionen des Regierungschefs mit denen des Staatsoberhaupts.[96] Winfried Steffani stellt heraus: „In allen Ländern stehen die Ministerpräsidenten – die republikanische Version der ‚Landesfürsten' – im Zentrum des Verbundes parteilicher, parlamentarischer, staatsleitender und bürokratischer Wirkungs- und Kompetenzebenen"[97]. Darüber hinaus stehen sie in einer zentralen Position innerhalb des Verbundföderalismus auf Bundesebene. Über ihre Mitgliedschaft im Bundesrat und in der Ministerpräsidentenkonferenz (MPK) wirken sie maßgeblich auf Entscheidungen der Bundesebene ein.

Aufgrund ihres Doppelstatus als Landesoberhaupt und Regierungschef umfasst ihr Handeln vielseitige Aufgabenbereiche. In der Funktion als Staatsoberhaupt eines Bundeslandes agieren Ministerpräsidenten als eine Art „Ersatzmonarch"[98]: In ihrer Person sollen sich als bindendes Identifikationspotenzial die politische Stabilität und die parteipolitische Neutralität vereinen. Der Wortstamm „Präsident" und die nonchalante Titulierung „Landesvater" oder „Landesmutter" verweisen auf die Attribute des Vorbildes, der Volksnähe und der Volkstümlichkeit. Der/die sorgende Landesvater/mutter ergänzt sich mit dem Typus des integrativen *Kommunikators*, der unterschiedliche Interessen und Überzeugungen miteinander verbindet und einen Konsens mit einer Mehrheit der Wähler anstrebt. Gleichzeitig impliziert die Rolle als Landeschef auch

---

96 Die Bezeichnung „Ministerpräsident" beinhaltet in den folgenden Ausführungen – sofern nicht explizit genannt – stets auch die weibliche Form.

97 Steffani, Winfried: Die Republik der Landesfürsten. In: Gerhard A. Ritter (Hrsg.): Regierung, Bürokratie und Parlament in Preußen und Deutschland von 1848 bis zur Gegenwart. Düsseldorf 1983, S. 198.

98 Ebd., S. 229.

die eines *Managers*. Charakteristisch für ihn ist ein problemlösungsorientierter, rational-sachlicher und Effizienz bedachter Führungsstil. Zu diesem Rollenverständnis von Ministerpräsidenten führt Herbert Schneider an: „Man/frau braucht eine Mischung aus Nähe (Verstehen, Zum-Anfassen-Sein) und Distanz (managen, Aufgaben erledigen)“[99]. Der „Manager“ führt sein Land wie ein Wirtschaftsunternehmen und sorgt sich um eine möglichst exakte Zielerfüllung. Als Staatsrepräsentanten des Landes und des Bundes stehen Ministerpräsidenten im Fokus des öffentlichen Interesses. Die Medien berichten von ihrer Bürgernähe und großen Gesten bei Empfängen, Feierlichkeiten und Staatsbesuchen und weniger von den inhaltlichen Auseinandersetzungen mit dem politischen Gegner im Landesparlament. Gegen diesen Amtsbonus in der medialen Präsenz hat es die Landes-Opposition verhältnismäßig schwer, sich entsprechend zu profilieren.

Die öffentliche Wahrnehmung und die Akzeptanz durch die Bevölkerung sind eine nicht zu verkennende Legitimationsgrundlage und damit eine Machtquelle.[100] Je nach Größe, Bevölkerungsstruktur, Konfession und Mentalität kann der „Landesvater“ einen persönlichen Vertrauensbonus für sich und seine Regierung gewinnen. Hier sind vor allem die persönlichen Eigenschaften der Vertrauenswürdigkeit, Integrität und Medienkompetenz gefragt. Insbesondere aufgrund der inhaltlichen Auszehrung der Landespolitik und einer verstärkt personenzentrierten Medienberichterstattung sind Landtagswahlen nach und nach zu vorwiegend personalisierten Wahlen geworden. Gleichzeitig gerät die inhaltliche Auseinandersetzung mit landespolitischen Themen immer mehr zur Nebensache.[101] Durch die Personalisierung werden Sachverhalte auf die Führungsqualität des Spitzenkandidaten projiziert und damit für den Wähler vermittel- und erlebbar. Auf diese Weise soll es dem Wähler ermöglicht werden, „sich an Männern und Frauen zu orientieren, die, durch politische Qualitäten ausgewiesen, für die Führung eines Landes als Ministerpräsident geeignet er-

99 Schneider, Herbert: Ministerpräsidenten. S. 199.

100 Vgl. Klecha, Stephan; Bettina Munimus, Nico Weinmann: Hessens Ministerpräsidenten im Profil, S. 285.

101 Vgl. Probst, Lothar: Reine Landtagswahlkämpfe sind kein Auslaufmodell. In: Die Welt, 28.2.2000.

scheinen“[102]. Erlangt er einen Wahlsieg, wird ihm damit quasi plebiszitäre Macht übertragen.

Die Ministerpräsidenten der Länder sind in die formellen Bedingungen eines parlamentarischen Systems als Regierungschefs eingebunden: Sie sind das Hauptorgan der Exekutive. Somit stehen ihnen die dazugehörigen Führungsmittel der Richtlinienkompetenz, des Kollegialprinzips sowie der Organisationsgewalt zur Verfügung. Als Regierungschef ist der Ministerpräsident mit der Bildung seines Kabinetts beauftragt: Gemäß der schleswig-holsteinischen Landesverfassung bedarf er für die Ernennung und Entlassung der Regierungsmitglieder nicht der Zustimmung des Landtages.[103] Die freie Bestimmung der Kabinettsmitglieder lässt somit auf eine starke Stellung des jeweiligen Ministerpräsidenten in der Personalpolitik schließen. Ebenso entscheidet der Regierungschef allein über die Zuständigkeiten der einzelnen Ressorts.

Die Richtlinienkompetenz befähigt den Ministerpräsidenten des Landes dazu, Richtung, Grundsätze und Ziele der Regierungsarbeit während der Legislaturperiode zu bestimmen. In der Rolle des Chefkoordinators muss er versuchen, „die materielle und formelle Einheitlichkeit des Regierungshandelns durch Information, Kommunikation und Kooperation“[104] sicherzustellen. In ihrer Leitungs- und Vorsitzfunktion erwartet man von ihnen Vorausschau und Innovation bei der Regierungsbildung sowie Verhandlungs- und Koordinationsgeschick, um Ressortstreitigkeiten, Meinungsverschiedenheiten oder unterschiedliche Auffassungen zwischen Ministern und der Regierungsfraktion zu schlichten und auf diese Weise Konflikte zu entschärfen. Je nach politischen Kräfteverhältnissen im Kabinett und persönlichem Temperament pflegt der Ministerpräsident eher einen kollegialen Verhandlungsstil oder verweist auf seine Richtlinienkompetenz und spricht gelegentlich „ein Machtwort“.

Mit Ausnahme der Zuständigkeit für Funk und Fernsehen haben die Ministerpräsidenten in der Regel keine eigenständigen Ressortaufgaben. Dennoch

---

102 Schneider, Herbert: Ministerpräsidenten. S. 105.

103 Vgl. hierzu Mielke, Siegfried; Christian Bräuer: Landesparlamentarismus in Schleswig-Holstein: Vom disziplinierten Parlamentarismus zur Parlamentsregierung? In: Mielke, Siegfried; Werner Reutter (Hrsg.): Länderparlamentarismus in Deutschland. Geschichte – Struktur – Funktionen. Wiesbaden 2004, S. 449.

104 Schneider, Herbert: Ministerpräsidenten. S. 52.

kommt es immer wieder vor, dass Regierungschefs spezifische Sonderthemen zur ihrer „Chefsache" machen. So ist eine landespolitische Schwerpunktbildung der Ministerpräsidenten häufig die „Standortpolitik", die originär im Aufgabenbereich des jeweiligen Wirtschaftsministers liegt.[105] Wirtschaftsförderung und Markterschließung, aber auch Verwaltungsreformen und Kulturpflege können zu besonderen Anliegen des Ministerpräsidenten erhoben werden. Gründe für die Übernahme von Sonderaufgaben können unterschiedliche sein: So lassen sich auf diese Weise politische Schwerpunkte sichtbar akzentuieren und möglichst erfolgreich durchsetzen. Auch kann dies eine Form sein, Unzufriedenheit mit dem zuständigen Ressortminister zu artikulieren. Letztlich lässt sich das eigene Image in den Medien in ein besseres Licht rücken. Im föderativen Verbundsystem Deutschland besitzen Ministerpräsidenten wichtige Kompetenzzuweisungen als Mitglied im Bundesrat und in der Ministerpräsidentenkonferenz (MPK). Als Vertreter ihres Landes müssen sie dessen partikulare Interessen gegenüber anderen Bundesländern und dem Bund durchsetzen und üben in Verbindung mit ihrer Parteifunktion einen nicht zu unterschätzenden Einfluss auf die gesamte Bundespolitik aus. Ebenso agieren sie als eigenständige Akteure gegenüber der EU und anderen Nationalstaaten.

Auch wenn die Funktion als Staatsoberhaupt ihnen eine gewisse Überparteilichkeit abverlangt, sind Ministerpräsidenten in erster Linie auch Parteipolitiker. Ihre Spitzenkandidatur bei Landtagswahlen und ihre Stellung als Regierungschef sind immer auch Ausdruck parteipolitischer Konstellationen: „Seit dem Abschluss der Gründungsphase der Bundesrepublik bekleiden nur eng mit einer Partei verbundene und daher auch deren Unterstützung genießende Politiker"[106] das Amt des Ministerpräsidenten, resümiert Herbert Schneider. Häufig kommt es zu einer Ämterkumulation von Ministerpräsidentenamt und Landesvorsitz beziehungsweise sind die Ministerpräsidenten qua ihres Amtes in den Parteivorständen auf Bundesebene vertreten. Diese Bündelung von Spitzenpositionen dient den Ministerpräsidenten zugleich als innerparteiliche Machtbasis und -sicherung.

105 Vgl. ebd., S. 72.
106 Vgl. ebd., S. 73.

2.2.2 Machtressourcen von Ministerpräsidenten

Als formelle Bedingung zur Durchsetzung seines Regierungsprogramms stehen dem Ministerpräsidenten neben Richtlinienkompetenz und Kabinettsdisziplin auch die Staatskanzlei als Führungsinstrument zur Verfügung. Ähnlich wie das Kanzleramt für den Bundeskanzler, ist die Staatskanzlei als reibungslose, im Hintergrund agierende Instanz eine entscheidende Machtressource für den Ministerpräsidenten. Hier, „im Vorhof der Macht“[107], werden Aufgaben koordiniert, die Führung im Kabinett vorbereitet, Konflikte unter den einzelnen Ministerien gelöst sowie das öffentliche Wirken und Repräsentation inszeniert. Die Wirkungsmöglichkeiten, Einfluss und Macht einer Staatskanzlei hängen vom politischen Interesse und den Ambitionen des Regierungschefs ab.

Die Machtstellung des Ministerpräsidenten bestimmt sich nicht nur durch seine mittelbare Volkslegitimation und seine Führungsinstrumente, sondern vor allem auch durch persönliche Eigenschaften wie Durchsetzungskraft, Führungskompetenz und Verhandlungsgeschick. Insbesondere in der Zusammensetzung der Regierung – im Falle einer Koalition mit Ausnahme der ihr nicht zustehenden Ressorts – offenbaren sich die Einflussmöglichkeiten des Regierungschefs. Neben parteipolitischen Überlegungen müssen unter Umständen verschiedene persönliche, aber auch regionale, konfessionale und politische Gruppierungen der Partei im jeweiligen Bundesland in die Kabinettsdisziplin eingebunden werden. Insofern ist Personalpolitik ein machtvolles Instrument der politischen Führung im parlamentarischen Regierungssystem.

Neben der Führung des Kabinetts ist eine weitere Machtdeterminante die grundsätzliche Unterstützung durch die eigene Landtagsfraktion. Das Vertrauen der eigenen Fraktion in die Politik und die Person des Ministerpräsidenten ist die maßgebliche Grundlage für erfolgreiches Regierungshandeln. „Wendet sich diese [die Fraktion, B.M.] von ihm ab und entzieht im gar das Vertrauen, so bleibt ihm nur noch der Rücktritt vom Amt.“[108] Um ein solches Vertrauen in die eigene Person zu bewahren und Rückhalt in der Fraktion zu sichern, ist das

107 Vgl. Schneider, Herbert: Ministerpräsidenten. S. 282.
108 Ebd., S. 63.

Vertrauen und die Rückendeckung der Landespartei eine entscheidende, unabdingbare Machtressource. Nur eine mit ihrer Partei verbundene und ihr Vertrauen genießende Persönlichkeit wird von der Partei für den Posten des Ministerpräsidenten bestimmt – und im Amt getragen.

3. Die Politikerin Heide Simonis

3.1 Biographische Prägungen: Elternhaus, Kindheit und Jugend

Heide Simonis wurde als älteste von drei Töchtern von Horst und Sofia Steinhardt am 4. Juli 1943 in Bonn geboren. Die Schwester Doris war ein Jahr jünger und die jüngste Schwester Barbara kam zwei Jahre später zur Welt. Der Vater, der sich freiwillig im Zweiten Weltkrieg zur Luftwaffe gemeldet hatte und als Sturzkampfflieger zu den „Helden der ersten Kriegsjahre"[109] zählte, geriet später in englische Kriegsgefangenschaft. Sofia Steinhardt brachte sich und ihre Töchter ohne ihren Mann durch den Krieg: Gegen Kriegsende war sie mit der einjährigen Heide von Bonn zu ihrer Schwiegerfamilie nach Königsberg gezogen in der Hoffnung, dort in Sicherheit zu sein.[110] Als die Stadt von der Roten Armee eingenommen wurde, flüchtete sie wieder nach Bonn. Heide Simonis beschreibt in ihrer Autobiographie mit großer Ehrfurcht die Leistung ihrer Mutter, hochschwanger und mit ihr als Kleinkind von Königsberg über Österreich nach Bonn geflüchtet zu sein. Die jüngere Schwester Doris kam auf der Flucht in Schlesien zur Welt. Nach der Rückkehr lebte Sofia Steinhardt mit ihren Töchtern bei ihren Eltern in Bonn.[111] Die Mutter war eine „mutige und kämpferische Frau"[112], deren Lebensgeschichte durchaus typisch war für Frauen und Mütter, die während des Zweiten Weltkrieges Armut, Not, Flucht und Neuanfang erlebten.

Der Vater kehrte als gebrochener Mann, ohne abgeschlossenes Studium und ohne Beruf aus dem Krieg zurück. Die Mutter war es, die in den Worten von Heide Simonis ihrer „aller Leben fest in die Hand"[113] nahm. Schon während der Kriegsjahre hatte Sofia Steinhardt sich und ihre Kinder alleine durchgebracht. So versorgte sie auch weiterhin die Familie und ermöglichte ihrem

109 Leinemann, Jürgen: Höhenrausch. Die wirklichkeitsleere Welt der Politiker. München 2004, S 285.

110 Simonis, Heide: Unter Männern. Mein Leben in der Politik. München 2003, S. 30.

111 Ebd..

112 Ebd., S. 39.

113 Ebd..

Mann, das Studium zu beenden und drängte ihn im Anschluss zur Promotion. Sofia Steinhardt strebte nach einem sozialen Aufstieg und verband dieses Ziel mit der Promotion ihres Mannes.[114] Um das Familieneinkommen zu verdienen, arbeitete die Mutter Anfang der fünfziger Jahre über längere Zeit als zweite Sekretärin von Konrad Adenauer.[115] Damit hatte sie eine angesehene Position erworben. Als der Vater nach Abschluss seiner Promotion im Alter von 42 Jahren 1955 eine Stelle bekam und nun als Familienoberhaupt seine Frau und Töchter ernähren konnte, blieb die Mutter als Hausfrau zuhause – damit fügte sie sich den damaligen gesellschaftlich-normativen Rollenvorstellungen. In finanzieller Hinsicht wuchs Simonis in ihrem Elternhaushalt privilegiert auf: „Wir waren nicht reich, aber es war immer auskömmlich."[116]

Die „Minna" – so der Kosename der Mutter – wird von Heide Simonis als frustriert und dominant beschrieben, sie „gängelte" und „deckelte", eine Frau, der „man nichts recht machen konnte"[117]. Das Verhältnis zwischen Mutter und Tochter verschärfte sich im jungen Erwachsenenalter weiter. Simonis stellt heraus: „Genau wie alle Frauen in meiner Generation – haben wir alle ein Mutter-Tochter-Problem."[118] Die Mutter war nach der Aufgabe der eigenen Berufstätigkeit unzufrieden mit dem eigenen Leben. Sie fügte sich zwar in die traditionelle Rollenverteilung, mit dem Mann als Ernährer und der Frau als Hausfrau und Mutter, aber sie verbitterte darüber. Das äußerte sich laut Simonis in ständigen Streitereien mit der Tochter, die studieren und ihr Leben mehr oder weniger eigenständig gestalten konnte. Bis zum zwölften Lebensjahr von Heide Simonis war die Mutter berufstätig gewesen. Während des Studiums des Vaters ist davon auszugehen, dass dieser während der Arbeitszeit der Mutter die Kinderbetreuung übernommen hatte. In dieser prägenden Kind- und anfänglichen Jugendzeit war das Verhältnis zu ihrem Vater wohl intensiver. Die Mutter hatte aufgrund des Zeitmangels eine unliebsame Erziehungsrolle eingenommen, die von Heide Simonis als streng wahrgenommen wurde. Eine Er-

114 Ebd., S. 31.

115 Ebd..

116 Heide Simonis zitiert nach Gaus, Bettina: Mühsal einer Sozialdemokratin. In: die tageszeitung, 19.5.2003.

117 Ebd., S. 29.

118 Gaus, Günter: Heide Simonis. In: Ders.: Zur Person. Berlin 1998, S. 40.

ziehungsmethode der Mutter war die herausfordernde Provokation, indem sie ihrer Tochter beispielsweise an den Kopf warf: „Aus dir wird ja sowieso nichts.“[119] Vermutlich wollte die Mutter den Ehrgeiz ihrer Tochter wecken. In Simonis' Aussage: „Wollen wir doch mal sehen, ob ich in der Gosse lande!“[120] kommt die Einstellung zum Ausdruck, sich selbst und ihrer Mutter etwas beweisen zu wollen. Diese „Nun-erst-recht“- oder „Dennoch“-Attitüde wird von ihr selbst als Grund für ihre spätere Durchsetzungskraft, ihre Zähigkeit und ihren „Irrsinnsehrgeiz“ angeführt.[121] Und tatsächlich laden die immer wiederkehrenden Erzählungen über ihre Kindheit zur Vermutung ein, Simonis' ganze Karriere sei auch ein „Sich-Abarbeiten“[122] an ihrer Mutter.

Ebenso prägend waren die Krankheitserfahrungen in jungen Jahren: Ab ihrem dritten Lebensjahr litt Simonis an schwerem Asthma und verbrachte deshalb längere Zeit ihrer Kindheit in Kinderheimen. Es waren mehrere Kinderheimaufenthalte, manche für ein paar Wochen oder Monate, andere gingen über ein halbes oder gar drei viertel Jahr in Bad Soden, Freudenstadt, Garmisch-Patenkirchen und im Westerwald. In den Westerwald begleiteten sie ihre beiden Geschwister. Im dortigen Heim besuchte Simonis mit ihrer jüngeren Schwester die daran angeschlossene Volksschule. Die Mutter war zu dieser Zeit berufstätig und besuchte ihre Töchter an den Sonntagen. Heide Simonis beschrieb in ihrer Autobiographie ihre Erinnerungen an die Aufenthalte in den Kinderheimen. An Einsamkeit und das Gefühl verlassen zu sein, konnte sie sich nach eigenen Angaben nicht erinnern, räumte aber ein, dass sie vieles verdrängt haben könnte. In den Heimen sei sie gerne gewesen und habe sich an die neue Umgebung schnell gewöhnt. Das längere Fortbleiben von zuhause führte häufig dazu, dass sie sich im rheinischen Bonn nicht mehr zuhause und damit fremd gefühlt habe. Während der Zwischenaufenthalte bei der Familie

119 Simonis, Heide: Unter Männern. S. 33.

120 Geisler, Astrid: DIE GROSSE HE!DE-SHOW.

121 Vgl. Krause-Burger, Sibylle: Heide Simonis. Mutter Courage und ihre Kinder. In: Ders.: Die neue Elite. Topmanager und Spitzenpolitiker aus der Nähe gesehen. Düsseldorf 1995, S. 173.

122 Vgl. Faltin, Sigrid: Rot-grün: Die etwas andere Ehe. In: Natur: Das Umweltmagazin, Nr. 6, 1998.

gab es häufig Krach mit ihrer Mutter, deshalb, so Simonis, war sie meistens froh, wenn sie wieder fort konnte.[123]

Als heranwachsende junge Frau nahmen die Auseinandersetzungen mit der Mutter zu. Simonis redete offen davon, dass ihre Mutter ihr öfters an den Kopf warf: „Du bekommst ja sowieso keinen Mann“[124]. Für ein adoleszentes Mädchen, deren Körper und Selbstwertgefühl sich verändern, sind solche Sätze verletzend – man fühlt sich gar minderwertig. Simonis gab zu: „Ich war trampelig, trottelig, weil ich immer zu groß war.“[125] „Ich hatte in dieser Zeit meiner Jugend kein gutes Selbstbild.“[126] Sie fühlte sich als „krankes Kind“ und „hässliches Entlein“, das zu hoch gewachsen war. Viele heranwachsende Mädchen erleben die körperlichen Veränderungen weniger als „positive Erweiterungen ihrer persönlichen und gesellschaftlichen Erfahrungswelt, sondern eher als problematische Verschlechterung und Einschränkung“[127]. Gerade in der Zeit, in der man beginnt, sich für das andere Geschlecht zu interessieren, wird das eigene Aussehen für die Entwicklung des eigenen Selbstwertgefühls ein ganz wesentlicher Bestandteil. Das Verhältnis zu ihrem eigenen Körper änderte sich bei Simonis in späteren Jahren während ihres Studiums und der Ehe, als die körperlichen Beschwerden durch die Asthma-Anfälle mit zunehmendem Alter abnahmen und sie Anerkennung in ihrer Clique erfuhr, die überwiegend aus männlichen Studenten bestand.[128] Auch die positiven Erfahrungen in Bezug auf Liebe und Partnerschaft mögen zu einer veränderten Selbstwahrnehmung beigetragen haben.

---

123 Simonis, Heide: Unter Männern. S. 33.

124 Ebd..

125 Heide Simonis zitiert nach Meyer, Antje: Heide Simonis. Deutschlands erste Ministerpräsidentin, S. 182.

126 Simonis, Heide: Unter Männern. S. 35.

127 Es stellt sich in diesem Zusammenhang die Frage, ob in der Pubertät eine geschlechterspezifische Komponente zum Tragen kommt. In der angeführten Literatur werden Vermutungen darüber geäußert, ob Selbstvertrauensverluste heranwachsender junger Frauen auf die Bedeutung gesellschaftlicher Weiblichkeitsnormen zurückzuführen ist. Vgl. hierzu Bergmann, Susanne: Aspekte der familiären und politischen Sozialisation von Spitzenpolitikerinnen und Führungsfrauen. In: Foster, Helga; Helga Lukoschat; Barbara Schaeffer-Hegel (Hrsg.): Die ganze Demokratie. Zur Professionalisierung von Frauen für die Politik. Pfaffenweiler 1998, S. 31.

128 Simonis, Heide: Unter Männern. S. 35.

Die Persönlichkeitsstruktur eines Menschen formt sich in jungen Kinderjahren. Umso prägender sind die in der Kindheit gemachten Erfahrungen.[129] Folglich liegt eine mögliche Erklärung für Simonis' signifikante Charaktereigenschaften darin, dass die emotionalen Entbehrungen ihrer Kindheit, die körperliche Belastung aufgrund der Asthma-Krankheit und die geringe Anerkennung ihrer Mutter sie auf besondere Weise geprägt haben und bei ihr dazu führten, Enttäuschungen und Frust zu verkraften und Schwäche anderen nicht offen zu zeigen. Simonis spricht von einer gewissen „inneren Einsamkeit"[130], die sie als Kind aushalten musste und sie stählen ließ. Diese Erfahrungen können Gründe sein, sich vordergründig Schwäche und Schutzbedürfnis nicht mehr einzugestehen und beides von sich zu weisen.[131] Offenbar wollte sich Simonis vor äußeren Verletzungen schützen, indem sie offensiv Stärke demonstrierte.

Während ihre Schwestern – zu denen sie ein gutes geschwisterliches Verhältnis pflegte – eher „Mutterkinder" waren, beschrieb Simonis sich selbst als ein „Vaterkind".[132] Horst Steinhardt war in ihrer Kindheit ihre wichtigste Bezugsperson. Über ihn, der später als Direktor des Arbeitsamtes mit seiner Familie nach Kiel versetzt wurde, verlor Simonis nie ein schlechtes Wort. Er wurde von ihr als liebevoll, sanft und unterstützend beschrieben, der sich besser in seine Töchter einfühlen konnte, aber im Vergleich zur dominanten Mutter eher schwach war.[133] Heide Simonis betont, dass ihr aus Ostpreußen stammender Vater sie und ihre Schwestern nach „preußischen Tugenden" wie Pünktlichkeit, Ordnung, Fleiß, Zähnezusammenbeißen und Disziplin erzogen hatte.[134] Er machte keinen Unterschied zwischen Jungen und Mädchen und bestand darauf, dass seine Töchter studierten.[135] Dass Heide und ihre Schwestern

129 Vgl. hierzu die Ergebnisse der Longitudinalstudie zur Genese individueller Kompetenzen (LOGIK-Studie) des Arbeitskreises des Max-Planck-Instituts für Kognitions- und Neurowissenschaften in München. http://www.volkswagenstiftung.de/fileadmin/downloads/LOGIK-Zusammenfassung82006.pdf eingesehen am 21.10.2006.

130 Simonis, Heide: Unter Männern. S. 71.

131 Vgl. Lentz, Brigitta: „Ich liebe Zoff". In: Capital, Nr. 10, 1995.

132 Gaus, Günter: Heide Simonis. S. 42.

133 Simonis, Heide: Unter Männern. S. 31.

134 Vgl. Krause-Burger, Sibylle: Heide Simonis. S. 175.

135 Gespräch mit Heide Simonis am 2.11.2006 in Kiel.

Doris und Barbara eine akademische Ausbildung erhielten, ist vor dem Hintergrund der gesellschaftlichen Frauenrolle der fünfziger und sechziger Jahre und der konservativen Prägung des Elternhauses ungewöhnlich. Vor der so genannten Bildungsexpansion ab 1969 wurde bei der Ausbildung von jungen Frauen, insbesondere aus konservativen Elternhäusern, häufig auf den Gesichtspunkt einer späteren Ehe und Mutterschaft Wert gelegt. Horst Steinhardt, der zwar seiner Frau verbot zu arbeiten,[136] erachtete jedoch eine gute berufliche Ausbildung seiner Töchter als wichtig. Er hatte seine Kinder egalitär erzogen, stellte die finanziellen Möglichkeiten für das Studium bereit und wollte sie nicht nur „gut verheiraten". Eine Schwester wurde Lehrerin – der bevorzugte Beruf der Mutter für ihre Töchter, da er sich gut mit Kindern vereinbaren ließ. Die andere Schwester studierte Soziologie, Psychologie und Französisch.[137] Das Vorbild „Vater" liefert eine Begründung für Simonis' beruflichen wie auch politischen Weg in überwiegend männlichen Bereichen.

Nach mehrmaligen Umzügen und den langen Heimaufenthalten bis zum zehnten Lebensjahr, besuchte Heide die noch verbliebenen sechs Jahre bis zum Abitur ein evangelisches Mädchengymnasium in Nürnberg, wo die Familie damals wohnte. Ihr Lieblingsfach war Mathematik, aber sie war, wie sie sagte, keine besonders gute Schülerin. Zunächst hatte Simonis Schwierigkeiten, sich in die Klassengemeinschaft einzuleben, weil „alle fränkisch sprachen"[138] und sich schon länger kannten. Sie wurde jedoch zur Klassensprecherin und später zur stellvertretenden Schulsprecherin gewählt, weil sie gut reden konnte, so Simonis, und bereits damals die „ersten Alphatierchen-Anwandlungen"[139] besaß und sich engagieren wollte. Auf der Mädchenschule akzeptierte sie eher die männlichen Lehrkräfte, während ihre Lehrerinnen als „negative Beispiele" aufgrund des dahinter stehenden konservativen Frauenbildes von ihr kritisch wahrgenommen wurden.[140] Es mögen die Erfahrungen auf einer Mädchenschule sein, die dazu führten, dass Simonis eine unerschrockene Umgangsweise mit Männern entwickelte. Während ihrer Schulzeit konnte sich die junge Simonis

136 Simonis, Heide: Unter Männern. S. 33.
137 Ebd., S. 37.
138 Ebd., S. 35.
139 Ebd., S. 36.
140 Vgl. Simonis, Heide: Gleich unter Gleichen. In: Der Spiegel, 6.5.1996.

nur mit anderen Mädchen und jungen Frauen messen und suchte in späteren Jahren vielleicht aus diesem Grund die Konkurrenz mit Männern. Es scheint, als wollte sie (sich) beweisen, dass sie als Frau auch in Männerbereichen ihren Kollegen ebenbürtig war.

Wie viele Angehörige der „68er"-Generation grenzten sich Heide und ihre beiden Schwestern politisch von ihrer Elterngeneration ab. „Wir konnten in diesem Elternhaus eigentlich nur links werden, rechts war nicht drin."[141] Horst Steinhardt, der aus einer Kaufmannsfamilie stammte und dessen Vater ein bekanntes Herrenausstattergeschäft in Königsberg besaß, war ein Konservativer mit Sympathien für die Deutschnationalen. Die Mutter konnte bis zu ihrem Lebensende dem Nationalsozialismus positive Aspekte abgewinnen.[142] Dies begründete Simonis damit, dass die aus einer Handwerkerfamilie stammende Mutter durch die Nationalsozialisten neue Freiheiten erlangte und der soziale Aufstieg dadurch leichter erschien.[143] Die drei Töchter rebellierten gegen die konservativen Ansichten der Eltern, die überzeugt die Adenauer-CDU wählten. Eine Schwester hatte „in den wilden Jahren" sogar sämtliche K-Gruppen in Kiel mitgegründet.[144] Simonis war während der Studentenrevolte mit ihrem Mann Udo im Ausland, identifizierte sich jedoch auch mit der „68er"-Generation.

Nach dem Schulabschluss im Jahr 1962 hatte die junge Heide keine genauen Berufsvorstellungen, nur eines war sicher: Sie wollte auf jeden Fall erwerbstätig sein und ihr eigenes Geld verdienen. Nichts erzeugte in ihr mehr Widerwillen als die Vorstellung, so leben zu müssen wie ihre Mutter.[145] Eigentlich wollte Heide ursprünglich Physik studieren, hätte dafür jedoch in eine andere Stadt ziehen müssen. Dies lehnte ihre Mutter vehement ab. Sie sah für ihre älteste Tochter ein Studium der Volkswirtschaftslehre vor – wie es der Vater studiert hatte – und zwar in Kiel, damit Heide weiterhin zuhause wohnen

141 Heide Simonis zitiert nach Gaus, Günter: Heide Simonis. S. 45.

142 Vgl. Gaus, Bettina: Mühsal einer Sozialdemokratin. In: die tageszeitung, 19.5.2003.

143 Simonis, Heide: Unter Männern. S. 31.

144 Gaus, Günter: Heide Simonis. S. 44.

145 Simonis, Heide: Unter Männern. S. 37.

konnte. Ihre Mutter war der Ansicht, dass eine junge Frau erst mit der Heirat ihr Elternhaus verlässt.[146]

146 Ebd.

3.2 Das öffentliche Leben von Heide Simonis

3.2.1 Männer sind hilflos und verhungern: Die Ehefrau

Heiraten bedeutete für Heide Steinhardt in erster Linie die Freiheit, endlich das Elternhaus verlassen und ein eigenes, selbstständiges Leben beginnen zu können. Nach eigenen Aussagen waren Kinder jedoch nicht vorrangiger Bestandteil ihrer Lebensplanung.[147] Heide heiratete Udo Ernst Simonis im Sommer 1967 im Alter von 24 Jahren. Sie hatte ihn während ihres Studiums der Volkswirtschaft an der Universität Kiel kennen gelernt. Der sechs Jahre ältere wissenschaftliche Mitarbeiter promovierte am gleichen Institut wie Heide und war ihr Dozent. Er war der ruhige, geduldige, introvertierte Teil der Beziehung, der seine Frau scheinbar einfach machen ließ. In ihrer Autobiographie schreibt Simonis: „Ich war es, die Udo den Heiratsantrag machte – einer musste die Sache ja in die Hand nehmen"[148]. Das bestandene Examen war jedoch die Bedingung dafür. Nach neun Semestern schloss Simonis ihr Studium als Diplom-Volkswirtin ab, heiratete und begleitete ihren Ehemann wenige Wochen später nach Afrika. Dass der Heiratsantrag von ihr ausging, spricht einerseits für das Selbstbewusstsein Simonis', ihr Leben in die eigene Hand zu nehmen und die Initiative zu ergreifen. Andererseits war sie aber auch bereit, ihrem Mann ins Ausland zu folgen und sich damit seiner beruflichen Karriere quasi unterzuordnen. Udo Simonis hatte auf Einladung des sambianischen Präsidenten eine Stelle als persönlicher Berater angenommen. Das Ehepaar Simonis lebte insgesamt zwei Jahre in Lusaka, wo Heide an der dortigen Universität eine Tätigkeit als Deutsch-Lektorin annahm. Nach einem Jahr wechselte sie auf eine Assistentenstelle bei der Sambian Airways. 1969 kehrte das Ehepaar nach Deutschland zurück.

Die in Sambia gesammelten Erfahrungen mit „zum Himmel schreiender ungerechter Verteilung in der Welt"[149] waren der entscheidende Antrieb für

---

147 Vgl. ebd., S. 43.

148 Ebd., S. 40.

149 Gaus, Bettina: Mühsal einer Sozialdemokratin. In: die tageszeitung, 19.5.2003.

Heide Simonis, 1969 in die SPD einzutreten. Der Wunsch nach Gerechtigkeit sei ihre Triebfeder gewesen, sich politisch zu engagieren – nicht etwa der Kampf für die Gleichberechtigung der Frau. Für sie kam damals nur die SPD infrage, da sich die Partei – neben der FDP – auch mit Entwicklungshilfepolitik befasste. Eine Mitgliedschaft in einer christlichen Partei stand für Simonis nicht zur Debatte.[150] Sie und ihre Schwestern waren wie der Vater evangelisch getauft, während die Mutter Katholikin war. Den rheinischen Katholizismus empfand Simonis als erdrückend. Er verkörperte für sie das Leben ihrer Mutter, die sich trotz ihrer eigenen Lebensvorstellungen und -wünsche der traditionellen Frauenrolle fügte.[151] Der Besuch eines strengen evangelischen Mädchengymnasiums war auch ein Grund für sie, aus der Kirche auszutreten.[152] Ebenso räumte sie ein, dass sie erst nach dem Ende der Großen Koalition Sozialdemokratin wurde: „Ich wäre nie in die SPD gegangen, wenn die wieder eine große gemacht hätten“[153]. Ausschlaggebend war auch das politische Wirken Willy Brandts gewesen, der auch auf die junge Simonis Faszination ausübte.[154]

Nach der Rückkehr aus Sambia hatte Simonis ein knappes Jahr als Assistentin der Geschäftsleitung am Institut für Bau- und Finanzplanung in Berlin und in Kiel gearbeitet, bis sie Ende 1969 mit ihren Mann nach Tokyo ging, der an der dortigen Universität ein Wissenschaftsstipendium erhalten hatte.[155] Wieder suchte Simonis sich Arbeit, um auch im Ausland finanziell nicht ausschließlich von ihrem Mann abhängig zu sein. Zunächst lehrte sie Deutsch am Goethe-Institut, erhielt aber wenig später ein Arbeitsangebot als Marketing-Researcherin bei der Firma Triumph International. 1971 kehrte das Paar endgültig zurück nach Kiel. Während Udo Simonis eine Professur für Planungs- und Bauökonomie in Berlin annahm und später Direktor am Berliner Wissenschaftszentrum (WZB) wurde, arbeitete Heide von 1972 bis 1976 als Berufsberaterin für Abiturienten und Hochschüler bei der Bundesanstalt für Arbeit beim

150 Gaus, Günter: Heide Simonis. S. 39.
151 Ebd.
152 Ebd., S. 40.
153 Ebd., S. 45.
154 Ebd., S. 51.
155 Roggenkamp, Viola: Onkel Herberts Liebling. In: Die Zeit, 10.10.1980.

Arbeitsamt Kiel, wo ihr Vater die Position des langjährigen Direktors[156] innehatte. Seitdem führt das Ehepaar Simonis eine Wochenend-Beziehung.

Heide Simonis begann nach ihrer Wiederkehr, sich aktiv in der Politik zu engagieren. Dies folgte ihrem Entschluss, sich ein eigenes Betätigungsfeld zu suchen, welches Udo nicht interessierte und „wo er nicht hinterherkommt und nicht hinterherkritisiert“[157]. Dieses „Hinterherkritisieren“ deutet darauf hin, dass es offenbar durchaus zu Spannungen führte, dass beide als Volkswirte im selben Bereich beruflich tätig waren. Schlussendlich waren Auseinandersetzungen zwischen den Eheleuten der Grund für Heide, sich stärker politisch in der SPD zu engagieren. Sie wollte etwas Eigenes machen und sich außerhalb des beruflichen Interessengebietes ihres Mannes beweisen. „Ich sah mich schon als töpfernde Gattin. Das machen doch alle Professoren-Gattinnen. (...) Nein, Töpfern war nicht drin.“ Und weiter führte Simonis aus: „Also Politik. Ja, ich fand Politik schön.“[158] Heide Simonis gab offen zu, dass sie ein Hobby suchte, um ihre Ehe zu retten und deshalb schließlich die aktive Parteiarbeit begann.

Im Jahr 1976 gelang der 33-jährigen der Einzug in den Bundestag – die Politik wurde zu ihrem Beruf. Udo Simonis war weiterhin unter der Woche in Berlin, sie bis 1988 in Bonn und danach in Kiel. Beide führten somit über viele Jahre eine Fernehe. Auch wenn beide Individualisten waren und jeweils ihren eigenen Weg gingen, unterstrich Heide Simonis, dass sie trotz ihrer eigenen Karriere als Ministerpräsidentin versuchte, eine gute und „normale“ Ehefrau zu sein. 1994 legte sie in der Fernsehsendung „Boulevard Bio" im Gespräch mit Alfred Biolek kabarettreife Szenen vor: Sie unterstrich ihre Hausfrauenqualitäten, indem sie betonte, sie koche ihrem Udo das Essen für den nächsten Tag vor. Er stelle sich nämlich „ziemlich dämlich im Haushalt an“[159]. Auch der alljährliche gemeinsame Toskana-Urlaub habe regelmäßig mit einem handfesten Ehekrach begonnen. Bei diesen Fernseh-Offenbarungen wirkte Herr Simonis dem ungestümen Naturell seiner Frau schutzlos ausgeliefert. Die Ehe –

156 Simonis, Heide: Unter Männern. S. 52.
157 Heide Simonis zitiert nach Meyer, Antje: Heide Simonis. S. 18.
158 Heide Simonis zitiert nach Kahlweit, Cathrin: Damenwahl. Politikerinnen in Deutschland. München 1994, S. 76.
159 Maletzke, Erich: Szenen einer Fern-Ehe. In: Flensburger Tageblatt, 3.3.1994.

daraus machte Heide Simonis keinen Hehl – hätte als Alltagsbeziehung nie die Chance gehabt, so lange zu bestehen.[160] Das Ehepaar Simonis blieb kinderlos. Wie viele andere Politikerinnen und Frauen in Führungspositionen verzichtete Heide Simonis auf eigene Kinder.

Der Fernsehauftritt bei Biolek ist beispielhaft für das Zur-Schau-Stellen ihrer Rolle als sorgende Ehefrau. Simonis' Privatleben sollte stabil und geordnet wirken – offenbar ein Versuch, Getuschel und Klatsch vorzubeugen. Sie betonte stets eine Ehe zu führen, die genauso normal und banal sei, wie sie viele auch von zu Hause kennen. Einerseits war sie die Ministerpräsidentin, die das Land regiert, andererseits aber auch die Ehefrau, die die Dinge tut, die Haus- und Ehefrauen eben tun: Sie kannte die Sorgen der Ehefrauen, deren Männer ebenfalls die Waschmaschine nicht bedienen können und das Essen anbrennen lassen. Damit schaffte Simonis die Möglichkeit der Identifikation auch für nicht berufstätige Frauen. Geschmückt mit Anekdoten untermalte sie stets das „Ehemodell Simonis", das schon Jahrzehnte lang hielt, aber keineswegs spießig erscheinen sollte. Insgesamt versuchte Simonis damit einen schwierigen Spagat: Die Karrierefrau im Amt der Ministerpräsidentin, der die Bürgerinnen und Bürger vertrauen können müssen, dass sie das Land gut regiert. Und zugleich die Ehe- und Hausfrau, die ihren sonst „hilflosen" Ehemann umsorgt.

3.2.2 Zwischen Hut-Extravaganz und Second-Hand-Kauf: Die Lady

Wollte Heide Simonis bewusst in den Reihen der schwarzen Anzugträger ihrer männlichen Kollegen auffallen? Ihr Äußeres betonte sie auf eine extrovertierte, bewusst feminine Weise: „Ich kann durchaus den neuesten Fummel tragen, wenn ich etwas von Ökonomie und Werften verstehe." Und weiter führte sie aus: „Ich will nicht so freudlos wie manche Feministinnen herumlaufen, nur um auf diese Weise zu dokumentieren, dass ich nicht bloß Busen und Bein bin."[161] Es gibt kaum Presseartikel und Portraits, die ihre vielen Ringe, Hüte und insgesamt ihre Garderobe, ihre Frisur und Figur nicht eigens thematisier-

160 Ebd..

161 Roggenkamp, Viola: Onkel Herberts Liebling. In: Die Zeit, 10.10.1980.

ten. Zu ihrem Image als Politikerin gehörte das extravagante Auftreten als Dame. Simonis selbst bringt es auf den Punkt: „Es ist gut, wenn man einen Wiedererkennungswert hat. Man hat ja im Grunde genommen, was Corporate Identity anbetrifft, wirklich Mühe etwas zu finden, was einen nicht der Lächerlichkeit preisgibt, und die Hüte sind da wie geschenkt."[162] Für den SPD-Wahlkampf wurde das Simonis-Markenzeichen während der Landtagswahl 1996 als Zielgruppen-Marketing genutzt: 15 Damenhüte wurden mit dem Spruch „Darunter steckt ein kluger Kopf" auf Plakaten abgebildet. Dass unter Sozialdemokraten das unausgesprochene Gesetz gilt, der Hut sei im Allgemeinen das Symbol des Kapitalismus – besonders bei Frauen –, störte sie recht wenig.[163] Sie selbst milderte ihre Erscheinung als Grande Dame mit Vorliebe für extravagante Hutmode mit dem Verweis wieder ab, sie bevorzuge Second-Hand-Kleidung. Dies ist durchaus als ein Versuch zu bewerten, sich als Volksvertreterin[164] zu inszenieren, denn Simonis gab sich auf diese Weise bescheiden. Sie stellte nicht ihren Wohlstand des Doppelverdiener-Karriere-Haushaltes zur Schau, sondern federte ihre Extravaganzen stets gekonnt ab.

Vor allem Journalisten bot ihr damenhaftes Auftreten zusätzlichen Erzählstoff, selbst wenn es um eher dröge landespolitische Inhalte ging. Charakterisierungen wie „Paradiesvogel"[165] und „eiserne Lady in Rot"[166] waren Attribute für ihr Auftreten. Simonis war sich bewusst, dass Frauen in der Politik von den Kollegen und von den Medien in besonderer Weise beobachtet und bewertet werden. Sie hatte die Erfahrung gemacht, dass die äußere Erscheinung wie Kleidung und Frisur schnell Gegenstand sexistischer Wertungen werden konnte. So achtete sie stets darauf, dass ihre Rocklänge, die Transparenz ihrer Bluse oder die Farbe ihres Blazers keinen Anlass gab, sie auf eine negative Weise zu beurteilen. Damit hielt sie sich an die Spielregeln des politischen Understatements, ohne dabei ihre weibliche, modebewusste Erscheinung einzubüßen. Gleichzeitig wirkte ihr Äußeres wie eine geschickt gewählte Tar-

162 Maletzke, Erich: Szenen einer Fern-Ehe. In: Flensburger Tageblatt, 3.3.1994.

163 Maletzke, Erich: Heide Simonis. In: Flensburger Tageblatt, 8.4.1997.

164 Vgl. Kahlweit, Cathrin: Damenwahl. S. 140.

165 Herz, Wilfried: Die forsche Heide. In: Die Zeit, 22.9.1995.

166 Maletzke, Erich: Eiserne Lady von Kiel. In: Deutsches Allgemeines Sonntagsblatt, 28.2.1992.

nung: Die fast „barocke Fassade“[167] wollte vom harten politischen Kern, dem Machtmenschen Simonis, ablenken.

3.2.3 Frauen-Hobbys und Sammelticks: Die volksnahe Simonis

Neben ihrem politischen Amt hatte Simonis einige interessante Hobbys, die häufig in den vielen Homestories verschiedener Illustrierten auftauchten: Sie sang und spielte Klavier, sie nähte Quilts und strickte gern. Aus der Anfangszeit ihrer Karriere gibt es beispielsweise die Legende vom „Parteitags-Pullover“: Ein zweitägiger Parteitag sei ausreichend, um einen ganzen Pullover zu stricken.[168] Ein anderes beliebtes Leitmotiv in den Medien waren ihre Flohmarktbesuche, um ihre Sammlung von Kaffeetassen, Vasen und Leinenbettwäsche zu erweitern.

Warum tauchten in den von ihr selbst erzählten Anekdötchen immer wieder ihre Marotten und Ticks auf, schließlich zählten doch in erster Linie ihre Kompetenzen als Finanzexpertin im Bundestag und später als Ministerpräsidentin? Simonis versuchte, sich als „Heide, eine wie du und ich“[169] zu inszenieren – zumindest malten die Medien dieses Bild von ihr. Sie wirkte dadurch bürgernah und authentisch. Sie betonte nach außen, dass sie sich in ihrer Freizeit mit Dingen beschäftigte, bei denen auch viele andere Frauen – seien sie berufstätig oder Hausfrauen – Entspannung suchen und ihren Spaß haben können. Und das sind Handarbeiten und das Sammeln von irgendetwas: Teddybären, Schmuck, oder wie in ihrem Fall Kaffeetassen und Vasen. Heide Simonis präsentierte sich selbst als die nette Nachbarin, mit der frau sich auch mal zum Kaffeeklatsch oder zum Strick-Nachmittag treffen könne, mit der frau über solche Frauen-Hobbys quatschen kann. Eine solche Ministerpräsidentin wirkt gerade nicht überheblich und arrogant. Und sie stellte sich in der Landeshaus-Kantine in die Essenschlange, wie alle anderen eben auch.[170] Die Darbietung ihrer Bodenständigkeit konnte zugleich dazu dienen, den politischen Machtmenschen zu verdecken. Indem sie ihr ganz gewöhnliches Leben neben der

167 Hagenow, Walter: Die Lady der Guerilla-Schule. In: Die Woche, 13.5.1993.

168 Vgl. Knop, Steffi: Beifall, Rosen und dann? In: Wochenpost, 19.5.1993.

169 Krause-Burger, Sibylle: Heide Simonis. S. 173.

170 Ebd., 175.

Politik zur Schau stellte, versuchte sie ihr Machtbewusstsein zu relativieren. Diese ungewohnte Kombination von Frau in politischer Spitzenposition und der Präsentation ihrer Freizeitaktivitäten scheint zumindest eine unbewusste Strategie gewesen zu sein, einer möglichen Diffamierung als „Unfrau“ oder „männlichen Frau“ entgegenzuwirken. Simonis wollte hinter der Rolle als Ministerpräsidentin auch weiterhin als Frau wahrgenommen werden.

3.2.4 Schlagfertig und sprachbegabt

Ein besonderes Talent hat die Karriere von Heide Simonis in der Politik von Beginn an befördert: Sie konnte reden und nahm zugleich in harten Auseinandersetzungen kein Blatt vor den Mund. Oft trat Simonis rhetorisch geradezu schroff auf und glitt ins sehr Direkte, auch Vulgäre ab. Ihr Sprache war die des Volkes: Sie sprach Dinge umgangssprachlich auch vor der Kamera aus, so wie man im Freundeskreis oder in der Familie redet, und da sagt man eben in gewissen Situationen auch mal „Scheiße“.

Wenn sie als Ministerpräsidentin die Besucher der „Kieler Woche“ nach ihrer Eröffnungsrede mit den Worten „macht keinen Scheiß“ verabschiedete, wirkte das unkonventionell und zugleich ermahnend mütterlich. Sie sprach nicht, wie es für eine Politikerin gesellschaftlich angemessen erschien. Bürgerinnen und Bürger ihres Landes empfanden diesen Stil hingegen als erfrischend und überraschend: „Die Frau sagt unverblümt was sie denkt, und sie sagt es so, dass es jeder versteht.“[171]

Dagegen sprach Bundeskanzler Helmut Kohl ihr im Vorwahlkampfjahr 1997 aufgrund ihrer undogmatischen Wortwahl sogar ab, eine Dame zu sein. Was sie daraufhin zum Anlass nahm, ihn während einer Rede im Rahmen einer Auslandsreise in Wien „den Dicken“ zu nennen. Die Oppositionsparteien CDU und FDP beantragten daraufhin im schleswig-holsteinischen Landtag einen Missbilligungsantrag, der sich mit der despektierlichen Wortwahl der Ministerpräsidentin Simonis beschäftigen sollte. Mit der Mehrheit von SPD, Grünen und den Stimmen des SSW wurde dieser jedoch abgelehnt.[172] Für Ärgernis

171 Vaquette, Gabriele: Mit Witz und Grips nach oben. In: Holsteinischer Courier, 4.3.1995.

172 Vgl. Schunk, Thomas: Der „Dicke“ blieb ungerügt. In: Flensburger Tageblatt, 8.11.1997.

sorgten ihre unüberlegten Kommentare vermehrt auch in den eigenen Reihen. Als schleswig-holsteinische Ministerpräsidentin lästerte sie in vertraulicher Runde mit Journalisten über den Vorsitzenden ihrer Partei: Rudolf Scharping sei ein „Autist“[173]. Selbstverständlich war diese Bemerkung nicht für die Öffentlichkeit bestimmt. Die Journalisten berichteten trotzdem darüber und Simonis musste sich daraufhin bei Scharping für die Äußerung öffentlich entschuldigen.

Ihr rhetorisches Talent zeigte sich meist durch die pfeilschnelle Reaktion auf Gesagtes direkter Gesprächspartner. Aber diese Gabe war nur in der politischen Debatte oder in kleinen Runden von Vorteil. Die kämpferische Rede vor großem Publikum lag ihr nicht. Wer nur die eloquente Medienfigur Simonis kannte war beinahe enttäuscht, sie auf großen Bühnen reden zu hören. Bei solchen Auftritten wirkte sie ein wenig fahrig, las viel zu schnell vom Blatt, verhaspelte sich dabei und war selten witzig. In Wahlkämpfen mied sie die große Bühne und präferierte die kleinen Gesprächsrunden mit den Bürgern.

Heide Simonis war eine „Politikerin des Bauchgefühls“. Ihre scheinbar achtlosen, unüberlegten Äußerungen provozierten und polarisierten. Kesse Sprüche und verbale Authentizität waren *das* Stilmittel von Heide Simonis. So versteht jeder, wenn sie ihre Aufgabe als Haushälterin im Bundestag folgendermaßen beschreibt: „Den Laden zusammenzuhalten und sorgen, dass die Menschen Arbeit haben.“[174] Oder wenn sie ihre Leistung als Finanzministerin beim Länderfinanzausgleich damit beschreibt, Schleswig-Holstein „aus der Armen-Schlucker-Kategorie“[175] in ein Geberland gewandelt zu haben. Die gebürtige Rheinländerin – des Plattdeutschen mächtig – erhielt für ihre sprachliche Schnörkellosigkeit von der Presse kennzeichnende Betitelungen wie „Häuptling flinke Zunge“[176], nicht zuletzt weil sie besonders schnell sprach.

173 Herz, Wilfried: Die forsche Heide. In: Die Zeit, 22.9.1995.

174 Heide Simonis zitiert nach Grunenberg, Nina: Die gewiefte Haushälterin. In: Die Zeit, 22.3.1996

175 Heide Simonis zitiert nach Hagenow, Walter: Die Lady der Guerilla-Schule. In: Die Woche, 13.5.1993

176 Simonis erhielt diesen Spitznamen, weil ihre Redegeschwindigkeit angeblich 400 Silben pro Minute überstieg. Skierka, Volker: Im Profil Heide Simonis – SPD-Finanzministerin von Schleswig-Holstein. In: Süddeutsche Zeitung, 16.3.1989.

Simonis lebte vom Image der undogmatischen, eloquenten, gar frechen Unruhestifterin. Diese persönliche Eigenschaft war sowohl Segen als auch Nachteil zugleich. Auf die einen – meist das akklamierende Publikum – wirkte ihre Provokation auf diese Weise erfrischend authentisch und bodenständig. Ihre klaren Worte kamen bei vielen gut an, gerade weil sie damit ihre bewahrte Natürlichkeit demonstrierte. „Die Heide redet drinnen wie draußen“[177], sagten Genossen. Dies barg augenscheinlich auch die Gefahr, in verbale Fettnäpfchen zu treten. Andere empfanden sie als eine „schrille Nervensäge“, die zu viel plappere. Es ist nicht verwunderlich, wenn der ein oder andere Mitarbeiter, Kollege oder Kabinettsmitglied die verbalen Attacken als verletzend und diffamierend empfand.

Simonis’ flotte Sprüche lebten in der Situation, vom Moment des Gesagten und deren Wirkung. Tatsächlich waren diese amüsierend und man nahm schmunzelnd ihre sprachliche Unkonventionalität zur Kenntnis. Sie suggerierte ihrem Publikum: „Ich bin eine von euch und rede auch so, dass ihr mich versteht“. Doch nutzte sich diese „Showeinlage“ mit der Zeit ab. Schließlich bewirkte jeder zu oft gehörte Gag genau das Gegenteil des Beabsichtigten: Irgendwann wirkt er verbraucht, monoton und nervig. Der inflationäre Gebrauch von kessen Sprüchen hatte zur Folge, dass sie damit zwar politische Narrenfreiheit erlangte, aber am Ende ihrer Regierungszeit als Ministerpräsidentin nicht mehr als konstruktive, politisch qualifizierte Autorität wahrgenommen wurde.

3.2.5 Zäh, forsch und konfliktbereit: Die Kämpfernatur

Niccolo Machiavelli schrieb in seinem Werk „Der Fürst“, dass es für den Herrscher sicherer sei, gefürchtet als geliebt zu werden.[178] Und Heide Simonis wusste: „Wenn ich von allen geliebt werden wollte, wäre ich nicht in die Politik gegangen.“[179] Als Ministerpräsidentin verfolgte sie die politische Methode,

---

177 Höver, Peter: Heide Simonis: Die rote Lady, die gern mal aneckt. In: Kieler Nachrichten, 11.3.1993.

178 Machiavelli, Niccolo: Der Fürst. Frankfurt 2001, S. 84.

179 Heide Simonis zitiert nach Kampe, Kersten: Schnellrednerin mit Wirtschaftskompetenz. In: Stuttgarter Nachrichten, 21.5.1993.

sich durch die Demonstration von Macht und Führungsbefugnis geachteten Respekt zu verschaffen. Machiavelli schränkte jedoch in diesem Zusammenhang ein: „Trotzdem soll ein Herrscher nur insoweit gefürchtet sein, dass er, falls er schon keine Liebe erwirbt, doch nicht verhasst ist; denn es kann sehr wohl vorkommen, dass man gefürchtet und doch nicht verhasst ist".[180] Dieser These folgend ist zu fragen, ob Simonis bei ihrem politischen Sturz letztlich mehr gehasst als gefürchtet wurde.

Heide Simonis gerierte sich als taffe Person, die beizeiten dem Motto folgte: „Nicht blindlings zuschlagen, aber zuschlagen."[181] Sie betonte häufig, dass sie zu harten Auseinandersetzungen bereit war und Konflikte – soweit erforderlich – auch austragen konnte. Wenn Simonis einen Sachverhalt für falsch oder verbesserungswürdig hielt, äußerte sie ihre Kritik offen und fürchtete nicht die zu erwartenden Konsequenzen der kritisierten Person. So ging Simonis auch dem Konflikt mit dem Parteivorsitzenden Willy Brandt nicht aus dem Weg. 1987 entfachte sie großen Unmut innerhalb der SPD und disqualifizierte sich politisch damit beinahe selbst: Die damalige Bundestagsabgeordnete Simonis kritisierte den politischen „Übervater" Willy Brandt während eines Radiointerviews unverblümt für seine innerparteiliche Personalpolitik und legte ihm öffentlich den Rücktritt nahe. Grund dafür war Brandts Absicht, die parteilose Griechin Margarita Mathiopoulos zur Pressesprecherin der SPD ernennen zu wollen. Das Radiointerview wurde von anderen Medien aufgegriffen und reduzierte Simonis' Aussage auf ihre Forderung des Rücktritts. Sie kam dafür – wie sie es nannte – in „Generalverschiß" bei der Partei.[182] Kurze Zeit später trat Brandt als Parteivorsitzender zurück. Die Kritik an Brandt wurde ihr zwar verziehen, vergessen wurde sie aber nicht. Sie wird wohl das Gefühl nie ganz loswerden, den Sturz Willy Brandts forciert zu haben.

Im politischen Alltag ließ Simonis unmissverständlich verlauten: „Wer mich hasst, sagt, ich sei ein aktives Biest"[183], das Zoff liebe und nur deshalb in

180 Machiavelli, Niccolo: Der Fürst. Frankfurt 2001, S.84.
181 Herz, Wilfried: Die forsche Heide. In: Die Zeit, 22.9.1995.
182 „Der Satz ist weg". In: Der Spiegel, 18.3.1996.
183 Herz, Wilfried: Die gerade Linke. In: Die Zeit, 7.2.1992.

die Politik gegangen sei.[184] Das Wort „Zoff“ kommt aus dem Jiddischen und bedeutet im ursprünglichen Sinne „eine Freundschaft beenden, Schluss machen“[185]. Mit dieser Bekundung wollte Simonis ihren Konkurrenten unmissverständlich zu verstehen geben, dass sie die politische, fachliche und sogar die persönliche Auseinandersetzung nicht scheut.

Bisweilen hatte ihre forsche und konfliktbereite Haltung negative Konsequenzen, nämlich dann, wenn ihre Kabinettsmitglieder dem rauen Umgangston in den Kabinetts- und Fraktionssitzungen nicht gewachsen waren und ihr Amt niederlegten. Während ihrer ersten Legislaturperiode wurde die Kritik an ihrem ständigen Auswechseln der Kabinettsmitglieder damit begründet, dass sie im Zuge der schnellen Amtsübernahme das Kabinett ihres Amtvorgängers Engholm ohne personelle Änderungen übernommen hatte.[186] In den darauf folgenden rot-grünen Koalitionsjahren äußerte sich der undiplomatische Führungsstil von Simonis darin, dass viele Minister für eine gemeinsame Zusammenarbeit nicht mehr zur Verfügung stehen wollten. Bei Loyalitätsverletzungen dauerte Simonis’ Ungnade ewig, denn: „Ich hab’ ein Gedächtnis wie ein Elefant. Ich vergesse nie, wer mich mal reingelegt hat.“[187] Das äußerte sich etwa darin, dass sie plötzlich Parteifreunde oder ehemals persönliche Freunde förmlich zu siezen begann. Diplomatisches, einfühlsames Eingehen auf Menschen gehörte scheinbar nicht zu ihren Stärken. Genossen sprachen es direkter aus: „Sie schlägt erst zu und fragt dann!“[188]

Die Lebensmaxime ihrer Kindheit hatte Heide Simonis verinnerlicht: „Wollen wir doch mal sehen, ob ich es nicht schaffe.“[189] Wurde sie unterschätzt oder ihr die notwendige Kompetenz abgesprochen, weckte das ihr Sen-

184 Maletzke, Erich: Von Null auf 400 Silben in nur einer Minute. In: Flensburger Tageblatt, 5.5.1993.

185 Vgl. Altenbockum, Jasper von: „Ich bin die erste Ministerpräsidentin Deutschlands, vergessen Sie das nicht!“ In: Frankfurter Allgemeine, 20.3.1996.

186 Im Zeitraum von zwei Jahren, von 1993 bis 1995, haben folgende vier prominente Professoren das Kabinett verlassen: Generalsstaatsanwalt Heribert Ostendorf, Umweltminister Bernd Heydemann, Intendant des Schleswig-Holsteinischen Musik-Festivals Justus Frantz und Innenminister Peter Bull. Vgl. hierzu Goos, Diethart: Heide Simonis und die Flucht der Professoren. In: Die Welt, 5.5.1993.

187 Longardt, Christian: Simonis privat. In: Lübecker Nachrichten, 24.1.1996.

188 Mika, Bascha: „Ich bin wahnsinnig zäh“. In: die tageszeitung, 15.5.1993.

189 Heide Simonis zitiert nach Krause-Burger, Sibylle: Heide Simonis. S. 176.

sorium für ihren Kampfeswillen. Simonis war vom Typ „männlich-kämpferische Kratzbürste“[190], die sich zäh, durchsetzungsfähig und konsequent in ihren Entscheidungen gab. Ihre Schlagfertigkeit und ihr teilweise schroffes, offensives Auftreten hatte sie gelernt beziehungsweise lernen müssen, um Macht auszuüben. Es war ihre Art der Konfrontation, um sich (von Männern) nicht unterkriegen zu lassen. „Wer sich nicht behaupten kann, wird fertig gemacht“.[191] Deshalb gab sie unmissverständlich zu verstehen, dass keiner sie unterschätzen sollte, weil sie eine Frau war.

Hinter der Maskierung der taffen Führungspersönlichkeit versteckte sich auch bei Simonis ein weicher Kern. Liefen die Dinge gut, war sie im Siebten Himmel, lief es schlecht, war sie am Boden zerstört. Fehler und Kritik an ihrer Person und an ihrem Handeln nahm sie persönlich. Sie teilte auf dem politischen Parkett zwar kräftig aus, war dabei aber zugleich zart besaitet, wenn es um ihre eigene Person ging. In der Öffentlichkeit wies sie jedoch zurück, dass sie verletzbar war, sie behauptete sogar „nicht alles ernst zu nehmen“[192]. Doch war diese Äußerung eine verbale Tarnung, um ihre menschliche Verletzbarkeit zu verstecken, die vermutlich in den Prägungen ihrer Kindheit und Jugend durch das schwierige Verhältnis zur Mutter sowie ihre lange Krankheitszeit begründet liegt. Simonis verwendete viel Energie darauf, das öffentliche Bild der starken und kampfeslustigen Powerfrau aufrechtzuerhalten. Verletzungen, persönliche Krisen, aber auch gesundheitliche Probleme gehörten ihrer Meinung nach nicht in die Politik und waren private Angelegenheiten.[193]

190 Kahlweit, Cathrin: Damenwahl. S. 148.

191 Krause-Burger, Sibylle: Heide Simonis. S. 176.

192 Vgl. Abs, Andreas: „Ich nehme das alles nicht so ernst“. In: Berliner Morgenpost, 7.8.1994.

193 Heide Simonis gab erst im Frühjahr 2006 in der Talkshow „Beckmann“ zu, dass sie 2004 – also während ihrer Amtszeit – an Brustkrebs erkrankt war. Dies war bis zu diesem Zeitpunkt nicht öffentlich bekannt. Vgl. Lang, Susanne: So ist sie eben, die Simonis. In: die tageszeitung, 5.4.2006.

3.2.6 Die Selbstinszenierung als Methode

Politikerinnen müssen wie erwähnt besondere Anforderungen erfüllen, um sich als Frau in der politischen Machtarena behaupten zu können und Erfolge zu erlangen. Es sind die Erfordernisse wie das Präsentieren von Konflikt- und Kompromissfähigkeit sowie die öffentliche Positionierung als gleichberechtigte Konkurrentin, die mit ihren männlichen Gegnern um die Macht kämpft. In der gesellschaftlichen Vorstellung der Bundesrepublik galt es zu Beginn und Mitte der siebziger Jahre – also in der Hochphase der Frauenbewegung – weiterhin als außergewöhnlich, wenn eine Frau wie Heide Simonis Politik als Hauptberuf ausübte. Sie stand wie andere Politikerinnen vor dem Dilemma, dass sie zwar einerseits über die Durchsetzungsstrategien wie Standfestigkeit, Hartnäckigkeit und ein gewisses Maß an Skrupellosigkeit verfügen musste, um in der männlich geprägten Politik voran zu kommen. Andererseits bestand die Gefahr, aufgrund dieser als männlich geltenden Verhaltensweisen schnell als „unweiblich“ diskreditiert zu werden. Um sich vor dieser Herabwürdigung und persönlichen Verletzungen zu schützen, nahm die öffentliche Person Heide Simonis ein facettenreiches Repertoire unterschiedlicher Images an, um sich auf der politischen Bühne in verschiedenen Rollen darzustellen und damit auch ihre eigene Persönlichkeit dahinter zu verstecken. Gerade weil sie als erste Frau im Amt der Ministerpräsidentin nicht auf ein bestehendes Rollenmuster zurückgreifen konnte, musste Heide Simonis ihren ganz eigenen Stil in dieser Position entwickeln. Die Verbindung einer Vielzahl eigensinniger Aspekte war Simonis' Methode, sich in der öffentlichen Rolle der „Landesmutter“ zu inszenieren.

Zu dieser Rolle gehörten multiple Persönlichkeitsaspekte, die Antagonismen und Paradoxien aufwiesen: Das damenhafte Auftreten mit der Akzentuierung ihres Frauseins durch ihre Hüte und Kleidung stand in einem scheinbaren Widerspruch zu ihrer „Schnodderschnauze“ und der Demonstration von Schlagfertigkeit und Bodenständigkeit. Simonis war immer darin bestrebt, als Frau auch in der Politik wahrgenommen zu werden, dabei aber nicht aufgrund ihres Frauseins als schwach und hilflos zu gelten. Die regelmäßige Betonung ihrer Konfliktfähigkeit und -bereitschaft sollte ihren politischen Kontrahenten signalisieren, dass sie mit den erforderlichen Machttechniken des Politikbetriebs vertraut war und diese auch einzusetzen wusste. Simonis war nicht bereit, sich stromlinienförmig unterzuordnen, nur weil sie eine Frau war.

Die oft erzählte Lebensgeschichte über ihr schwieriges Verhältnis zu ihrer Mutter zeichnete das markante Bild einer rebellischen Frau, die sich gegen die Mutter und die mit ihr assoziierten einengenden, konservativen Familienvorstellungen der fünfziger und sechziger Jahre der westdeutschen Gesellschaft auflehnte. Das hat Vorbildcharakter: Simonis signalisierte damit jungen Frauen Entschlossenheit und Mut, das Leben in die eigene Hand zu nehmen, um die individuellen Ziele und Wünsche eigenständig zu erreichen. Neben diesem Frauenbild bot sie verschiedene Aspekte für Frauen in anderen Lebenslagen an, sich mit ihr auf gewisse Weise zu identifizieren: Die Erzählungen über ihre Hobbys wie Stricken, Quilts nähen und Sammelticks waren für viele Bürgerinnen interessanter als Informationen über die nächste Haushaltskonsolidierung. Der Aspekt der fürsorgenden Ehefrau, die ihrem Ehemann das Essen vorkocht, brachte Sympathiepunkte bei den Frauen, die von zuhause ähnliches zu berichten hatten. Mit der Darbietung ihrer Hobbys und den Erzählungen aus ihrem Eheleben ließ Simonis die Menschen an ihren Freizeitinteressen teilhaben und gewährte auf diese Weise einen kontrollierten Einblick in ihr Privatleben.

Aber auch dem männlichen Teil der Schleswig-Holsteiner bot Simonis Charaktereigenschaften an, sie zu mögen: Das burschikose, kumpelhafte Auftreten – wie ihre „Schnodderschnauze“, die die Dinge ungestelzt bei ihrem Namen nennt – kam gut an. Die Vielzahl der verschiedenen Persönlichkeitseigenschaften wirkte bei Heide Simonis synchron. Auf diese Weise bot sie verschiedene Aspekte an, mit denen sich ein jeder identifizieren konnte. Das Publikum empfand dies als originell, authentisch und unverfälscht.

Hinter diesen eigensinnigen Rollen der öffentlichen Person Heide Simonis war sie jedoch zugleich auch unnahbar. Man erhält den Eindruck, dass das farbenfrohe Bild dieser Politikerin eine bewusst gewählte Camouflage war. Die abwechslungsreiche Selbstinszenierung diente zum Selbstschutz ihres eigenen Ichs. Dazu gehörte auch die autorisierte Freigabe von Informationen zu ihrem Leben und ihrer politischen Karrierebiographie. Diese scheinen gefiltert und systematisch aufeinander bezogen. Ihr Werdegang wurde mit all den Brüchen, Zweifeln und Widersprüchen als leicht verdauliches Fertigmenü auf dem

Silbertablett präsentiert und die Analyse der Geschichte wurde inklusive mitgeliefert. Rückfragen und weitere Erkundigungen zu den gelieferten Informationen waren augenscheinlich nicht erwünscht. Um sich vor Verletzungen im harten Politikalltag zu schützen, wurden zwar unterschiedliche Identifizierungsmöglichkeiten angeboten, mit diesen musste man sich jedoch begnügen. Hinter das inszenierte Bild ihrer selbst ließ Simonis nicht blicken.

4. Der politische Aufstieg – alles Zufälle?

Es wird oft unterstellt, Frauen betrieben keine systematische Karriereplanung. Sie versuchten gar nicht, Top-Positionen gezielt zu erreichen. Wenn sie einen Karrieresprung machten, dann durch Zufall; sie sind „halt so reingerutscht" oder „haben eben Glück gehabt"[194]. Karrierefrauen in der Politik entsprechen nach wie vor nicht der gesellschaftlichen Norm, denn sie haben durch die Erlangung einer hohen Position ein „abweichendes" Verhalten bewiesen. Diese Unkonventionalität ruft häufig Ablehnung hervor. Frauen wird zum Teil ein politisches Karriere- oder gar Machtstreben insgesamt abgesprochen. Was bei männlichen Politikerkarrieren als kraftanstrengende Arbeit nach oben verstanden wird – auf dem Weg dorthin sammeln sie politische Erfolge als verdiente Lorbeeren ihrer Anstrengungen ein – wird bei Frauen oft als passive Haltung interpretiert. Der Faktor „Zufall" ist in den meisten Porträts und Biographien männlicher Politiker augenscheinlich nicht vorgesehen. Zufälle werden hier öfters semantisch retuschiert, denn sie würden nach der Deutung von Hermann Scheer „gnadenlos jene Heldenepen stören, die den politischen Aufstieg ihres Protagonisten aufgrund seiner herausragenden Talente als unaufhaltsam und vorherbestimmt darstellen"[195]. Sobald nun Frauen es schaffen, in eine Männerdomäne einzudringen, indem sie eine der begehrten politischen Positionen ergattern, scheint es, als wollen sie wenigstens nicht allein dafür verantwortlich sein. Auch Heide Simonis deutete ihre eigene Karriere als Anhäufung von Zufällen. Ihre Chancen, so begründete sie, habe sie lediglich erhalten, weil es „Männer vor ihr aus der Kurve"[196] getragen habe. Also auch ihr eigener Aufstieg in der Politik – über ein Bundestagsmandat, als Landesministerin und schließlich Ministerpräsidentin – sei reines Glück und nicht das Ergebnis einer systematischen Karriereplanung gewesen.

194 Vgl. Schnitger, Elke: Frauen und Parlamente. S. 185.

195 Scheer, Hermann: Die Politiker. S. 243.

196 Heide Simonis zitiert nach Oestreich, Heide: Spaß an der Macht. In: die Tageszeitung, 16.9.2003.

Doch haben Karrieresprünge in der Politik nicht oft mit Glück, Fortune und eben Zufällen zu tun? Trotz aller Wahrscheinlichkeiten und gleich aus welchen Antrieben heraus sind politische Karrieren letztlich generell nicht „erfolgssicher planbar"[197]. Denn in der Politik gibt es anders als in einem Wirtschaftsunternehmen keinen Stellenplan mit festen Führungspositionen. In der Politik ist stets das Gewähltwerden und damit die Erlangung eines Mandats der entscheidende Moment für einen Karriereschritt. Neben dem Wahlergebnis ist die Koalitionsfähigkeit der eigenen Partei von zentraler Bedeutung. Nur so ist über die Mehrheitsbildung (mit Ausnahme einer absoluten Mehrheit der Stimmen) in einer Regierungskoalition auch die Einnahme eines Staatsamts, sei es als Minister oder als Regierungschef, möglich.

Sobald ein Führungsposten – aus welchen Gründen auch immer – neu zu besetzen ist, beginnt sich das Personalkarussell zu drehen: Auf der Suche nach einem geeigneten Nachfolger oder einer Nachfolgerin werden Qualifikationen, Konstellationen und Verbündete gegenüber gestellt, verglichen und bewertet. Sind diese oder jene von Vorteil, öffnet sich für den Mann oder die Frau ein „Fenster der Gelegenheit". Karrieren im allgemeinen Sinne sind Prozesse: Gelegenheiten erkennen, bereit dafür sein, sich im entscheidenden Moment richtig zu positionieren und zuzugreifen. Das Rütteln an Türen forciert im seltensten Fall die Erfolgschancen des Aspiranten. Vielmehr kommt es bei Männern und Frauen gleichermaßen auf das subtile Gespür für günstige Gelegenheiten an.

197 Scheer, Hermann: Die Politiker. S. 243.

4.1 Die SPD in Schleswig-Holstein

Der SPD-Landesverband in Schleswig-Holstein galt Ende der sechziger und in den siebziger Jahren als linke Speerspitze innerhalb der bundesdeutschen Gesamtpartei. Er zeigte „landesspezifische Komponenten“[198], die sich in der Entwicklung der schleswig-holsteinischen Parteienlandschaft herausgebildet haben. Im Norden der Republik stritten die Genossen vehement gegen den Ausbau von Kernkraftwerken und für den Ausstieg aus der Kernenergietechnologie. Sie kämpften mit der Bundes-SPD und Willy Brandt für die neue „Ostpolitik“. Als erster Landesverband verabschiedeten sie 1981 ein Gleichstellungsprogramm und setzten sich auch auf Bundeskongressen für die Einführung der Frauenquote ein.

Viele junge Leute traten wie Heide Simonis 1969 in die SPD ein. Sie gehörte zu jener Generation, die mit dem Beginn der sozialliberalen Koalition unter Bundeskanzler Willy Brandt und seiner politischen Vision „Mehr Demokratie wagen“ Hoffnung auf eine neue politische Kultur verband.[199] Im Jahr 1969 hatte die schleswig-holsteinische SPD 31.703 Mitglieder, sechs Jahre später im Jahr 1975 bereits 39.360.[200] In diesem Zeitraum erfuhr die SPD bundesweit einen „innerparteilichen Modernisierungsschub“[201], weil sich der Funktionärskörper durch die neuen Mitglieder – viele aus studentischen Kreisen – verjüngte. Die jungen Mitglieder, zu denen auch Simonis gehörte, revolutionierten die Partei an der Basis, indem sie eine linke Politik mitgestalten wollten.

SPD-Landesvorsitzender und Oppositionsführer im Kieler Landtag war von 1966 bis 1973 Jochen Steffen, der „roter Jochen“ genannt wurde. Er personalisierte als streitbare Leitfigur die Theorie-Diskussion und die programmatischen Aussagen der Partei-Linken in den siebziger Jahren auch innerhalb der

---

198 Mielke, Siegfried; Christian Bräuer: Landesparlamentarismus in Schleswig-Holstein, S. 452.

199 Vgl. Lösche, Peter; Franz Walter: Die SPD. Klassenpartei. Volkspartei. Quotenpartei. Darmstadt, 1992, S. 150-153.

200 Jahrbuch der Sozialdemokratischen Partei Deutschlands 1968/69. Bonn-Bad Godesberg o. J. S. 258; Jahrbuch der Sozialdemokratischen Partei Deutschlands 1975-77. Bonn-Bad Godesberg o. J. S. 287.

201 Lösche, Peter; Franz Walter: Die SPD. Klassenpartei. Volkspartei. Quotenpartei. S.149.

Bundespartei. Die von einem Großteil der Wählerschaft als Provokation wahrgenommene Haltung beispielsweise im Hinblick auf die Wachstumsideologie zeigte sich auch darin, dass die SPD in Schleswig-Holstein von 1950 bis 1988 und damit über 38 Jahre als Oppositionspartei agierte.

In Schleswig-Holstein entwickelte sich seit dem Ende des Zweiten Weltkrieges eine parteipolitische Polarisierung zwischen einem vergleichsweise „linken" SPD-Landesverband und einem „rechten" CDU-Landesverband. Diese Polarisierung innerhalb der Parteienlandschaft im Bundesland wurde dadurch verstärkt, dass bei Wahlen keine der Parteien aufgrund der Sozialstruktur und Milieukonstellationen der schleswig-holsteinischen Wählerschaft klare Mehrheiten erringen konnte. Der CDU fehlte ebenso wie der SPD die klassische Klientel: Das Bundesland ist sowohl agrarisch als auch protestantisch geprägt. In den vergleichsweise strukturschwachen Regionen sind gewerkschaftlich orientierte Industrie- und Facharbeiter nicht in größerer Zahl vertreten. Das konservative Element der Landwirtschaft und die Integration kleinerer Parteien in die CDU in den Nachkriegsjahren verringerten über viele Jahre die Wahlchancen der SPD, wohingegen in den Städten die Wählerschaft wesentlich stärker sozialdemokratisch geprägt war und ist.[202]

Seit 1950 wurde die SPD erst mit der Erlangung der absoluten Mehrheit in der Landtagswahl 1988 nach der „Barschel-Affäre" wieder stärkste Partei im Land. Für ein Land mit konservativen Traditionen bedeutete dieser Wechsel einen „epochalen Einschnitt"[203]. Nach 38 Jahren in der Opposition musste die SPD sich zunächst in die noch ungewohnte Regierungsrolle einfinden. Inhaltliche Kompromisse mussten geschlossen und einige radikale Positionen relativiert werden, um als Regierungspartei einen breiteren politischen Konsens finden zu können. Ministerpräsident Björn Engholm, der innerhalb der Landespartei parteipolitisch eher rechts stand, fungierte in der ersten Legislaturperiode von 1988 bis 1992 aufgrund seines persönlichen Auftretens und seiner innerparteilichen Popularität als eine Art integrierendes Scharnier zwischen Landesregierung und Partei. Zwar hatte Engholm die Position des Landesvor-

202 Vgl. Mielke, Siegfried; Christian Bräuer: Landesparlamentarismus in Schleswig-Holstein. S. 452.

203 Käppner, Joachim: Rot-grünes Menetekel. In: Süddeutsche Zeitung, 21.2.2005.

sitzenden aufgrund der in der schleswig-holsteinischen SPD üblichen Trennung der Ämter des Landesvorsitzenden und des Ministerpräsidenten nie inne, er war jedoch in der Lage, die Genossen im Norden zu begeistern.

Das Ergebnis der Landtagswahl 1992 zeigte, dass der große Erfolg bei der vorherigen Landtagswahl 1988 aufgrund der degradierten CDU in Folge der „Barschel-Affäre“ eine Ausnahmeerscheinung war: Zwar gewann die SPD die Wahl mit 46,3 Prozent, musste jedoch einen Stimmenverlust von 8,6 Prozent hinnehmen.[204] Die anfängliche Aufbruchstimmung in der SPD nach der langen Oppositionszeit hatte bereits in der zweiten Amtszeit Engholms abgenommen. Man hatte sich in der Rolle als Regierungspartei eingefunden. Mit dem Rücktritt Engholms 1993 fiel die Landespartei in eine Krise. Mit ihm verlor die SPD eine wichtige Führungsperson, die vielerorts als charismatisch empfunden wurde. Darüber hinaus stritten sich innerhalb der Landes-SPD „Wahrheitssucher“ und „Vertuscher“ bis ins „persönlich Diffamierende“[205] darüber, wie die SPD mit der Aussage Engholms vor dem parlamentarischen „Barschel“-Untersuchungsausschuss sowie den Informationen aus dem „Schubladen“-Untersuchungsausschuss umgehen sollte.

Es hat den Anschein, dass der SPD während der Regierungsjahre – bis 1996 besaß sie die absolute Mehrheit – die innerparteiliche Dynamik verloren gegangen war. Es habe konzeptionelle Defizite gegeben und dem Verband gelänge nicht einmal mehr die Formulierung politischer Ziele, so die innerparteiliche Kritik. Lange habe man vom „linken Lorbeer“ der späten siebziger Jahre gelebt, sagten Funktionäre.[206] Die Nord-SPD sei seitdem „nicht politikfähig“, da die „Wertmaßstäbe politischen Handels“[207] abhanden gekommen seien. Wie andere Landesparteien auch, leidet die SPD im Norden an einer anhaltenden Überalterung ihrer Mitgliederstruktur: Ein Drittel der Parteimitglieder ist älter

---

204 Holtmann, Everhard: Zwischenwahlen mit bundespolitischer Signalwirkung. Die Landtagswahlen vom 5. April 1992 in Baden-Württemberg und Schleswig-Holstein. In: Gesellschaft, Wirtschaft, Politik, 41 (1992) 2, S. 157.

205 Vgl. Hassenstein, Reinhardt: Enttäuschung über machtpolitische Alleingänge der SPD. In: Handelsblatt, 16.1.1995.

206 Vgl. Wenz, Dieter: Eine Frau als starker Mann. In: Frankfurter Allgemeine, 24.2.2000; vgl. Wenz, Dieter: Thönnes als Landesvorsitzender abgewählt. In: Frankfurter Allgemeine, 14.4.2003.

207 Ebd..

als sechzig Jahre und für junge Leute besitzt der Landesverband scheinbar nur noch wenig Attraktivität.

Auch aus dem Wahlergebnis bei den Kommunalwahlen im Jahr 2003 ist die desolate Situation der schleswig-holsteinischen SPD abzulesen: Auf kommunaler Ebene war die SPD über dreizehn Jahre stark verankert und die führende politische Kraft im Bundesland, bei dieser Kommunalwahl verlor die Landes-SPD hingegen ein Drittel ihrer Mandate. Seitdem gibt es kaum noch SPD-Bürgermeister. Trotzdem konnte die SPD in Schleswig-Holstein in den Landtagswahlen im Vergleich zu anderen SPD-Landesverbänden gute Ergebnisse vorweisen: Im Jahr 1996 erlangte die SPD 39,8 Prozent, 2000 43,1 Prozent und 2005 38,7 Prozent der Wählerstimmen.[208]

208 Vgl. Gaus, Bettina: Mühsal einer Sozialdemokratin. In: die tageszeitung, 19.5.2003; vgl. Wenz, Dieter: Thönnes als Landesvorsitzender abgewählt. In: Frankfurter Allgemeine, 14.4.2003; vgl. Saretzki, Thomas; Ralf Tils: Die schleswig-holsteinische Landtagswahl vom 20. Februar 2005: Geheime Stimmverweigerung für Ministerpräsidentin Heide Simonis erzwingt Große Koalition. In: Zeitschrift für Parlamentsfragen, 36 (2006) 1, S. 151.

4.2 Die ersten Schritte in die Politik

Zu Beginn ihrer Amtszeit als Regierungschefin wurde Heide Simonis am häufigsten mit folgender Äußerung zitiert: „Mindestens die Hälfte eines Erfolgs ist dem Hintern zu verdanken, nicht dem Hirn. Ich kann stundenlang sitzen."[209] Und ebenfalls betonte sie in jener Zeit, Politik bestehe für sie in erster Linie darin, bei Verhandlungen sitzen zu können und nicht immer auf den Pott zu müssen.[210] Was hier amüsant und kokettiert von Simonis thematisiert wird, gibt Aufschlüsse über Heide Simonis' innerparteiliche Ochsentour beim Aufstieg in der Politik. Ihre politische Karriere begann sie keineswegs halbherzig, im Gegenteil. Bereits bei den Treffen ihres Ortsvereins im Arbeiterviertel Kiel-Wik, in den sie 1969 eingetreten war, lernte sie, dass die wichtigen, entscheidenden Gespräche nach dem offiziellen Teil der Veranstaltung im informellen, halboffiziellen Kreis beim Bier stattfanden. In ihrer Biographie resümiert sie, dass sie bereits nach kurzer Zeit verstanden habe, dass es darauf ankam, bis zum Schluss zu bleiben, mitzuhören, präsent zu sein, um die wichtigen Entscheidungen nicht zu verpassen und mitreden zu können.[211] Die jungen Mitglieder, die seit 1969 in Scharen in die SPD eingetreten waren, trafen sich in den Ortvereinsversammlungen nicht etwa um über den nächsten Straßenausbau zu entscheiden, vielmehr ging es hier um Machtfragen. Im Hinterzimmer der Kneipe wurden Absprachen getroffen, Taktiken gewählt und Kräfte gemessen. Dabei bestand Anfang der siebziger Jahre eine große Konkurrenz untereinander. Frauen, so beschreibt Cathrin Kahlweit, die diese Konkurrenz um Macht nicht verstehen und auch nicht ein Stück weit genießen können, bleiben ein Leben lang auf der Stufe der Kommunalpolitik.[212] Und Simonis gehörte zu den Frauen, die sitzen blieben: Sie war frei von familiären Pflichten als Mutter und Ehefrau. Sie hatte keine Kinder zu versorgen und ihr Mann Udo war unter der Woche meist in Berlin an seinem Lehrstuhl. Anfang der siebziger Jahre ar-

---

209 Heide Simonis zitiert nach Plog, Karsten: Sie kämpft um jeden Pfennig. In: Kölner Stadtanzeiger, 11.3.1993.

210 Vgl. Bolesch, Cornelia: Eine Frau für unangenehme Sachen im Haushalt. In: Süddeutsche Zeitung, 19.2.1993.

211 Vgl. Simonis, Heide: Unter Männern. S. 54.

212 Vgl. Kahlweit, Cathrin: Damenwahl. S. 79.

beitete die junge Genossin Simonis im Arbeitsamt Kiel und hatte nach Feierabend Zeit, sich in der SPD zu engagieren. Sie wurde bald zur Kreisparteitagsdelegierten gewählt und bereits nach dreimonatiger Mitgliedschaft nahm sie als Delegierte am SPD-Bundesparteitag teil.[213] Zur Delegierten ließ sie sich berufen, um ihren Parteikollegen zu beweisen, dass sie nicht nur „immer sofort die Gosche“[214] aufriss, sondern auch bereit war, Zeit und Energie in die Parteiarbeit zu stecken.

Auf kommunaler Ebene machte Heide Simonis ihre ersten Schritte gleich nach ihrer Rückkehr aus Japan 1972. Vor ihrer Abreise hatte sie sich auf die Liste zur Kommunalwahl 1970 setzen lassen, erhielt jedoch nur einen aussichtslosen Platz auf den hinteren Rängen. Sie begleitete ihren Mann auf seinem berufsbedingten Auslandsaufenthalt, zugleich war ihr aber wichtig, ihr eigenes, gerade erst begonnenes politisches Engagement in der SPD nicht einschlafen oder ruhen zu lassen. Mit der Bereitschaft zur Kandidatur bei der Kommunalwahl signalisierte sie ihrem Ortsverein, dass sie längerfristig zur Mitarbeit bereit war. Obwohl einschränkend anzumerken ist, dass sie zunächst nur ihren Namen für die Liste „hergab“, denn die Wahrscheinlichkeit, ein kommunales Mandat zu gewinnen, war auf einem hinteren Listenplatz eher gering.

Tatsächlich wurde Simonis zum Mitglied der Kieler Ratsversammlung gewählt, da sie unverhofft auf der Liste vorgerückt war. Und Simonis wollte selbst auch Ratsfrau werden: Aus Japan telegrafierte sie den Genossen, sie sollten den Platz für sie freihalten, bis sie wieder da sei. Heide Simonis selbst betonte, so etwas würde sie sich heute nicht mehr trauen; aber damals, sagte sie, sei sie so naiv gewesen.[215] Doch offenbar ist eine solche politische Naivität – oder besser ein derartiger politischer Mut – nützlich für den politischen Aufstieg, in diesem Fall für den Einstieg in die Politik. Die SPD hatte in Kiel bei den Kommunalwahlen 1970 30 der 49 Sitze erzielt (dies entspricht 53,6 Pro-

213 Vgl. Richter, Steffanie: Noch immer eine Männerdomäne? In: Schneider, Herbert: Ministerpräsidenten. Profil eines politischen Amtes im deutschen Föderalismus. Opladen 2001, S. 161.

214 Simonis, Heide: Unter Männern. S. 54.

215 Gespräch mit Heide Simonis.

zent der Stimmen)[216], so dass bei dieser absoluten Mehrheit diese „Platzreservierung" für Simonis als Ausnahme möglich wurde. So wurde die 28-Jährige 1971 Mitglied der Kieler Ratsversammlung, der sie bis zu ihrem Einzug in den Bundestag 1976 angehörte. Die junge Ratsfrau gehörte zur kleinen Zahl der Frauen, die sich in Kiel auf kommunaler Ebene engagierten. Neben ihrem Engagement als Kieler Ratsfrau war Heide Simonis von 1972 bis 1976 Mitglied im Kreisvorstand der Kieler SPD. Die damals Anfang Dreißigjährige ordnete sich in jener Zeit politisch als „90 Grad links von der Mitte"[217] ein. Als sie 1969 in die SPD eingetreten war, hatte sie betont, dass sie nicht im eigentlichen Sinne als Jungsozialistin gelten wolle.

216 Landeshauptstadt Kiel (Hrsg.): Gemeindewahlen und Sitzungsverteilung in der Ratsversammlung seit 1948. Entnommen aus: www.kiel.de/.../04/Statistik/pdf/wahlen/GemeindewahlenundSitzverteilunginderRatsversammlungseit1948.pdf, eingesehen am 2.11.2006.

217 Beer, Manfred R.: Ihr Wahlsieg war das Gespräch im Norden. In: Die Welt, 25.10.1976.

4.3 „Die Entdeckung“ – Simonis als Direktkandidatin für den Landtag

Der ehemalige Landtagsabgeordnete Günter Neugebauer rühmt sich damit, der eigentliche Entdecker des politischen Talents Heide Simonis zu sein. Der damalige Vorsitzende des Ortsvereins Rendsburg war 1974 vom SPD-Kreisverband Rendsburg-Eckernförde beauftragt worden, einen geeigneten Kandidaten oder eine Kandidatin für den Wahlkreis zur Landtagswahl 1975 zu finden. Der bis dato nominierte Kandidat Klaus-Dieter Henkel hatte seine Kandidatur aufgrund parteiinterner Zerwürfnisse zurückgezogen. Somit musste innerhalb kurzer Zeit jemand gefunden werden, der von der Mehrheit der Kreisparteitagsdelegierten akzeptiert werden konnte. Es war aber nicht Neugebauer, der Simonis entdeckte, sondern sie selbst war aktiv geworden. Auf der Suche nach einem Wahlkreis hatte die ehrgeizige Ratsfrau Eckart Kuhlwein, den damaligen schleswig-holsteinischen Landtagsabgeordneten und stellvertretenden Landesparteivorsitzenden der SPD, angerufen. Von ihm wollte sie wissen, ob es für die Landtagswahl noch einen freien Wahlkreis gab. Kuhlwein erinnerte sich an die Auseinandersetzungen um den Direktkandidaten in Rendsburg und verwies sie weiter an Neugebauer.

Zum Vorstellungsgespräch im Hinterzimmer einer Kneipe kamen neben der damals 31-jährigen Simonis zwei weitere Kandidaten: Der Lehrer Horst Mühlenhard und der Bundeswehroffizier Theo Oltmanns. Simonis machte den besseren Eindruck, denn auf der Wahlkreiskonferenz erhielt sie 27 der 30 abgegebenen Stimmen und wurde so Landtagskandidatin für den Wahlkreis Rendsburg-Eckernförde. Bei der Nominierung von Simonis war nicht in erster Linie ausschlaggebend, dass sie eine Frau ist, vielmehr stießen ihre jugendliche und dynamische Art sowie ihre inhaltlich linken Positionen zu gesellschaftspolitischen Themen auf Sympathien bei den Delegierten. Simonis, die wie der „personifizierte frische Wind“ wirkte, vertrat eine Position, die der des SPD-Kreistages Rendsburg-Eckernförde entsprach. Im Vergleich zu anderen Kreisverbänden in Schleswig-Holstein gehörte Rendsburg-Eckernförde damals zum äußersten linken Flügel innerhalb des Landesverbandes.

Erst in der Wahlkampfkampagne zur Landtagswahl 1975 wurde der Aspekt „Frau“ als Wahlkampfstrategie in den Vordergrund gestellt. Unter dem

Leitspruch „Frauen ins Parlament" wurde für Simonis als Direktkandidatin geworben, um das Landesparlament femininer zu machen. In einem engagierten Wahlkampf baute die bis dahin in diesem Wahlkreis völlig unbekannte Heide Simonis – sie war Kommunalpolitikerin in Kiel – ihren Bekanntheitsgrad aus. Den Einzug in den Kieler Landtag, in dem seit 1950 die CDU die Mehrheit der Sitze stellte, verfehlte sie allerdings knapp. Sie erhielt lediglich 321 Wählerstimmen weniger als der Kandidat der CDU Otto Bernhardt.[218] Und auf dem Listenplatz 34 der SPD-Landesliste – noch ohne Frauenquote – hatte sie keine Chance, durch diese Wahl in den Landtag einzuziehen. Dennoch konnte sie in ihrem Wahlkreis Rendsburg-Eckernförde einen Achtungserfolg verbuchen.

4.4 Frau, jung und links: Die Bundestagskandidatin 1976

Bei der Bundestagswahl 1976 gelang Heide Simonis – nur ein Jahr nach ihrer ersten Kandidatur für ein berufspolitisches Mandat – der Einzug in den Bundestag. Die vorherige SPD-Bundestagsabgeordnete Elisabeth Orth, die den Wahlkreis Rendsburg-Neumünster in Bonn vertrat, war am 10. Mai 1976 verstorben, damit war ihr Direktmandat vakant geworden. Bis zum Wahltag am 3. Oktober musste rasch ein Nachfolger oder eine Nachfolgerin benannt werden, der den Bundestagswahlkampf als Direktkandidat bestreiten konnte. Simonis hatte bei der innerparteilichen Nominierung zwei Mitbewerber: Das Kreisvorstandsmitglied Joachim Kandzora und die Lehrerin Maren Thode, die – Jahrgang 1946 und damit drei Jahre jünger als Simonis – unter anderem aktives Mitglied in der Arbeitsgemeinschaft sozialdemokratischer Frauen (AsF) war. Die Kreisdelegierten wählten Simonis, nicht zuletzt weil sie sich während des Landtagswahlkampfes ein Jahr zuvor durch harte Arbeit und ehrgeiziges Engagement unter Beweis gestellt hatte. Der Bundestagswahlkreis überschnitt sich zum Teil mit dem Landtagswahlkreis,[219] somit war Simonis aufgrund ih-

218 Vgl. Meyer, Antje: Heide Simonis. S. 20.

219 Der Landtagswahlkreis ist nur ein kleiner Teil des Bundestagswahlkreises. Bei der Bundestagswahl 1976 wurden die Wahlkreise neu zugeschnitten. Der Wahlkreis 5 Rendsburg-Neumünster, den zuvor Elisabeth Orth im Bundestag für die SPD vertreten hatte, ist seit 1976 der Wahlkreis 4 Rendsburg-Eckernförde.

res Achtungserfolges bei der vorherigen Landtagswahl keine unbekannte Akteurin mehr. Zudem war der Wahlkreis zuvor ebenfalls durch eine SPD-Bundestagsabgeordnete in Bonn vertreten worden, was die Nominierung einer Frau zusätzlich begünstigte.

Der Wahlsieg von Simonis galt damals als Sensation: Die 33-Jährige gewann den Wahlkreis Rendsburg-Eckernförde gegen den CDU-Kandidaten und alteingesessenen Bauernlobbyisten Karl Eigen. Als jüngste Frau und zugleich einzige weibliche Bundestagsabgeordnete ihrer Partei aus Schleswig-Holstein ging Simonis nach Bonn.[220] Die Medien kommentierten diesen Wahlsieg als politisches Glanzstück: Eine junge, städtisch und akademisch geprägte, links orientierte Frau gewann gegen einen älteren (Jahrgang 1927), konservativen Herrn, und das in einem ländlich strukturierten Wahlkreis. Auf Bundesebene musste die SPD bei dieser Bundestagswahl in der sozial-liberalen Koalition unter Bundeskanzler Helmut Schmidt insgesamt einige Stimmenverluste verbuchen. Im Vergleich zu 1972, als die SPD mit Bundeskanzler Willy Brandt bei der „Willy-Wahl" mit 45,8 Prozent der Stimmen erstmals stärkste Partei wurde, erzielte die SPD 1976 bundesweit nur noch 42,6 Prozent und blieb damit hinter den 48,6 Prozent der CDU zurück.[221] In Schleswig-Holstein erzielte die SPD 1976 jedoch mit 46,4 Prozent ein verhältnismäßig gutes Ergebnis – die CDU erreichte hier 44,1 Prozent. Von diesem positiven Trend der SPD in Schleswig-Holstein profitierte auch Simonis.[222] Sie gewann eines von sechs Direktmandaten für die SPD.[223] Auch in der Bundestagswahl 1972 war der Wahlkreis Rendsburg-Neumünster direkt von der SPD-Kandidatin gewonnen worden – 1969 war die SPD noch an der CDU gescheitert. Es hätte also durchaus sein können, dass der Wahlkreis – nach der außergewöhnlichen Wählermobilisierung für Bundeskanzler Willy Brandt im Jahr 1972 – bei der darauf folgenden Wahl im Jahr 1976 wieder zurück an die CDU fällt. Offenbar ist es neben

220 Über die Landesliste war keine Sozialdemokratin aus Schleswig-Holstein 1976 in den Bundestag eingezogen. Vgl. Vierhaus, Rudolf; Ludolf Herbst (Hrsg.): Biographisches Handbuch der Mitglieder des Deutschen Bundestages 1949-2002, Band 3, Zeittafel – Verzeichnisse – Ausschüsse, München 2003.

221 Schindler, Peter: Datenhandbuch zur Geschichte des Deutschen Bundestages 1949 bis 1999. Baden-Baden 1999, S. 168.

222 Ebd., S. 192.

223 Insgesamt gab es elf Wahlkreise in Schleswig-Holstein.

dem insgesamt überdurchschnittlich positiven Ergebnis der SPD in Schleswig-Holstein auch dem besonderem Wahlkampf-Engagement von Simonis zu verdanken, dass der Wahlkreis direkt an die Kandidatin ging. Im Vergleich zur Wahl 1969, bei der die SPD nur 4 der 10 Direktmandate gewonnen hatte, wurden drei Jahre später 9 der 11 Wahlkreise direkt gewonnen. Die Zahl verringerte sich bei der folgenden Wahl auf nur noch 6 der insgesamt 11 Wahlkreise – nicht alle 1972 gewonnenen Direktmandate hatte die SPD vier Jahre später halten können.[224]

In den Medien und zum Teil auch in der SPD selbst wurde der konservative CDU-Gegenkandidat Karl Eigen vor der Wahl als haushoher Favorit für das Direktmandat gehandelt, denn als Bauernpräsident war er im landwirtschaftlich geprägten Wahlkreis bekannt und populär. Doch die SPD entschied sich mit Simonis bewusst für ein Kontrastprogramm: Mit dem Bonus der jungen Frau, dem Image des Kessen und des noch Unverbrauchten wollte man die Wahl gewinnen. Diese Wahlkampfstrategie ging auf: Heide Simonis gewann das Direktmandat mit 47,7 Prozent der Stimmen und vertrat nun den Wahlkreis Rendsburg-Eckernförde im Bundestag. Der CDU-Kandidat Eigen erzielte 45,7 Prozent. Der Wahlsieg von Simonis war tatsächlich bemerkenswert, weil sie trotz des gegenläufigen Bundestrends der SPD und des starken Gegenkandidaten lediglich 0,7 Prozent weniger erzielt hatte als vier Jahre zuvor Elisabeth Orth.[225] Karl Eigen erwies sich als ein schlechter Verlierer, obwohl er über die Landesliste seiner Partei dennoch in den Bundestag einzog. Er begründete Simonis' Sieg ostentativ damit, dass er während des Wahlkampfes durch die Transparenz der Oberbekleidung seiner Gegenkandidatin verunsichert worden sei.[226] Diese Bemerkung fällt in die Kategorie der chauvinisti-

224 Schindler, Peter: Datenhandbuch zur Geschichte des Deutschen Bundestages 1949 bis 1999. Baden-Baden 1999, S. 190-192.

225 Landeswahlergebnis Schleswig-Holstein der Bundestagswahl am 19.11.1972, BVII 1-5/72 sowie Landeswahlergebnis Schleswig-Holstein der Bundestagswahl am 3.10.1976, BVII 1-5/76 Datenauszug erhalten vom Statistischen Amt für Hamburg und Schleswig-Holstein im Oktober 2006.

226 Vgl. Remmers, Bernhard: Das Lächeln der Heide Simonis. In: Flensburger Tageblatt, 8.5.1993.

schen Äußerung eines im Stolz verletzten Mannes. Simonis erhielt vor allem von Wählerinnen – auch CDU-Sympathisantinnen – viele Stimmen.[227]

Der Wahlsieg des Direktmandats der 33-jährigen Simonis war die Folge mehrerer Faktoren: Es war tatsächlich ein Zufall und Glück, dass gerade die Direktkandidatur in jenem Wahlkreis, in dem Simonis nur ein Jahr zuvor den Landtagswahlkampf bestritten und sich damit profiliert hatte, nach dem Tod der Direktkandidatin neu vergeben werden musste. Ausschlaggebend für ihren politischen Erfolg waren letztlich das Engagement, die Anstrengungen und das Image der jungen, gebildeten Frau mit inhaltlich linken Positionen. Das erzielte bei der Wählerschaft im Unterschied zu ihrem CDU-Kandidaten höhere Sympathiepunkte. Bei ihrer ersten Bundestagskandidatur im Jahr 1976 war sie nur knapp über die Landesliste abgesichert.[228] Damals war sie die jüngste Kandidatin und hatte aufgrund des Ancienitätsprinzips bei der Vergabe der Landeslistenplätze nur einen der hintersten erreicht.[229] Eine Frauenquote, die einen Platz hätte sichern können, gab es damals noch nicht. Um in den Bundestag einziehen zu können, musste Simonis den Wahlkreis direkt gewinnen.

Mit der Erlangung des Bundestagsmandats begann Simonis ihre Karriere als Berufspolitikerin. Durch diesen politischen Karriereaufstieg wechselte sie von ihrem privaten in einen politischen Beruf, der ihr auch das Einkommen sicherte. Welchem Idealtypus nach Dietrich Herzog entspricht nun dieser Karriereschritt der politischen Karriere von Heide Simonis? Die „Standard-Karriere“ kann ausgeschlossen werden, weil Simonis im Alter von 33 Jahren auf eine relativ kurze Berufserfahrung von lediglich neun Jahren zurückblicken konnte. Ihre politische Karriere entspricht nicht, wie für den Idealtypus der „Standard-Karriere“ charakteristisch, einer zweiten Karriere nach der ersten beruflichen Etablierung.

Während ihres fünfjährigen Aufenthalts in Afrika und Japan sammelte sie Erfahrungen in privatwirtschaftlichen Berufen wie unter anderem als Marketing-Reseacherin in Japan. Hier arbeitete sie in einem Bereich, in dem sie ihr volkswirtschaftliches Wissen einsetzen konnte. Nach ihrer Rückkehr 1972 war

227 Vgl. Meyer, Antje: Heide Simonis. S. 21.

228 Gespräch mit Heide Simonis.

229 Ebd..

sie bis zu ihrem Einzug in den Bundestag 1976 als Berufsberaterin im Arbeitsamt Kiel tätig. In diesen vier Jahren engagierte sich die Jungpolitikerin parallel kommunalpolitisch als Ratsfrau und parteipolitisch als Kreisvorstandsmitglied. Mit der Wahl eines öffentlichen Amtes in der Kieler Ratsversammlung und der Übernahme eines Parteiamtes als Mitglied des Kreisvorstandes, die gleichzeitig ihre Position in der SPD absicherte, durchlief Simonis die innerparteiliche Ochsentour in einer verhältnismäßig kurzen Zeit. Als sie 1976 in den Bundestag gewählt wurde, war Simonis erst sieben Jahre sozialdemokratisches Parteimitglied gewesen. Auch wenn Simonis mit 28 Jahren vergleichsweise jung war, als sie ihr erstes öffentliches Mandat erhielt und damit ein Merkmal der „reinen politischen Karriere“ aufzeigt, ist ihre politische Laufbahn nicht kongruent mit diesem Idealtypus. Vielmehr weist die politische Karriere von Heide Simonis zwei Charakteristika auf, die von diesem Typus abweichen: Sie hatte neun Jahre Berufserfahrungen in einem privaten Beruf gesammelt und sie war in einem sehr kurzen Zeitraum zur Bundestagsabgeordneten aufgestiegen. Heide Simonis’ politische Karriere entspricht daher am ehesten dem von Herbert Schneider aufgestellten Typ der „politischen Karriere mit Berufsvorphase“.

4.5 Die Politik wird zum Beruf: Heide Simonis im Deutschen Bundestag

4.5.1 Die „Haushälterin“ im Bundestag

Nach ihrem Einzug in den Bundestag setzte sich Heide Simonis – sie war eine der insgesamt vier direkt gewählten SPD-Bundestagskandidatinnen – ein ehrgeiziges Ziel: Sie wollte von ihrer Fraktion in den Haushaltsausschuss entsandt werden. Vor dem Hintergrund ihres volkswissenschaftlichen Studiums ist es ein durchaus nachvollziehbarer Wunsch gewesen, schließlich brachte die Diplom-Ökonomin die dafür notwendigen Qualifikationen mit. Indes ist die Entsendung der Abgeordneten in die einzelnen Ausschüsse innerhalb der SPD-Bundestagsfraktion eine Frage der „vermachteten“ Entscheidung, bei der das „Senioritätsprinzip“ eine wichtige Rolle spielt. Für „Bundestagsneulinge“ war und ist es in der Regel nahezu unmöglich, in den Ausschuss ihrer Wahl zu gelangen. Mit dem Haushaltsausschuss hatte Simonis es sich zusätzlich schwer gemacht, da der Eintritt in dieses Gremium als eines der wichtigsten des Parlaments überhaupt in der Regel eher in der Mitte oder am Ende einer Parlamentarier-Karriere steht, dem die „Bewährung“ in anderen Ausschüssen vorangeht. Vor diesem Hintergrund war Simonis' Bestreben, ausgerechnet in den Haushaltsausschuss gelangen zu wollen, eine offenbar ziemlich unrealistische Anmeldung. Aber immerhin, sie zog nicht von vornherein den Kopf ein und ordnete sich unter, sondern sie meldete ihre Arbeitsinteressen innerhalb der Fraktion selbstbewusst an.

Mit ihrem Erstwunsch „Haushaltsausschuss“ erstaunte Simonis ihre männlichen Fraktionskollegen: Sie wollte nicht in einen Ausschuss, der sich mit frauentypischen Themen wie Familien- oder Bildungspolitik beschäftigte, sondern sie wollte dort hin, wo Verteilungskämpfe geführt werden und die Musik spielt: Und „Musik ist, wo Geld ist, und Geld ist eine Machtfrage“[230]. Um ihr Ziel zu erreichen, legte sie sich auch mit Herbert Wehner an. Der damalige SPD-Fraktionsvorsitzende fand es zunächst anmaßend, als die „Kleine” den parlamentarischen Haushaltsausschuss anzustreben, wo aus den Reihen der SPD bisher keine einzige Frau gesessen hatte. „Es ist immer noch so, dass viele Männer nicht akzeptieren wollen, dass Frauen sich in den so genannten klassischen Männerressorts auskennen. Und viele Frauen halten das für eine Außenseiterrolle“[231], beschrieb Heide Simonis ihre damalige Situation. In der 8. Legislaturperiode, in der Simonis ihre Arbeit als Bundestagsabgeordnete begann, waren von 224 Mitgliedern der SPD-Bundestagsfraktion lediglich 15 Frauen.[232] Vor diesem Hintergrund ist es verständlich, dass Simonis und ihre Kolleginnen in dieser Männerdomäne keinen leichten Stand hatten und es deshalb doppelte Anstrengung erforderte, die eigenen Anliegen und Sichtweisen durchzusetzen. Letztlich riet Carlo Schmid dazu,[233] eine Frau in den Haushaltsausschuss zu entsenden, denn die CDU schickte eine Frau dorthin und die

230 Heide Simonis zitiert nach Grunenberg, Nina: Die gewiefte Haushälterin. In: Die Zeit, 22.3.1996.

231 Heide Simonis zitiert nach Meyer, Antje: Heide Simonis. S. 26.

232 Schindler, Peter: Datenhandbuch zur Geschichte des Deutschen Bundestages 1949 bis 1999. S. 636

233 Vgl. Meyer, Antje: Heide Simonis. S. 102.

SPD musste gleichziehen.[234] Die Wahl fiel auf Heide Simonis – schließlich hatte die Diplom-Volkswirtin diesen Wunsch geäußert und brachte die notwendigen fachlichen Qualifikationen mit.

Es ist zu vermuten, dass sich Heide Simonis anfangs gegen ihre männlichen Kollegen nicht nur im parlamentarischen Ausschuss sondern auch in der eigenen Partei behaupten musste. Damals bestand der Haushaltsausschuss aus 33 Abgeordneten aller Parteien, davon waren 14 SPD-Fraktionsmitglieder vertreten.[235] Bei den meisten männlichen „Haushältern" war Simonis – wie sie schreibt – anfangs die „Kleine", die als „die Neue" im Sitzungssaal ganz hinten sitzen musste. Diese Sitzordnung spiegelte die Hackordnung wider.[236] Zu Beginn der Legislaturperiode war Simonis die einzige SPD-Bundestagsabgeordnete in diesem Fachausschuss. Später kam Brigitte Traupe hinzu. Im Haushaltsausschuss waren mit der Christdemokratin Liselotte Pieser nun drei Frauen vertreten.[237]

Als finanzpolitisches Nachwuchstalent machte sich Simonis in Bonn rasch einen Namen. Nicht nur bei den Parteifreunden, sondern auch beim politischen Gegner erwarb sie einen anerkennenden Ruf als Haushaltsexpertin und Rechnungsprüferin. Sie war ehrgeizig, hatte einen kundigen ökonomischen Sachverstand und zeigte vollen Arbeitseinsatz, in dem sie tage- und nächtelang mit ihren Kollegen über Haushaltskalkulationen brütete und, wenn es sein musste, scharfzüngig und unverblümt Kritik äußerte. Und danach schloss sie sich der „Herren-Runde" an, die nach langen Sitzungen das obligatorische Bierchen trinken ging. Die Sozialdemokratin erhielt von den Mitgliedern des Haushaltsausschusses Respekt und wurde als gleichrangige Kollegin geachtet – nicht zuletzt aufgrund ihrer rednerischen Begabung und ihrer Schlagfertigkeit, ohne Umschweife auszusprechen, was sie dachte.[238]

Heide Simonis erwarb sich den Ruf einer knallharten Finanzpolitikerin. Und bereits in ihrer ersten Legislaturperiode im Deutschen Bundestag stieg sie

234 Asgodom, Sabine; Monica Weber-Nau (Hrsg.): Frauen machen Politik. Düsseldorf 1995, S.91.

235 Deutscher Bundestag (Hrsg.): Amtliches Handbuch des Deutschen Bundestages. Rheinbreitbach 1991, S. XII/79.

236 Simonis, Heide: Unter Männern. S. 54.

237 Deutscher Bundestag (Hrsg.): Amtliches Handbuch des Deutschen Bundestages. S. XII/79.

238 Schmidt, Giselher: Diskreter Feminismus von links. In: Das Parlament, 4.1.1986.

in eine Führungsposition auf: Im Jahr 1977 wurde sie Sprecherin der SPD-Bundestagsfraktion im Haushaltsausschuss.[239] Diese Position behielt sie bis zu ihrem Wechsel in die Landespolitik 1988. Damit hatte sich Simonis im Haushaltsausschuss in kurzer Zeit an die Spitze der SPD-Haushaltspolitiker hinaufgearbeitet. Die Position als Sprecherin im verteilungsumkämpften Haushaltsausschuss bedeutete auch eine wichtige Rolle innerhalb der SPD-Fraktion. Die SPD war bis 1982 Regierungspartei und entsprechend zusammen mit dem Koalitionspartner FDP für das Aufstellen und Verabschieden des Bundeshaushaltes zuständig.

In Bonn gründete Simonis zusammen mit den beiden schleswig-holsteinischen SPD-Abgeordneten Norbert Gansel und Horst Jungmann eine Bürogemeinschaft, die erste dieser Art, den „Nordpool".[240.] Innerhalb der SPD-Fraktion sorgte der „Nordpool" einige Male für Unmut, da die drei Mitglieder gegen die Fraktionsmehrheit stimmten. Beispielsweise sprachen sie sich im April 1977 gegen die Vorlage zu einer Diätenerhöhung aus.[241] Zudem war Simonis eine streitbare Kämpfernatur, die sich in ihren vier Legislaturperioden im Bundestag jeweils mindestens einmal gegen die Mehrheitsmeinung der Fraktion stellte: Beim Kontaktsperregesetz, in der Frage der Zivildienstdauer, bei der Beschränkung des Rüstungsexports und bei der Abstimmung über das Atomkraftwerk Kalkar.[242] Die Atomkraftgegnerin plädierte für den Ausstieg aus der Kernenergie.[243]

Simonis machte sich auch über ihre finanzpolitische Fachkompetenz hinaus einen Namen: Sie gehörte zu jenen linken Kreisen in der Fraktion, die dem damaligen Bundeskanzler Helmut Schmidt politische Probleme bereitete. Nach der Bundestagswahl 1976 hatte die SPD Stimmen einbüßen müssen, damit war die Koalitionsmehrheit nicht sehr breit. Ein abweichendes Stimmenverhalten des linken SPD-Fraktionsflügels bei wichtigen Abstimmungen brachte die sozial-liberale Regierungspolitik Schmidts wiederholt in Schwierigkeiten. Inner-

239 Vierhaus, Rudolf; Ludolf Herbst (Hrsg.): Biographisches Handbuch der Mitglieder des Deutschen Bundestages 1949-2002, Band 2, S. 822.

240 Das Netzwerk „Nordpool" wird im Kapitel 4.5.1 näher betrachtet.

241 Meyer, Antje: Heide Simonis. S. 24.

242 Vgl. Schmidt, Giselher: Diskreter Feminismus von links. In: Das Parlament, 4.1.1986.

243 Vgl. Meyer, Antje: Heide Simonis. S. 28.

halb der SPD-Fraktion gehörte Simonis dem „Leverkusener Kreis“ an, in dem auch Norbert Gansel, Karsten Voigt, Volker Hauff, Franz Müntefering, Dietrich Sperling und andere vertreten waren. Der „Leverkusener Kreis“ wurde von SPD-Bundestagsabgeordneten Mitte der siebziger Jahre gegründet, bis er sich Anfang der achtziger Jahre in die „Parlamentarische Linke“ umbenannte. Innerhalb der Partei formierten sich die Linken im so genannten „Frankfurter Kreis“. Heide Simonis schloss sich in Bonn beiden linken Gruppierungen an. Ihnen standen die eher rechts stehenden Fraktionsmitglieder, die so genannten „Kanalarbeiter“, gegenüber.[244]

Wie stark die intrafraktionäre Auseinandersetzungen am Ende der siebziger Jahre in der SPD waren, spürte Simonis am eigenen Leib. Die damals 34-Jährige wurde von Herbert Wehner persönlich Ende des Jahres 1977 als Kandidatin für den Fraktionsvorstand vorgeschlagen. Der Fraktionschef war damit dem linken Fraktions-Flügel entgegengekommen, der im Vorstand mehr Einfluss für sich eingefordert hatte. Bei der Wahl des Fraktions-Vorstands scheiterte Simonis jedoch: Von 224 erhielt sie lediglich 65 Stimmen. Ihre Gegenkandidatin war die damals 52-jährige Waltraud Steinhauer, die von den „Kanalarbeitern“ protegiert wurde. Das Abstimmungsergebnis zeigte die Stärkeverhältnisse zwischen linken und rechten Fraktionsflügeln zu dieser Zeit. Vor diesem Hintergrund ist es bemerkenswert, dass Simonis nur kurze Zeit zuvor zur finanzpolitischen Sprecherin der Fraktion gewählt worden war – sie hatte sich offenbar unter ihren männlichen Kollegen im Haushaltsausschuss tatsächlich durch ihre ökonomische Fachkompetenz qualifiziert. Ihre eindeutige Positionierung im linken Parteiflügel hatte dabei offensichtlich nur eine untergeordnete Rolle gespielt.[245]

Simonis versuchte wiederholt, Mitglied im Vorstand der SPD-Bundestagsfraktion zu werden. Im November 1981 bewarb sie sich um den Posten der stellvertretenden Fraktionsvorsitzenden. Aber auch dieser Versuch scheiterte. Erst nach der Bundestagswahl 1983, als die SPD nicht mehr an der Regierung war, erreichte Simonis ihr Ziel und wurde in den Vorstand der SPD-

244 Vgl. Mueller-Rommel, Ferdinand: Innerparteiliche Gruppierungen in SPD: Eine empirische Studie über informell-organisierte Gruppierungen von 1969-1980.Opladen 1982, S. 128.

245 Meyer, Antje: Heide Simonis. S. 26.

Fraktion gewählt.[246] Dort war sie bis zu ihrer Ernennung als Finanzministerin in Schleswig-Holstein im Jahr 1988 vertreten. Auch wenn ihr dies erst in der Oppositionszeit gelang, zeigte sich in der Wahl zum Fraktionsvorstandsmitglied die Hartnäckigkeit und der starke Wille auf der politischen Karriereleiter aufzusteigen.

Simonis' politische Arbeit während ihrer ersten Legislaturperiode im Parlament wurde bei der Bundestagswahl 1980 von den Wählern honoriert. Sie gewann alle 15 Bezirke ihres Wahlkreises mit 48,8 Prozent gegen den CDU-Kandidaten Werner Kaltefleiter, der 42,3 Prozent erzielte.[247] In Schleswig-Holstein erzielte die SPD bei dieser Bundestagswahl 46,7 Prozent und gewann alle elf Direktmandate.[248] Sie profitierte also auch vom positiven Trend der SPD in Schleswig-Holstein. Bei der Bundestagswahl 1983, der „Kohl-Wahl", wurde die CDU mit 46,5 Prozent seit 1969 wieder stärkste Partei in Schleswig-Holstein. Die SPD hatte 41,7 Prozent erreicht und gewann nur zwei der elf Direktmandate.[249] Auch Simonis verlor ihr Direktmandat: Ihr CDU-Gegenkandidat im Wahlkreis Rendsburg-Eckernförde war der vorherige Ministerpräsident Schleswig-Holsteins Gerhard Stoltenberg, der aufgrund seines Bekanntheitsgrades ein starker Gegner war. Er erhielt 52,4 Prozent, Simonis 43,4 Prozent der Erststimmen.[250] Über die Landesliste war sie mittlerweile abgesichert. Auch bei der Bundestagswahl 1987 konnte sie ihr Direktmandat gegen Stoltenberg nicht zurückholen und gelangte erneut über die Landesliste in den Bundestag.

Heide Simonis betrachtete im Rückblick ihre zwölfjährige Abgeordneten-Tätigkeit als ein internalisiertes Überlebenstraining, wo sie vor allem eins lern-

246 Vgl. Auch SPD-Linke will Stellvertreter Wehners werden. In: Süddeutsche Zeitung, 12.11.1981; vgl. Schmidt, Giselher: Diskreter Feminismus von links. In: Das Parlament, 4.1.1986.

247 Landeswahlergebnis Schleswig-Holstein der Bundestagswahlen am 5.10.1980, BVII 1-5/, Datenauszug erhalten vom Statistischen Amt für Hamburg und Schleswig-Holstein im Oktober 2006.

248 Schindler, Peter: Datenhandbuch zur Geschichte des Deutschen Bundestages 1949 bis 1999. Baden-Baden 1999, S. 193.

249 Ebd., S. 194.

250 Landeswahlergebnis Schleswig-Holstein der Bundestagswahlen am 6.3.1983, BVII 1-5/83, Datenauszug erhalten vom Statistischen Amt für Hamburg und Schleswig-Holstein im Oktober 2006.

te: „Zu wissen, wann eine Situation reif ist“[251]. Sie erlernte sowohl die ressortspezifische Fachkompetenz als auch die Durchsetzungsstrategien, die sie als Frau im Haushaltsausschuss brauchte. Sie sammelte wichtige Erfahrungen über die offiziellen und informellen Strukturen und Hierarchien, insbesondere innerhalb der SPD-Bundestagsfraktion und deren Flügel. Die Übernahme der Position als Sprecherin der SPD-Bundestagsfraktion im Haushaltsausschuss bereits zu Beginn ihrer ersten Legislaturperiode und das wiederholte Bestreben, Vorstandsmitglied der SPD-Bundestagsfraktion zu werden, verdeutlichen Simonis' Eifer, ihre Karriere sukzessiv voran zu bringen. Darüber hinaus wusste Simonis sich in der Öffentlichkeit zu präsentieren und zu positionieren: Gerade weil sie eine junge Frau und eine „Linke“ war, die sich als Mitglied des Haushaltausschuss profiliert hatte und ihre Kritik auch öffentlich kundtat, wurde Simonis über die Bonner Berichterstattung bundesweit bekannt.

4.5.2 Der „Nordpool“

Als „Neuling“ in Bonn musste sich die junge und unerfahrene Bundestagsabgeordnete anfangs mit den offiziellen und den informellen Strukturen des Bundestages, vor allem der SPD-Bundestagsfraktion vertraut machen. Zwar hatte Simonis den Einzug als Bundestagsabgeordnete geschafft; wie die einzelnen fachlichen Ebenen geordnet und die persönlichen Beziehungen der Fraktionsmitglieder geknüpft waren, musste sie jedoch zunächst einmal verstehen. In dieser Anfangszeit half der Jungparlamentarierin der SPD-Abgeordnete Norbert Gansel. Er war bereits eine Legislaturperiode länger und damit vertrauter in den Bonner Kreisen und nahm Simonis in der ersten Zeit „unter die Fittiche“[252]. Er gab ihr relevante Informationen zu Personen und Aufgabenbereichen und führte sie in die linken Gruppen innerhalb der SPD-Fraktion ein. Mit dem ebenfalls neuen SPD-Abgeordneten aus dem Wahlkreis Plön-Neumünster, Horst Jungmann, formierten sie sich zum Dreier-Bündnis „Nordpool“. Neben gemeinsamen Projekten, wie beispielsweise der Offenle-

251 Grunenberg, Nina: Die gewiefte Haushälterin. In: Die Zeit, 22.3.1996.

252 Simonis, Heide: Unter Männern. S. 60.

gung ihrer Einkommen als Konsequenz auf das neue Abgeordnetengesetz[253], und arbeitsorganisatorischen Effizienzgründen, verband die „Kieler Drillinge“[254] durchaus auch eine persönliche Freundschaft.[255] Jeden Morgen wurde gemeinsam gefrühstückt, Informationen ausgetauscht und Absprachen getroffen.[256] Anfangs waren sie gleichberechtigte Kollegen und standen sich loyal gegenüber.

Die Zusammenarbeit nahm jedoch in den letzten gemeinsamen Bundestagsjahren Mitte der achtziger Jahre ab, weil sie in unterschiedlichen Ausschüssen arbeiteten. Die erste persönliche Entfremdung äußerte sich, als Simonis als Finanzministerin nach Kiel ging. Der endgültige Bruch kam im Mai 1993, als Simonis das Angebot annehmen wollte, Ministerpräsidentin zu werden. Gansel, der ähnliche Ambitionen verfolgte, hatte sich offiziell zum Kandidaten erklärt und wurde somit zu ihrem Kontrahenten. Als Gansel und Jungmann daraufhin den Versuch unternahmen, Simonis zur Aufgabe ihrer Pläne zu überreden, endete die Freundschaft.[257] Es hat den Anschein, als ob die beiden Männer der „Nordpool“ als Seilschaft für ihre Zwecke verstanden haben, in dem vor allem Gansel die Führungsrolle für sich beansprucht hatte. Simonis dagegen hatte vermutlich ihre eigene Anwartschaft auf politische Führungspositionen gegenüber ihren Mitstreitern zuvor nicht ausreichend verdeutlicht. Denn sie war keinesfalls die altruistische Teamspielerin, die das Feld zugunsten ihrer Mitspieler räumte, sondern sie strebte selbst nach Macht.

Heide Simonis hatte in ihrer politischen Karriere durchaus die Erfahrung gemacht, dass es im Prozess der Gruppenbildung Differenzen zwischen Frauen und Männern gab. Sie reflektiert in ihrer Autobiographie, auf welch unterschiedliche Weise sich beide Geschlechter zum Erreichen eines gemeinsamen Zieles zusammenschließen. Frauen wollen ihrer Ansicht nach im Gegensatz zu Männern verstärkt in horizontalen Strukturen als Team arbeiten. Diese Frauennetzwerke verlangten meist mehr Kommunikationsbereitschaft, gleichzeitig

253 Meyer, Antje: Heide Simonis. S. 54.
254 Burchardt, Rainer: Gansel mal drei. In: Die Zeit, 31.12.1976.
255 Gespräch mit Heide Simonis.
256 Vgl. Meyer, Antje: Heide Simonis. S. 54.
257 Gespräch mit Heide Simonis.

„will aber oft keine den Boss machen“[258.] Männer hingegen organisierten sich in Seilschaften. Simonis resümiert, dass Frauen sich schwer tun, die „nötigen Zweckbündnisse einzugehen, um Mehrheiten zu bekommen“[259]. Im Gespräch mit ihr im November 2006 urteilte sie: Selbst das Netzwerkknüpfen könnten Männer besser. Außerdem würden Frauen manchmal ihr erstrebtes Ziel aus den Augen verlieren, weil sie zuweilen zu sehr darauf bedacht seien, dass alle mit nach oben kommen. Wenn ein „Frauennetzwerk“ gegen eine „Männerseilschaft“ antritt, gewinne meist das Männerteam, sie seien in dieser Hinsicht durchgreifender. Sie selbst bezeichnete sich weder als Teil oder Nutzerin eines Netzwerkes noch als jemand, der Seilschaften knüpfe.[260] Sie sagte einmal von sich, sie wollte das „Alpha-Tierchen“ sein, das die anderen, die Beta-Tierchen, immer herumschubst.[261] Doch hatte sie mit Norbert Gansel und Horst Jungmann zu Beginn ein eigenes kleines Netzwerk aufgebaut, in dem Simonis zunächst scheinbar nur wenig offensiv die Führungsrolle für sich beanspruchte. Als Simonis Jahre später im Gegensatz Gansel und Jungmann politisch arrivierte, brach das Netzwerk auseinander.

Die Bundestagsabgeordnete Simonis war sich freilich bewusst, dass sie sich innerhalb der SPD-Bundestagsfraktion einer innerparteilichen Machtgruppe anschließen musste, um politisch voranzukommen. Bei den wöchentlichen Treffen des linken „Leverkusener Kreises“, in dem eine Vielzahl von schleswig-holsteinischen Bundestagsabgeordneten vertreten war,[262] nahm auch Simonis regelmäßig teil und pflegte ihre dortigen Kontakte. Im linken SPD-Flügel übernahm die damals junge Abgeordnete Simonis allerdings nie eine Führungsposition, um in der ersten Reihe als „Alpha-Tier“ besonders aufzufallen. Sie schloss sich nicht „wichtigtuerischen und geheimniskrämernden Männerzirkeln“[263] an. Jürgen Leinemann beschrieb die Abgeordnete des Wahlkreises Rendsburg-Eckernförde als „geachtete Außenseiterin“[264,] die abends mit

258 Vgl. Simonis, Heide: Unter Männern. S. 84.

259 Vgl. ebd., S. 85.

260 Gespräch mit Heide Simonis.

261 Heide Simonis in Bolesch, Cornelia: Alpha-Tierchen brauchen keine Beta-Blocker. In: Süddeutsche Zeitung, 8.11.1995.

262 Vgl. Mueller-Rommel, Ferdinand: Innerparteiliche Gruppierungen in SPD. S. 143.

263 Leinemann, Jürgen: „Mächtig am Kommen“. In: Der Spiegel, 10.5.1993.

264 Ebd..

den anderen in der linken Szene-Kneipe „Provinz“ anzutreffen war, aber nur gelegentlich das Verlangen hatte, sich mit den Herren auseinander zu setzen, „die alles besser wussten“[265]. Offenbar konzentrierte sich Simonis stärker auf das Erreichen höherer öffentlicher Ämter, anstatt sich parteipolitisch stärker zu profilieren.

265 Leinemann, Jürgen: Höhenrausch. Die wirklichkeitsleere Welt der Politiker. München 2004, S. 303.

4.6 Wechsel in die Landespolitik: Die Finanzministerin in Kiel

Björn Engholm wurde 1988 Ministerpräsident von Schleswig-Holstein. Nach 38 Jahren in der Opposition hatte die SPD mit 54,8 Prozent bei der Landtagswahl die absolute Mehrheit erreicht. Der fulminante Wahlerfolg der SPD steht in Verbindung mit der so genannten „Barschel-Affäre", die das Bundesland politisch erschüttert hatte. Der Ministerpräsident Uwe Barschel (CDU) wollte im Landtagswahlkampf 1987 seinen Gegenkandidaten und damaligen SPD-Oppositionsführer Björn Engholm öffentlich diffamieren und hatte zu diesem Zweck in Engholms Privatsphäre recherchieren lassen, ob ihm ein Skandal angehängt werden könnte. Die Diffamierungsversuche Barschels wurden unmittelbar vor der Landtagswahl 1987, die am 13. September 1987 stattfand, öffentlich.[266] Die „Barschel-Affäre" ging als größter politischer Skandal in die Geschichte der Nachkriegsrepublik ein und prägte die politische Kultur des nördlichsten Bundeslandes nachhaltig: Die Affäre und ihre Auswirkungen hatten einen allgemeinen Vertrauensverlust der Bevölkerung in die Politik und deren Repräsentanten zur Folge und degradierte die bis dahin über drei Jahrzehnte regierende CDU. Björn Engholm erschien im Kontrast zu Barschel wie eine Lichtgestalt, symbolisierte in der neu angesetzten Landtagswahl 1988 einen wahrhaftigen politischen Neuanfang und sollte die demolierte politische Kultur des von dieser Affäre geplagten Landes aus dem Sumpf herausführen.[267] Der Sieg der SPD in Schleswig-Holstein war nach dem gravierenden

---

266 Die „Barschel-Affäre" – auch „Barschel-Pfeiffer-Affäre" oder „Waterkant-Affäre" genannt – gilt als der größte politische Skandal der deutschen Nachkriegsgeschichte. Mit den Auswirkungen und der verfassungsrechtlichen Nachbearbeitung befasste sich 1990 ein parlamentarischer Untersuchungsausschuss sowie eine zuständige Enquete-Kommission des schleswig-holsteinischen Parlaments. Vgl. Mielke, Siegfried; Christian Bräuer: Landesparlamentarismus in Schleswig-Holstein, S. 449; Bürklin, Wilhelm P.: Die schleswig-holsteinische Landtagswahl vom 8. Mai 1988. Eine grundsätzliche Wahl zur politischen Erneuerung. In: Zeitschrift für Parlamentsfragen, 19 (1989) 4, S. 482-494.

267 Busche, Jürgen: Selten soviel im Nebel gestochert. Die Barschel-Affäre war ein Schauspiel nur. In: Neue Gesellschaft, 44 (1997) 9, S. 786-790; Zintz, Karin; Silke Roennefahrt: Der politische Skandal im Spannungsfeld zwischen Inszenierung und Kontrolle. Zur „Skandalogie" am Beispiel der Kieler Affäre. In: Zeitschrift für Parlamentsfragen, 1990, Heft 4, S. 600-609.

Ansehensverlust der CDU vor der Landtagswahl 1988 absehbar. Die Stimmung sprach für einen Wechsel.[268]

Bereits während der Landtagswahl 1987, die Engholm als Oppositionsführer und SPD-Spitzenkandidat führte, war Heide Simonis im Schattenkabinett für das Amt der Finanzministerin vorgesehen.[269] Im Vorfeld der Landtagswahl 1987 wurden der SPD vorab gute Chancen eingeräumt, da neben wirtschaftlichen Schwierigkeiten in Schleswig-Holstein auch der Trend in anderen Bundesländern für einen Wechsel zugunsten der SPD sprach.[270] Somit konnte Simonis sich gute Chancen ausrechnen, im Falle eines Wahlsiegs Engholms Finanzministerin in Kiel zu werden. Bei der Landtagswahl 1983 war sie noch nicht in Engholms Schattenkabinett vertreten. Ihr war der sichere Einzug in den Bundestag bei der nur vierzehn Tage später stattfindenden Bundestagswahl 1983 offenbar wichtiger gewesen. Im Landtagswahlkampf 1979 war Simonis jedoch bereits einmal im Schattenkabinett des damaligen SPD-Spitzenkandidaten Klaus Matthiesen für das Ressort Finanzen vorgesehen, diese Wahl verlor die SPD jedoch. Die Bundestagsabgeordnete Simonis war seit 1979 also bereit gewesen, ihre Partei in Landtagswahlkämpfen zu unterstützen und als Schattenministerin „anzutreten".[271]

Dass Simonis nach Birgit Breuel (CDU) in Niedersachsen die zweite Finanzministerin eines Bundeslandes wurde, ist auf die Wahlkampfstrategie von Björn Engholm zurückzuführen. Mit einer bunten Mischung origineller und prominenter Persönlichkeiten in seiner Wahlkampfmannschaft wollte er einen ostentativen Neuanfang demonstrieren. Nach dem Sieg der absoluten Mehrheit wurde der von 1975 bis 1987 amtierende SPD-Landesvorsitzende Günter Jansen zum Sozialminister sowie der aus der Wissenschaft kommende, parteilose Dr. Berndt Heydemann zum Umweltminister ernannt. Außerdem sah Engholm vor, mehr Frauen in sein Regierungsteam zu holen. So wurden vier von zehn Kabinettsposten an Frauen vergeben. Neben Heide Simonis wurden Eva

268 Bürklin, Wilhelm P.: Die schleswig-holsteinische Landtagswahl vom 8. Mai 1988. S. 487.

269 Vgl. Martenson, Sten: Heide Simonis. In: Stuttgarter Zeitung, 14.5.1988.

270 Seit 1984 hatte die CDU bei allen Landtagswahlen – außer in Hessen – Stimmenverluste hinnehmen müssen. Vgl. Bürklin, Wilhelm P.: Die schleswig-holsteinische Landtagswahl vom 13. September 1987: Politische Affäre und parlamentarisches Patt. In: Zeitschrift für Parlamentsfragen, 19 (1989) 1, S. 46.

271 Ebd..

Rühmkorf zur Kultusministerin, Gisela Böhrk zur Ministerin für Frauen und Marianne Tidick zur Ministerin für Bildung, Wissenschaft, Jugend und Kultur ins Kabinett berufen. Mit Simonis hatte er eine Frau gefunden, die im politischen Alltagsgeschäft Erfahrungen gesammelt hatte, die finanzpolitischen Sachverstand besaß und während ihrer Zeit in Bonn einen bundesweiten Bekanntheitsgrad erlangt hatte.

Heide Simonis trat als Finanzministerin im Mai 1988 ein schweres Erbe an. Schleswig-Holstein war Ende der achtziger Jahre das höchstverschuldete Flächenland der Bundesrepublik. Die neu berufene Ministerin hatte also nichts zu verschenken und kündigte einen rigorosen Sparkurs an. Für die Landes-SPD, die nach 38 Jahren das erste Mal regierte, war das eine schwere Hypothek. Doch Simonis erhielt selbst von der Opposition Respekt für ihren konsequenten Führungsstil. Die *Kieler Nachrichten* betitelten die resolute Finanzministerin als „Eiserne Lady in Rot“[272] – eine Charakterisierung, die seitdem in vielen Presseportraits zu finden war. Ebenso wurde in dieser Zeit das Bild der „Leistungsfrau par exellence“[273] geprägt. Wenn es um Finanzen ging, besann sich die konfliktfreudige Haushalts- und Finanzexpertin ausschließlich auf ihren Sachverstand. Ihre einstigen sehr linken Positionen wanderten in dieser Zeit deutlich zur Mitte. Als Verhandlungsführerin der Bundesländer bei den Tarifverhandlungen des öffentlichen Dienstes im Jahr 1992 nahm Simonis einen harten Arbeitgeber-Standpunkt gegen die Gewerkschaften ein. Am Verhandlungstisch saß ebenfalls eine Genossin, ÖTV-Chefin Monika Wulf-Matthies. Ihre seit 1972 bestehende eigene ÖTV-Mitgliedschaft ließ sie, als Zeichen der klaren Positionierung, in dieser Zeit ruhen. Ihre harte Position gegen einen überhöhten Tarifabschluss setzte Simonis durch, was zur Folge hatte, dass die ÖTV-Vorsitzende in ihren eigenen Reihen für den Tarifabschluss stark unter Kritik geriet.[274] Simonis setzte mit Vehemenz ihren Standpunkt durch, sie scheute nicht den Konflikt mit den Gewerkschaften, trieb Privatisie-

272 Höver, Peter: Heide Simonis: Die rote Lady, die gern mal aneckt. In: Kieler Nachrichten, 11.3.1993

273 Bolesch, Cornelia: Eine Frau für unangenehme Sachen im Haushalt. In: Süddeutsche Zeitung, 19.2.1993.

274 Vgl. Süskind, Martin, E.: Heide Simonis. Finanzministerin, vertritt die Länder im Tarifstreit. In: Süddeutsche Zeitung, 7.5.1992; vgl. Haug, Isolde: „Das hat Monika nicht verdient“. In: Kieler Nachrichten, 15.5.1992.

rungen von Landeseigentum voran und versuchte rigoros den Landeshaushalt zu konsolidieren. Simonis erwarb sich den Ruf einer soliden Finanzministerin, deren Konsolidierungsarbeit auch fraktions- und parteiübergreifend Anerkennung fand.

Von der Notwendigkeit eines Sparkurses hat eine Finanzministerin im Allgemeinen keine großen Sympathien zu erwarten. Somit hatte Simonis im finanzschwachen Schleswig-Holstein das schwierigste Amt im Kabinett inne. Dass sie trotz des wenig beliebten Amtes ein eigenes politisches Profil entwickeln konnte, verdeutlicht ihren charakteristischen Führungsstil: Sie scheute sich nicht vor notwendigen Entscheidungen auch unpopulärer Art, die sie als unumgänglich vermittelte. Sie verkörperte damit den politischen Typus einer resoluten „Macherin".

Als Simonis Finanzministerin in Kiel wurde, wechselte sie direkt von ihrem Bundestagsmandat in die Landespolitik und besaß folglich noch kein Landtagsmandat. Zur Landtagswahl 1992 kandidierte Simonis für ein Landtagsmandat im Wahlkreis Kiel-Ost, ihr Bundestagsmandat hatte sie mit dem Eintritt in das Kabinett 1988 aufgegeben. Sie holte den Wahlkreis Kiel-Ost mit 58,8 Prozent und gewann das Direktmandat.[275] Engholm berief Simonis ein zweites Mal zur Finanzministerin.

275 Landeswahlergebnis Schleswig-Holstein der Landstagswahl am 5.04.1992, Statistischer Bericht, Datenauszug erhalten vom Statistischen Amt für Hamburg und Schleswig-Holstein im Oktober 2006.

4.7 Die erste Ministerpräsidentin

Am 5. April 1992 gewann die SPD trotz eines Stimmenverlustes von 8,6 Prozent die Landtagswahl mit 46,2 Prozent und konnte ein weiteres Mal alleine in Schleswig-Holstein regieren.[276] Der wiedergewählte Ministerpräsident Engholm wurde ein Jahr zuvor im Mai 1991 zum Parteivorsitzenden der Bundes-SPD und kurz vor der Landtagswahl am 21. Januar 1992 zum Kanzlerkandidaten der SPD bei der Bundestagswahl 1994 ernannt. Somit war vor der Landtagswahl klar, dass Engholm als Parteivorsitzender der SPD und designierter Kanzlerkandidat vorhatte, sich Anfang des Jahres 1994 ausschließlich auf den Bundestagswahlkampf zu konzentrieren. Inmitten der laufenden Legislaturperiode musste folglich die Nachfolge des Ministerpräsidenten geregelt werden.

Als möglicher Nachfolger war zunächst Günther Jansen im Gespräch. Er war von 1975 bis 1987 SPD-Landesvorsitzender gewesen und hatte seit 1988 als Sozialminister in Engholms Kabinett und zugleich stellvertretender Ministerpräsident gute Chancen, das Führungsamt zu übernehmen. Im März 1993 diskreditierte sich Jansen jedoch in der so genannten „Schubladen-Affäre“: Er hatte dem arbeitslosen Reiner Pfeiffer, der im Auftrag Barschels Björn Engholm bespitzelt hatte, wie er sagte, aus Mitleid in den Jahren 1988 und 1989 zweimal jeweils 25.000 Mark zukommen lassen. Das Geld stammte nach seinen Aussagen aus privat angespartem Vermögen, welches er in seiner Schublade aufbewahrt hatte. Jansen trat am 5. März 1993 unter dem Druck der Öffentlichkeit von allen Ämtern zurück.

Dass diese „Schubladen-Affäre“ an die Öffentlichkeit gelangte, war die Folge eines Racheakts der ehemaligen Geliebten Reiner Pfeiffers, Elfriede Jabs. Sie wusste von den Geldzahlungen des SPD-Ministers an Pfeiffer und gab dieses Wissen an das Magazin *Der Stern* weiter, weil Pfeiffer sie wegen einer anderen Frau verlassen hatte. Bis zu dieser finanziellen Unterstützung des Barschel-Spitzels Pfeiffer war Günther Jansen überaus beliebt in der SPD und im Land Schleswig-Holstein. Auch wenn Ministerpräsident Engholm und der SPD-Landesvorstand Jansen als einen guten, ehrlichen Menschen in

276 Holtmann, Everhard: Zwischenwahlen mit bundespolitischer Signalwirkung. S. 157.

Schutz nahmen, der nur nach mitfühlenden Motiven gehandelt habe, wurde die Parteibasis damit konfrontiert, dass auch die eigenen Leute in die „Barschel-Affäre“ verwickelt waren. Da die politische Affäre um die Geldzahlungen an Pfeiffer weitere Fragen im Hinblick auf die Verstrickungen in der „Barschel-Affäre“ nach sich zog und sich schnell eine Eigendynamik entwickelte, geriet Engholm selbst unter Zugzwang. Seine eigene Person rückte zunehmend ins Zentrum der Kritik: Engholm ließ die in der „Schubladen-Affäre“ notwendige Führungsstärke missen, er zauderte, aus den Ereignissen politische Konsequenzen zu ziehen. Engholm hielt lange an seinem Sozialminister Jansen fest und brachte es offenbar nicht übers Herz, ihn als Minister zu entlassen. Nach dessen Rücktritt musste er jedoch das Amt des stellvertretenden Ministerpräsidenten neu besetzen. Nach und nach wurden auch Fragen nach seinem eigenem Wissen um die „Barschel-Affäre“ aufgeworfen.[277]

Am 10. März 1993 ernannte Björn Engholm seine Finanzministerin Heide Simonis zur stellvertretenden Ministerpräsidentin. Als Finanzministerin hatte sich Simonis profilieren können, so erschien sie auch für bürgerliche Wähler akzeptabel.[278] In der SPD wurde Simonis zwar nicht verehrt, als Finanzministerin jedoch respektiert. Die Entscheidung, sie zur stellvertretenden Ministerpräsidentin zu machen, hatte eine außerordentliche Signalwirkung: Die Medien erklärten sie zur „Kronprinzessin“ für das Amt der Ministerpräsidentin, denn als „Nummer zwei“ der Kabinettsrangfolge war sie die herausgehobene Anwärterin auf die Nachfolge Engholms, sobald dieser nach Bonn wechseln sollte. Simonis selbst gab schon früh zu erkennen, dass diese Aufgabe sie reizen würde. Sie traute sich diesen Posten vor allem dann zu, wenn es bei der Wahl „eine überzeugende Mehrheit“[279] in der Fraktion für sie gäbe. Der SPD-Landesvorstand versuchte jedoch unter allen Umständen, eine verfrühte

277 Vgl. hierzu Maletzke, Erich: „Im Strudel schlimmer Vergehen“. In: Flensburger Tageblatt, 11.10.1997; vgl. Höver, Peter; Urs, Stahl: Gestrauchelt übers „gute Herz“. In: Kieler Nachrichten, 24.3.1993 sowie vgl. Busche, Jürgen: Selten soviel im Nebel gestochert. S.789.

278 Vgl. Grunenberg, Nina: Die gewiefte Haushälterin. In: Die Zeit, 22.3.1996.

279 Heide Simonis zitiert nach Bahnsen, Uwe: Heide Simonis Favoritin im Norden. In: Die Welt, 2.4.1993.

„Thronfolger"-Diskussion zu unterbinden und wollte die Nachfolge Engholms erst unmittelbar bei seinem Wechsel auf die Bundesebene klären.[280]

Doch es kam alles anders. Bereits am 3. Mai 1993 trat Björn Engholm von seinen Ämtern als Ministerpräsident und als SPD-Bundesvorsitzender zurück. Er gab zu, vor dem parlamentarischen Untersuchungsausschuss zur „Barschel-Affäre", den der schleswig-holsteinische Landtag eingesetzt hatte, die Unwahrheit gesagt zu haben. Engholm stürzte damit den schleswig-holsteinischen SPD-Landesverband in eine tiefe Krise, die Ereignisse wurden in der SPD als politischer GAU empfunden. Ausgerechnet der charismatische Überflieger und sehr beliebte Engholm wusste also früher von den Machenschaften Barschels, als er zunächst zugegeben hatte. In der SPD begannen mit der Lüge und dem Rücktritt Engholms politische Grabenkämpfe: Wer wusste was wann? Und wie sollte mit der Wahrheit umgegangen werden? Offenbar hatte Engholm selbst lange darauf gedrängt, die genauen Umstände seiner Rolle zu verhüllen. Schließlich hatte er zuvor mehrmals beteuert, dass er seiner Aussage gegenüber dem Untersuchungsausschuss nichts hinzuzufügen hatte. Der Untersuchungsausschuss versuchte zu klären, wann Engholm vor der Landtagswahl 1987 erfahren hatte, dass er durch den damaligen amtierenden Ministerpräsidenten und CDU-Konkurrenten Barschel beschattet worden war. Engholm gab zu, dass er bereits am 7. September 1987 darüber informiert wurde, und nicht – wie er es vor dem „Barschel"-Untersuchungsausschuss dargelegt hatte – erst einen Tag vor der Landtagswahl 1987.[281]

Der SPD-Landesvorstand musste angesichts der Unruhe in der Landespartei versuchen, eine schnelle Lösung für das Problem der Amtsnachfolge des Ministerpräsidenten zu finden, um die Situation zu beruhigen. Doch sowohl der Landtagsfraktionsvorsitzende Gert Börnsen als auch Gert Walter[282], Minister für Bundes- und Europaangelegenheiten und enger Freund von Engholm, lehnten eine Amtsübernahme ab oder waren selbst zu sehr in die Angelegenheit involviert, um einen Neuanfang zu verkörpern.

280 Bahnsen, Uwe: Heide Simonis Favoritin im Norden. In: Die Welt, 2.4.1993; Remmers, Bernhard: Heide Simonis sagt „Nein" zur Kronprinzessin. In: Flensburger Tageblatt, 11.3.1993.

281 Vgl. hierzu Busche, Jürgen: Selten soviel im Nebel gestochert. S. 788.

282 Gert Walter war von 1987 bis 1992 Landesvorsitzender der SPD in Schleswig-Holstein.

Nach seinem Rücktritt wollte Björn Engholm, der bei den Gesprächen über seine Nachfolge im SPD-Landesvorstand anwesend war, unter allen Umständen eins verhindern: Dass der damalige Kieler Bundestagsabgeordnete Norbert Gansel, in Engholms Augen der „Verräter" und „Königsmörder"[283], Ministerpräsident wurde. Gansel gehörte zum engsten Mitarbeiterkreis um Engholm, als dieser einen Krisenstab einrichtete, der sich mit seiner Aussage vor dem parlamentarischen Untersuchungsausschuss befasste. Gansel pflegte eine besonders nahe Beziehung zu Engholm und wusste als Einziger des innersten Kreises früher und genauer um die ganze Wahrheit. Mehrmals hatte er Engholm öffentlich dazu aufgefordert, die vollständige Wahrheit über sein Wissen zu sagen.[284] Gleichzeitig brachte er sich selbst als Nachfolger ins Spiel und bekundete Anfang April öffentlich sein Interesse und seine Lust am Regieren. Er hat dies seine Parteifreundin und Bundestags-Kollegin aus der gemeinsamen Bonner-Zeit des „Nordpools", Heide Simonis, auch bereits wissen lassen.

Am Abend vor dem 3. Mai 1993, also einen Tag vor dem Rücktritt Engholms, versuchten Norbert Gansel und Horst Jungmann Simonis davon abzubringen, eine mögliche Kandidatur anzunehmen. „Heide, du kannst das nicht", lautete der entscheidende Satz, der die lange politische und auch private Freundschaft beendete. Simonis sah sich durchaus in der Lage, dieses Amt anzutreten und antwortete vermutlich mit ihrer berühmten Kampfansage: „Das wollen wir doch mal sehen, ob ich das nicht kann". Es ist eine Ironie der Geschichte, dass ausgerechnet Norbert Gansel, der Verbündete im gemeinsamen Netzwerk „Nordpool", Simonis' größter Konkurrent für das Amt des Minister-

283 Burchardt, Rainer; Werner Knobbe: Björn Engholm. Die Geschichte einer gescheiterten Hoffnung. Stuttgart 1993, S. 373.

284 In dieser Beraterrunde waren neben Gansel der Vorsitzende der SPD-Landestagsfraktion Gert Börnsen, der SPD-Landesvorsitzende Willi Piecyk, SPD-Landesgeschäftsführer Werner Kinsmüller und Chef der Staatskanzlei Stefan Pelny. In Parteikreisen hatte sich nach Engholms Rücktritt das Gerücht verbreitet, dass Gansel der heimliche Informant gewesen sei, der dem Nachrichtenmagazin *Der Spiegel* über Engholms privates Eingeständnis Informationen zukommen ließ. Schon vor der Veröffentlichung im Spiegel arbeitete Engholm bereits an seiner Rücktrittserklärung. Der Bericht war folglich nicht der Anstoß für Engholms Entscheidung, zurückzutreten. Nach seinem Rücktritt hat Engholm kein Wort mit Gansel gewechselt. Vgl: Thoemmes, Martin: Temperamentvolle Sparkommissarin. In: Rheinischer Merkur, 7.5.1993 und Burchardt, Rainer; Werner Knobbe: Björn Engholm. S. 370.

präsidenten wurde. Heide Simonis ihrerseits kündigte daraufhin Gansel die Freundschaft.[285]

Gansel stellte am Tag von Engholms Rücktritt in der Sitzung des einberufenen SPD-Landesausschusses den Antrag, die Nachfolge des Ministerpräsidenten durch eine Mitgliederbefragung oder eine Urabstimmung der schleswig-holsteinischen SPD bestimmen zu lassen. Offenbar schlug er dieses Vorhaben in der Hoffnung vor, die SPD-Mitglieder würden ihn wählen, da er unter den Genossen bekannt und beliebt war. Der Antrag wurde einstimmig abgelehnt, vor allem, weil ein schneller Übergang für notwendig erachtet wurde. Daraufhin zog Norbert Gansel seine Bewerbung um die Nachfolge-Kandidatur verbittert zurück.[286]

Als einzige Kandidatin wurde die bisher kommissarische Ministerpräsidentin Simonis am 15. Mai 1993 auf dem kurzfristig einberufenen SPD-Landesparteitag in Eckernförde mit 178 von 185 Delegiertenstimmen zur Nachfolge Engholms als Ministerpräsidentin nominiert. Zuvor hatte sich der SPD-Landesvorstand auf Heide Simonis als Nachfolgerin geeinigt. Engholm, der sie selbst vorgeschlagen hatte, pflegte zu seiner Finanzministerin ein freundschaftlich-distanziertes Verhältnis. In internen Kreisen beurteilte er ihre politischen Fähigkeiten allerdings nicht als besonders herausragend.[287] Vor dem Hintergrund, Gansel zu verhindern, fiel die Wahl dennoch auf Simonis. Das hohe Stimmenergebnis der Nominierung zeigt, wie sehr die schleswig-holsteinische SPD bestrebt war, politische Geschlossenheit und Handlungsfähigkeit zu demonstrieren. Für die Parteigenossen symbolisierte die politisch „unverbrauchte“ Heide Simonis den Schlussstrich unter den Affären-Sumpf in

285 Fertmann, Ludger: Das Ansehen ist ramponiert. In: Hamburger Abendblatt, 25.10.1996.

286 Gansel verfolgte mit der Mitgliederbefragung eine Entscheidungsfindung, wie sie für die Nachfolge Engholms als Parteivorsitzender für die Bundespartei erstmalig vollzogen wurde: Zum ersten und bisher einzigen Mal in seiner Geschichte wurde der Parteivorsitzende der SPD durch eine Befragung von fast 500.000 Mitgliedern ermittelt. Engholms Nachfolger als Parteivorsitzende wurde Rudolf Scharping. Vgl. Walter, Franz: Die SPD: Vom Proletariat zur Neuen Mitte. Berlin 2002, S. 234 ; Die SPD. Maletzke, Erich: Machtlos in Kiel: Simonis' tiefer Fall. In: Flensburger Tageblatt, 18.3.2005.

287 Lorenzo, Giovanni di: Heide Simonis. Deutschlands erste Ministerpräsidentin. In: Süddeutsche Zeitung, 5.5.1993.

Schleswig-Holstein, sie stand für einen sichtbaren Neubeginn.[288] Björn Engholm behielt nach seinem Rücktritt sein Mandat als Landtagsabgeordneter. Seine Stimme wurde bei der Wahl von Heide Simonis zur Ministerpräsidentin benötigt, da die SPD mit einer Mehrheit von einer Stimme allein regierte. Am 19. Mai 1993 wählte der schleswig-holsteinische Landtag mit der Mehrheit der SPD und der Stimme des SSW-Abgeordneten Karl-Otto Meyer Heide Simonis zur ersten Ministerpräsidentin des Landes.

288 Vgl. Maletzke, Erich: Von Null auf 400 Silben in nur einer Minute. In: Flensburger Tageblatt, 5.5.1993; vgl. Bolesch, Cornelia: Tatkraft – eine Seelentherapie nach Kieler Art. In: Süddeutsche Zeitung, 5.5.1993.

4.8 Zwischenfazit: Harte Arbeit und das Nutzen von Gelegenheiten

Es waren die „Fenster der Gelegenheiten", die sich im Laufe der politischen Karriere von Heide Simonis öffneten und die sie tatsächlich für ihre Karriere genutzt hatte. Heide Simonis stuft diese Opportunitäten allerdings als bloße Zufälle ein: „Ich stand immer in der Landschaft rum. Oder die Partei guckte immer gerade in die Richtung, in der ich stand, wenn sie dringend eine Frau suchten."[289] Auch wenn diese Worte ein wenig naiv und harmlos erscheinen, Heide Simonis war eine Machtpolitikerin, die bei jeder Stufe ihres politischen Aufstiegs stets wusste, wie sie sich positionieren und profilieren musste, damit sie tatsächlich auch gut zu sehen war. Sie war zwar nicht diejenige, die einen offensiven und aggressiven Wettstreit um politische Positionen bestritt, vielmehr besaß sie ein ausgesprochen gutes Gespür für günstige Chancen Gelegenheiten.

Auch wenn sie selbst bestritt, ihre Karriere sukzessiv vorangetrieben zu haben,[290] so ist ihr Bestreben, in der politischen Machtarena aufzusteigen, doch deutlich zu erkennen. Sie selbst hatte 1975 herumtelefoniert, um herauszubekommen, ob es noch einen freien Landtagswahlkreis im Bundesland gab. Als dann in kürzester Zeit ein Kandidat für den frei gewordenen Landtagswahlkreis Rendsburg-Eckernförde gesucht wurde, hatte ihre Suche Erfolg. Ihr Engagement und ihr Einsatz im Landtagswahlkampf brachte sie in eine sehr gute Ausgangssituation, als nach dem Tod der bisherigen Inhaberin des Direktmandats in dem sich teilweise überschneidenden Bundestagswahlkreis ein neuer Kandidat bestimmt werden musste. Es war keine zufällige oder unbedachte Entscheidung, sich im Ressort Finanzen und Haushalt im Bundestag zu engagieren, sondern die wohlüberlegte Forcierung des eigenen Karriereweges, zumal sie Diplom-Volkswirtin war. Ihr abgeschlossenes Studium befähigte sie zur harten Finanzpolitik, sie war nicht auf so genannte „weiche" Frauenthemen reduziert. In erster Linie war die persönliche Präferenz und Qualifikation für diesen Themenbereich evident. Aber Simonis war sich bereits von Beginn an im Klaren, welche Bedeutung ihre Mitarbeit in dieser Männerdomäne haben

289 Heide Simonis zitiert nach Meyer, Antje: Heide Simonis. S. 101.

290 Gespräch mit Heide Simonis.

würde. Durch ihre Arbeit im Männer dominierenden Haushaltsausschuss war es offensichtlich, dass sie als Frau auffallen würde, denn sie war anfangs eine der ganz wenigen Frauen in diesem Fachbereich. Diese Unterrepräsentanz von Frauen kam ihr zu gute: Sie wurde als „Exotin" mit Kompetenzen entdeckt, erregte Aufmerksamkeit und wurde wiederum aus diesem Grund gefördert. Eine Exotin war sie jedoch nicht nur aufgrund ihres Frauseins in der Männerarena Bundestag, in dem 1976 nur 38 weibliche Abgeordnete von insgesamt 518 Mandatsträgern vertreten waren.[291] Ihr Bekanntheitsgrad basierte überdies auf ihren Kompetenzen und ihrer Sprachgewandtheit sowie ihrer Zugehörigkeit zum linken SPD-Fraktionsflügel, der in jenen Bonner Tagen provozierte und anecken wollte.

Ministerpräsident Björn Engholm wählte Simonis für das Amt der Landesfinanzministerin aus, weil sie neben ihrer fachlichen Qualifikation wichtige politische Erfahrungen als Bundestagsabgeordnete gesammelt hatte. Ebenso hatte Simonis einen Bekanntheitsgrad in der Landespartei und in der Bevölkerung erlangt, da sie zu den wenigen SPD-Politikerinnen gehörte, die auf Bundesebene politisch agierten. Engholm wusste, dass er mit Simonis' Besetzung eine medienwirksame Attraktion in seinem Kabinett erhielt.

Schließlich hing die Chance für den Aufstieg von Heide Simonis zur Ministerpräsidentin mit den Nachwirkungen der „Barschel-Affäre" des Jahres 1987 zusammen. Negative und schicksalhafte Zufälle für den einen, sind häufig günstige Konstellationen für den anderen, die den Lauf der Geschichte beeinflussen. In diesem konkreten Fall war der Zufall der Liebes-Racheakt einer von Reiner Pfeiffer verlassenen Ex-Geliebten. Hätte sie 1993 nicht den *Stern* über die Zahlungen des SPD-Ministers Günter Jansen informiert, wäre dieser vermutlich nicht von seinem Posten als Sozialminister und stellvertretender Ministerpräsident zurückgetreten. Und auch Björn Engholms Aussage vor dem „Barschel"-Untersuchungsausschuss des Landtages wäre wahrscheinlich nicht öffentlich hinterfragt worden. So kam auch Ministerpräsident Engholm selbst ins Wanken – und seine Position war neu zu besetzen.

291 Schindler, Peter: Datenhandbuch zur Geschichte des Deutschen Bundestages 1949 bis 1999. S.638, 903.

Zur Zeit der Ausspionierung Engholms durch Barschel im Jahr 1987 war Heide Simonis als Bundestagsabgeordnete weit weg von Kiel und hatte folglich mit dem traumatischen Komplex der „Barschel-Affäre“ nichts zu tun. Und auch als Engholm nach der „Schubladen-Affäre“ selbst immer mehr in Bedrängnis geriet, war Simonis nicht in jene parteiinternen Kreise eingebunden, die sich als „Wahrheitssucher“ und „Vertuscher“[292] formierten, um über den taktischen Umgang mit Engholms Aussage vor dem Untersuchungsausschuss zu entscheiden. Durch den sozusagen irregulären Abschied von Björn Engholm aus dem Amt des Ministerpräsidenten, hatte Heide Simonis die Chance in dieses Amt zu gelangen. Ihre Neutralität in der „Barschel-Affäre“ und der „Schubladen-Affäre“, ihr individuelles politische Profil und natürlich die Novität als erste Frau an der Spitze einer Landesregierung prädestinierten sie – in einem Augenblick, in dem politisch schnell gehandelt werden musste – für das Amt als erste Ministerpräsidentin eines deutschen Bundeslandes.

292 Martenson, Sten: Unverblümt, politisch klug und auch noch wetterfest. In: Stuttgarter Zeitung, 11.4.1994.

5. Die Ministerpräsidentin – Zur politischen Führung von Heide Simonis

Um das Wirken eines politischen Akteurs zu bewerten und umfassend zu interpretieren, ist es erforderlich, den Blick auf seine Erfolge und Niederlagen zu richten. Erfolge und Niederlagen geben Auskunft über den Gebrauch der zur Verfügung stehenden Machtressourcen. Heide Simonis' Machtressourcen als Ministerpräsidentin waren neben dem Führungsinstrument der Staatskanzlei, ihrer Machtstellung in der Landespartei und in der SPD-Landtagsfraktion vor allem ihre personenbezogenen Stärken wie Durchsetzungskraft, Führungskraft sowie ihr politisches Ansehen als Landesoberhaupt in der Bevölkerung. Dazu gehört unter anderem auch ein geschickter und überzeugender Umgang mit den Medien. Zugleich ist zu hinterfragen, ob das Frausein eine eigene Machtressource darstellte. In den Erfolgen und Niederlagen der Ministerpräsidentin äußert sich die Wirkungsweise ihrer Macht. Macht bedeutet in der klassischen Definition von Max Weber „jede Chance, innerhalb einer sozialen Beziehung, den eigenen Willen auch gegen Widerstreben durchzusetzen, gleichviel worauf die Chance beruht"[293]. Wie nutzte Heide Simonis ihre Machtressourcen und wie ist sie mit Macht umgegangen? Das Spiel um die Macht ist eine Gratwanderung: So gut die Machttechniken auch perfektioniert und Ressourcen ausgeschöpft werden, eine absolute Erfolgsgarantie gibt es laut Hermann Scheer nicht.[294] Handelt der politische Akteur erfolgreich und nutzt dabei Macht zu seinem Vorteil, kann das einen Aufstieg auf der Karriereleiter zur Folge haben. Ist eine bestimmte Position bereits erreicht, dienen weitere Erfolge meist der Machtsicherung und dem Ausbau von Machtpositionen. Gleichzeitig bedarf es der unerlässlichen Fähigkeit, auch schwere Niederlagen, die unmittelbar auch ohne eigenes Verschulden auftreten, einstecken zu können, da sonst alle bisherigen Leistungen trivial wirken. Politische Niederlagen sind Ausdruck der Be-

293 Weber, Max: Wirtschaft und Gesellschaft. Grundriss der verstehenden Soziologie. Tübingen 1976, S. 28.

294 Vgl. Scheer, Hermann: Die Politiker. S. 231.

grenztheit von Macht in Situationen, in denen der eigene Wille nicht durchgesetzt werden konnte. Im Folgenden wird untersucht, wie und mit welchem Erfolg Heide Simonis als Ministerpräsidentin die ihr zur Verfügung stehende Machtressourcen nutzte.

5.1 Zwischen Erfolgen und Niederlagen

5.1.1 Die Politik des Situativen

Mit dem Einzug von Simonis in die Kieler Staatskanzlei im Mai 1993 änderte sich die Tonlage des Führungsstils in der Landespolitik. Repräsentierte ihr Vorgänger Björn Engholm mit seiner „melancholischen Zwielichtigkeit, dem sentimentalen Hamlet-Gehabe und dem tränenschwangeren Ästhetizismus“[295] den Staatsmann, der auf dem internationalen Parkett eine gute Figur machte, gab Heide Simonis sich hingegen volksnah, genuin und authentisch: Gelegentlich tanzte sie etwa auch ungeniert barfuss auf Nordstrand. Parallel zu der präsentierten Bodenständigkeit eilte ihr der als Ministerin erworbene Ruf einer sachkundigen und konfliktbereiten Finanzexpertin voraus. Die Pionierin an der Regierungsspitze verkörperte damit weit weniger einen gemeinhin als „typisch weiblich“ empfundenen Stil als ihr männlicher Vorgänger.[296] Der Wechsel von Engholm zu Simonis war auch ein Wechsel hin zu mehr Pragmatismus in der Landespolitik. Die neue Ministerpräsidentin war im Gegensatz zu ihrem Amtsvorgänger keine Politikerin mit groß angelegten Politikentwürfen oder intellektuellen Gedankenspielereien. Gleich nach ihrem Amtsantritt kürzte sie den Etat für die von Engholm eingesetzte „Denkfabrik“, die in der Staatskanzlei als Ideenratgeber für die Landespolitik eingerichtet worden war.[297] Der Haushaltsexpertin Simonis waren politische Visionen zuwider, schließlich

295 Leinemann, Jürgen: „Mächtig am Kommen“. In: Der Spiegel, 10.5.1993.

296 Vgl. Fertmann, Ludger: Die Frau mit Hut „kommt an“. In: Rheinische Post, 16.2.1996; vgl. Kluth, Michael: Zoff und Geld und Politik – die Undiplomatische. In: Hamburger Abendblatt, 15.5.1993.

297 Hier wurden beispielsweise Konzepte erarbeitet, wie das Land Schleswig-Holstein sich im EG-Binnenmarkt einbringen könnte oder wie das Land in den Ostseeraum eingebunden werden könnte. Vgl. hierzu Lambeck, Silke: Ein Küsschen hier, eine Backpfeife da. In: Berliner Zeitung, 11.2.1994.

wollten die Leute ihrer Meinung nach nicht ihre Vision, sondern „eine Wohnung haben und einen Kindergartenplatz“[298.] Die Sachverwalterin Simonis machte ihre Politik von tagespolitischen Entscheidungen abhängig und über landespolitische Projekte wurde primär nach ihrer Finanzierbarkeit entschieden. Musste sie ihre Vorstellung von Politik charakterisieren, so beschrieb Simonis ihre Aufgabe als Ministerpräsidentin vorrangig damit, dafür zu sorgen, „dass uns die Gesellschaft nicht um die Ohren knallt“[299]. Die wesentlichen Kriterien ihres Arbeitsverständnisses waren für die Pragmatikerin die Bewältigung des Tagesgeschäftes sowie die Beherrschung des politischen Handwerkes. Sie führte das Bundesland wie eine Managerin ein Wirtschaftsunternehmen, war auf Effizienz bedacht und fällte ihre Regierungsentscheidung im Hinblick auf eine möglichst exakte Zielerfüllung. Das Lieblingsprojekt der Regierungschefin war eine umfangreiche Verwaltungsreform, die den Abbau und die weitgehende Reformierung des Beamtenstatus vorsah.[300] Die Ministerpräsidentin Simonis blieb immer auch eine Finanz- und Haushaltspolitikerin, deren Blick sich bisweilen auf die Haushaltskonsolidierung fixierte. Ihre einstigen linken Positionen waren allenfalls noch zu Wahlkampfzeiten erkennbar.

Ihre Politik wurde von Kritikern, wie unter anderem Peer Steinbrück, der von 1993 bis 1998 Wirtschaftsminister in ihrem Kabinett war, als „Kirchturmpolitik“ und „politisches Klein-Klein auf Pepita-Niveau“[301] bemängelt. Dies äußerte Steinbrück, nachdem er das Kabinett von Simonis verlassen hatte. Zuvor hatte er eine engere Zusammenarbeit zwischen Kiel und Hamburg vorgeschlagen, was Simonis missfiel. Simonis’ Regierungshandeln war durch eine „Politik des Situativen“ geprägt und im Grunde war sie eine „Politikerin des Bauchgefühls“: An vielen kleineren Projekten wurde gearbeitet, jedoch ohne dabei eine langfristige und einheitliche Strategie zu verfolgen. Dabei kümmere sich die „Landesmutter um alles, aber um nichts richtig“[302,] hieß es in Kiel, und

298 Lambeck, Silke: Ein Küsschen hier, eine Backpfeife da. In: Berliner Zeitung, 11.2.1994.

299 Heide Simonis zitiert nach Bolesch, Cornelia: Im politischen Geschäft ganz normal. In: Süddeutsche Zeitung, 11.5.1994.

300 Vgl. u. a. Bolesch, Cornelia: Im politischen Geschäft ganz normal. In: Süddeutsche Zeitung, 11.5.1994; vgl. Bahnsen, Uwe: Der Eisernen Lady in Kiel droht ein heißer Herbst. In: Die Welt, 13.7.1993.

301 Schrep, Bruno: „Heide, Heide, Heide“. In: Der Spiegel, 29.6.1998.

302 Haselberger, Stephan: Der große Wahlkampf-Klönschnack. In: Der Tagespiegel, 7.2.2005.

sie verzettele sich dabei. Ihre Defizite im Hinblick auf politische Leitlinien versuchte die Generalistin durch eine gewisse „Kümmerer-Mentalität“ als „Landesmutter“ zu kompensieren. Die politische Bilanz der Regierungszeit Simonis fällt relativ kläglich aus: Der Landeshaushalt Schleswig-Holsteins am Ende ihrer zwölfjährigen Amtszeit wies einen Schuldenberg von fast zwanzig Milliarden Euro auf. Damit zählte Schleswig-Holstein zu den am höchsten verschuldeten Flächenstaaten der westdeutschen Bundesländer, zugleich hatte das Bundesland eine der höchsten Arbeitslosenquoten in Westdeutschland.

5.1.2 Die „Landesmutter“

Der politische Aufstieg zur ersten Ministerpräsidentin Deutschlands war ein großer politischer Erfolg von Heide Simonis. Als erste und lange Zeit einzige Ministerpräsidentin ist Simonis bis heute ein „Unikat und Unikum“[303] zugleich geblieben. Dabei hatte sie den Schleswig-Holsteinern und dem Rest der Republik zunächst einmal den Eindruck von Normalität vermitteln müssen, nämlich, dass eine Frau das Land genauso gut führen kann wie ein Mann. Offensichtlich profitierte Simonis davon, dass Frauen im protestantisch dominierten und landwirtschaftlich geprägten Norden der Bundesrepublik gut ankommen und ihnen auch „Männerarbeit“ zugetraut wird. Auch die politische Kultur der Gleichstellung von Mann und Frau aus den skandinavischen Ländern mag Einfluss auf die Gelassenheit der schleswig-holsteinischen Bevölkerung gegenüber einer weiblichen Regierungschefin gehabt haben. Doch anzumerken bleibt, dass Simonis nicht als gewählte Spitzenkandidatin ihrer Partei an die Regierungsspitze gelangte, sondern als Folge des Rücktritts von Björn Engholm. Zur Wahl stellte sie sich erst bei der Landtagswahl 1996, also nach drei Jahren im Amt der Ministerpräsidentin. Auch wenn die SPD bei dieser Wahl die absolute Mehrheit verlor und daraufhin mit den Grünen koalieren musste, war es ein Erfolg für Simonis, die Wahl als stärkste Partei gewonnen zu haben.

303 Mishra, Robin: Unikat und Unikum. In: Rheinischer Merkur, 13.1.2005.

Die Hälfte der Wähler waren Frauen und besonders bei den jüngeren verzeichnete Simonis als weibliche Landeschefin einen Vertrauensvorschuss.[304] Manche Journalisten sahen durch eine solche Frauenpower sogar die politische Kultur in Schleswig-Holstein verändert: Hier erlaube sich kein Mann mehr dumme Sprüche über Frauen, weil jeder wisse, dass „ihm spätestens an der nächsten Ecke eine Frau in führender Position begegnet"[305]. Aber auch von vielen Männern wurde Simonis als Ministerpräsidentin akzeptiert, obgleich bei ihnen die Parteibindung eine weitaus größere Rolle bei der Wahlentscheidung spielte.[306] Simonis verstand es, die tief verwurzelte regionale Identität des Landes zu pflegen[307] und das Gefühl von Stolz auf Land und Leute zu vermitteln. Die Schleswig-Holsteiner mochten scheinbar die kühle aber direkte Art der Rheinländerin, weil sie sich „natürlich, schlagfertig, lustig"[308]. Dieses Auftreten wirkte bodenständig und authentisch: „Bei Besuchen in Betrieben oder sozialen Einrichtungen tritt sie kundig und interessiert auf, nie von oben herab"[309], beobachtete ein Journalist. Es ist nicht verwunderlich, dass die SPD in Schleswig-Holstein besonders in Wahlkampfzeiten von Simonis' Amtsbonus profitieren wollte. Dagegen hatte es die Opposition im Land nicht leicht, einen ähnlichen Publikumsliebling anzubieten.

Simonis übernahm im Mai 1993 ein von Skandalen gebeuteltes Amt, welches in den Augen vieler durch ihre Vorgänger „missbraucht"[310] worden war. Die „Barschel-Affäre" und die „Schubladen-Affäre" hatten dem Ansehen des demokratischen Führungsamtes schwer geschadet und die politische Kultur im Land nachhaltig erschüttert. Simonis erhielt mit ihrem Amtsantritt implizit auch die Aufgabe, die Integrität und die Würde des Ministerpräsidentenamtes moralisch zu restaurieren. Mehr noch: Mit der ersten Ministerpräsidentin sollte

304 Vgl. Mnich, Peter: Die schleswig-holsteinische Landtagswahl vom 27. Februar 2000: Das erste Wählervotum nach der CDU-Affäre. In: Zeitschrift für Parlamentsfragen, 32 (2001), 1, S. 171-177; vgl. Ohr, Dieter; Markus Klein: „When a man meets a woman...". S. 185.

305 Fischer, Susanne: Die öffentliche Frau. In: Die Woche, 15.5.1996.

306 Vgl. Ohr, Dieter; Markus Klein: „When a man meets a woman...". S. 185.

307 Ebd., S. 185.

308 Schmale, Holger: Das System Heide. In: Berliner Zeitung, 15.2.2005.

309 Ebd..

310 Vgl. Zintz, Karin; Silke Roennefahrt: Der politische Skandal im Spannungsfeld zwischen Inszenierung und Kontrolle. Zur „Skandalogie" am Beispiel der Kieler Affäre. In: Zeitschrift für Parlamentsfragen, 1990, Heft 4, S. 607.

der symbolische Neuanfang auch für eine rehabilitierte politische Kultur in Schleswig-Holstein stehen. Vor allem aber waren es die Medien, die der eher kühl wirkenden und pragmatisch ausgerichteten Politikerin Simonis das bunt erscheinende Etikett der „Landesmutter" anhefteten. Zunächst missfiel ihr dieser Titel, weil ihrer Meinung nach bei der Bezeichnung als „Landesmutti" ein „distanzierendes Eltern-Kind-Verhältnis"[311] mitschwinge. Zudem klinge für sie „Landesmutter" alt und sexistischer als „Landesvater"[312]. Im Laufe der Jahre arrangierte sie sich jedoch mit diesem Image und versuchte diesem ihre eigene Note zu geben. Das Agieren als überparteiliche Landesmutter war über viele Jahre eine wichtige Machtressource. Schließlich nutzte sie diese Rolle geschickt und bewusst zur Selbststilisierung. Simonis identifizierte sich so sehr mit ihrer Rolle und war von ihrer Wirkung dermaßen überzeugt, dass sie letztlich nicht erkannte, dass sie damit die Mitglieder der SPD-Fraktion nicht mehr für sich und ihre Politik gewinnen konnte.[313]

5.1.3 Streben nach Höherem

Im Winter 1995, also zehn Jahre bevor Angela Merkel zur ersten Bundeskanzlerin ernannt wurde, regierte Bundeskanzler Helmut Kohl in seinem zwölften Regierungsjahr in Bonn. Die SPD hatte mit Oskar Lafontaine einen neuen Parteivorsitzenden und das Gerangel der „Enkel"[314] um die Kanzlerkandidaten-Kür für die Bundestagswahl 1998 war noch nicht richtig angelaufen, da wurde Heide Simonis für die Kanzlerkandidatur ins Gespräch gebracht. Sie war es selbst gewesen, die die Spekulationen über ihre eigenen Ambitionen schürte. Die Medien katalysierten die Diskussion und zeigten Gefallen an den zum da-

311 Heide Simonis. Resolute Chefin und Landesmutter. In: Dithmarscher Landeszeitung, 18.4.1994.

312 Gespräch mit Heide Simonis.

313 Heide Simonis' Verhältnis zur SPD-Landtagsfraktion wird im Kapitel 5.4.2 näher untersucht.

314 Im Jahr 1987 hatte der SPD-Parteivorsitzende Willy Brandt einige jüngere Politiker seiner Partei zu seinen „Enkeln" erklärt. Dazu zählten Gerhard Schröder, Herta Däubler-Gmelin, Björn Engholm, Heide Wieczorek-Zeul, Oskar Lafontaine und Rudolf Scharping. Bei der Kanzlerkandidatur für die Bundestagswahl 1998 standen vor allem Oskar Lafontaine, Rudolf Scharping und Gerhard Schröder in Konkurrenz zueinander. Vgl. Merseburger, Peter: Willy Brandt. 1913-1992. Visionär und Realist. Stuttgart/München 2002, S. 799 und Micus, Matthias: Die „Enkel" Willy Brandts. Frankfurt (Main) 2005.

maligen Zeitpunkt völlig utopischen Gedankenflügen, dass eine Frau in der Bundesrepublik das höchste Regierungsamt übernehmen könnte. Sie griffen die scheinbar lapidar geäußerte Bemerkung Simonis' auf, sie könne sich eines nicht fernen Tages eine Frau als Kanzlerkandidatin vorstellen.[315] Und wenn dazu eine Frau in der Lage wäre, dann ja wohl nicht irgendeine, sondern die erste Ministerpräsidentin Deutschlands – so zumindest konnte man Simonis' Äußerung verstehen. Zwar distanzierte sich Simonis schnell wieder mit den Worten „Oskar, bleib ganz ruhig, es steht nicht zur Diskussion"[316], um ihre männlichen Parteifreunde nicht in „höchste Alarmbereitschaft"[317] zu versetzen, dennoch wurde ihr Name in den Medien zwischen den Jahren 1995 und 96 häufig mit der Frage der Kanzlerkandidatur und einer möglichen Bundeskanzlerschaft in Verbindung gebracht.

Als eine der neun SPD-Ministerpräsidenten gehörte die schleswig-holsteinische Regierungschefin als gewähltes Mitglied dem Bundesparteivorstand an und nahm qua Amt an den Sitzungen des Parteipräsidiums teil. Demnach zählte Simonis durchaus zum engeren Kreis der möglichen Kanzlerkandidaten.[318] Und SPD-Frauen wie die damalige bayerische Landesvorsitzende Renate Schmidt oder die stellvertretende Parteivorsitzende Herta Däubler-Gmelin befürworteten öffentlich eine weibliche Kanzlerkandidatin.[319] Zuspruch gab es auch jenseits der Parteigrenze und so tat die CDU-Opposition das Ihre, um Simonis in der Kandidatendiskussion hochzuspielen.[320] Doch Lob des politischen Gegners zielt häufig darauf ab, im Parteiinneren für Zwietracht zu sorgen. Simonis hatte zuvor selbst dazu beigetragen: Sie stellte sich ins politische Abseits, indem sie im Jahr 1995 den SPD-Bundesvorsitzenden Rudolf Scharping als einen „Autisten" bezeichnete, die Troika bestehend aus Lafon-

315 Vgl. Kanzlerin Simonis: Will sie, oder will sie nicht? In: Kieler Nachrichten, 12.1.1996; vgl. Plog, Karsten: Mit schwerem Gepäck ins politische Gefecht: Der Tagespiegel, 21.9.1995.

316 Schönicke, Christoph: Angst vor der Courage. In: Frankfurter Neue Presse, 12.1.1996.

317 Fromme, Friedrich Karl: Gerede über Kanzlerkandidatin der SPD. In: Frankfurter Allgemeine, 15.1.1996.

318 Zu Beginn und Mitte der neunziger Jahre war die SPD auf Landesebene so stark wie nie zuvor. Vgl. Leinemann, Jürgen: Höhenrausch. S. 327.

319 Vgl. Fromme, Friedrich Karl: Gerede über Kanzlerkandidatin der SPD. In: Frankfurter Allgemeine, 15.1.1996.

320 Vgl. Kanzlerin Simonis: Will sie, oder will sie nicht? In: Kieler Nachrichten, 12.1.1996.

taine, Scharping und Schröder im gleichen Jahr mit „zänkischen Bübchen im Sandkasten“[321] verglich und gar die Auflösung des Dreiergespanns reklamierte.[322] Die von ihr meist scherzhaft verpackten Äußerungen wurden im Männerbund der SPD-Führungsspitze vermutlich weniger humorvoll aufgenommen. Simonis wurde vom engeren Kreis Schröders als „strukturell illoyal“[323] eingeschätzt und spätestens nach der gewonnenen Bundestagswahl 1998 bekam sie zu spüren, dass sie sich am Kabinettstisch des designierten Bundeskanzlers keinen Platz erhoffen konnte. Neben Schröder lehnte es vor allem der Parteivorsitzende Oskar Lafontaine ab, Simonis als Bundesministerin zu berufen. Gerade nach dem Verlust der absoluten Mehrheit bei der Landtagswahl 1996 – was von ihr als persönliche Niederlage empfunden wurde – hatte sie 1998 geradezu verzweifelt um einen Platz im Bundeskabinett gekämpft. 1987 wurde sie im Falle eines Wahlsieges bei der Bundestagswahl 1990 noch als Bundesfinanzministerin gehandelt.[324] Zu Gerhard Schröder pflegte Simonis nie eine engere Freundschaft. In den gemeinsamen Jahren als Ministerpräsidenten, und auch als Schröder Kanzler war, gab es die eine oder andere Auseinandersetzung zwischen den beiden. Es soll auch vorgekommen sein, dass sie sich „hin und wieder anbrüllten“[325]. In der Bundespartei fehlte ihr eine feste Hausmacht auf die sie sich hätte stützen können. Aufgrund der zahlreichen flapsigen Sticheleien, die von den Medien bereitwillig aufgenommen wurden, hatte sie sich geradezu eine gewisse Narrenfreiheit erworben. Der Preis dafür war, dass die Parteigranden sie nur noch „halb ernst“[326] nahmen.

Höhere bundespolitische Ambitionen wurden Heide Simonis auch nach 1998 nachgesagt. Trotz ihrer ständigen Bekundungen, weiterhin Ministerpräsidentin in Kiel bleiben zu wollen, war sie es meist selbst, die die Gerüchte um einen Wechsel nach Bonn und später nach Berlin aufrechterhielt. Sehnte sich

321 Goos, Diethart: Mozartfan mit eigenen Vorstellungen von Humor. In: Die Welt, 20.11.1998.

322 Vgl. Simonis schlägt Auflösung der SPD-Troika vor. In: Der Tagesspiegel, 10.8.1995.

323 Zitiert nach Wenz, Dieter: Allgemein gelte ich als netter. In: Frankfurter Allgemeine, 18.08.1999.

324 Wenz, Dieter: Auf bröseligem Fundament. In: Frankfurter Allgemeine, 29.2.2000; vgl. Goos, Diethart: Mozartfan mit eigenen Vorstellungen von Humor. In: Die Welt, 20.11.1998; vgl. Höver, Peter: Ab heute „First Lady“. In: Kieler Nachrichten, 19.5.1993.

325 Mishra, Robin: Unikat und Unikum. In: Rheinischer Merkur, 13.1.2005.

326 Ebd..

Simonis nach neuen Aufgaben oder wollte sie damit nur eine Drohkulisse errichten, um ihre Unverzichtbarkeit in Schleswig-Holstein zu unterstreichen? Nachdem Kanzler Schröder ihr einen Posten im Bundeskabinett verwehrte, gab es immer wieder Berichte, die ihren Namen mit dem Amt der Bundespräsidentin oder der Präsidentin der Bundesbank in Verbindung brachten.[327] So sehr Heide Simonis die Rolle der „Landesmutter" perfekt zu verkörpern vermochte, ganz hatte sie ihr scheinbar nie genügt. Es mag vielleicht daran gelegen haben, dass sie mit der Zeit in der Landespolitik keine wirkliche Herausforderung mehr sah. Außerdem waren ihr die anhaltenden und mühseligen Streitigkeiten mit dem grünen Koalitionspartner lästig; von der Landes-SPD und ihrer eigenen Fraktion fühlte sie sich sowieso häufig nicht richtig geschätzt und unterstützt. Letztlich hatte Simonis sich als Ministerpräsidentin zu arrangieren, denn obwohl sie die eigenen Ambitionen für ein höheres bundespolitisches Amt deutlich machte, blieb ihr dies bis zuletzt verwehrt. Ihre wiederholten Versuche, für andere Spitzenämter ins Gespräch zu kommen, scheiterten wohl auch daran, dass dieses Bestreben allzu inflationär über die und in den Medien bekundet wurde. Wer zu oft mit der Übernahme diverser Posten in Verbindung gebracht wird, diese aber nicht erreicht, wird langfristig nicht mehr ernst genommen.[328] Genau dieser Effekt ist offenbar im Fall Heide Simonis eingetreten.

5.1.4 Das Bröckeln der Macht

Im Mai 2004 erschien im Polit-Magazin *Cicero* ein Artikel mit dem Titel „Wir fürchten die Leere, die Stille"[329]. Die Verfasserin war Heide Simonis. Darin beschrieb sie die Angst von Politikern, „auf einmal ein ‚Niemand' zu sein": „Als Politiker wird man gehört, man hat Publikum. Man kann was ändern. Das gibt Bedeutung. Und auf einmal fällt man ins tausendfache Leere."[330] Das

327 Vgl. hierzu u. a.: Balk, Michael: Eine Präsidentin für die Bundesbank? In: Frankfurter Neue Presse, 20.9.1998; Simonis widerspricht Gerüchten über Wechsel. In: Frankfurter Rundschau, 20.9.1998.

328 Vgl. Scheer, Hermann: Die Politiker. S. 232.

329 Simonis, Heide: Wir fürchten die Leere, die Stille. In: Cicero, 5/2004.

330 Ebd..

„zoon politikon“ Simonis machte keinen Hehl daraus, dass Politik ihr Leben war. Es war die unkaschierte Ehrlichkeit, die aus ihr sprach, wenn sie einräumte, dass das Gefühl der eigenen Wichtigkeit und Bedeutung für sie berauschend sei. Sie konstatierte damit ihre Abhängigkeit von der Droge „Macht“.[331] Gerade die Frau also, deren politische Karriere im März 2005 auf bizarre Weise beendet wurde, hatte ein Jahr zuvor ihre Gedanken zum Verlust von Macht öffentlich kundgetan. Zwar glich ihre Nichtwahl als Ministerpräsidentin im März 2005 einer fristlosen Kündigung, der Machtverlust begann jedoch bereits zu einem früheren Zeitpunkt: Er verlief schleichend, aber kontinuierlich und auf mehreren Ebenen.

Das öffentliche Ansehen von Heide Simonis wurde nicht erst mit dem knappen Wahlergebnis bei der Landtagswahl 2005 beschädigt. Im Amt der Ministerpräsidentin musste sie trotz ihrer Beliebtheit bittere Erfahrungen und persönliche Niederlagen bei den Landtagswahlen 1996 und 2000 einstecken: Den Landtagswahlkampf 1996 führte Simonis im festen Glauben, erneut die Alleinregierung zu stellen, musste jedoch widerwillig mit den Grünen koalieren. Die Landtagswahl 2000 gewann Simonis nicht unbedingt aufgrund eigener Kraft oder der Stärke der SPD. Die Schwäche ihres Gegendkandidaten Volker Rühe, der aufgrund der CDU-Spendenaffäre unter den schleswig-holsteinischen Wählern an Ansehen verloren hatte, kam ihr unverhofft zu Gute. Sie empfand es als emotionale Enttäuschung und persönliche Kränkung, dass sie zwar bei vielen Wählern als „Landesmutter“ durchaus beliebt war, die SPD bei Wahlen aber nicht die erhofften Stimmen erhielt.[332]

Nachhaltiger als die Blessuren der Landtagswahlen waren sowohl die seit dem Jahr 2000 ständig wiederkehrenden Gerüchte über ihre Müdigkeit und Lustlosigkeit im Ministerpräsidentenamt, als auch die von ihr selbst bekundeten aber gescheiterten Versuche, Kiel in Richtung Bundespolitik zu verlassen. Es überrascht nicht, dass die Spekulationen über ihr Bleiben oder Gehen Nachfolgerdiskussionen initiierten. Rückblickend betrachtet, begann Simonis' Macht bereits zu bröckeln, als ihr Chef der Staatskanzlei und engster Vertrau-

331 Vgl. hierzu auch Simonis, Heide: Unter Männern. S. 212.

332 Vgl. Mnich, Peter: Die schleswig-holsteinische Landtagswahl vom 24. März 1996. S. 636; Fehrle, Brigitte: Die Dankbarkeit in Person. In: Berliner Zeitung, 24.2.2000.

ter Klaus Gärtner im Jahr 2000 schwer erkrankte und in der darauf folgenden Zeit mehr zur Last wurde, als dass er sie unterstützte. Ihre Machtressource „Staatskanzlei“ verlor damit an einflussreicher Stärke. Ohne Gärtner konnte Simonis im politischen Alltagsgeschäft nicht fortfahren wie bisher: Er, der die Zügel in der Staatskanzlei fest in den Händen hielt, war ihr unverzichtbarer Mitspieler. Seine Fehler im Zusammenhang mit der „Kieler-Schloss-Affäre“ brachten die Ministerpräsidentin soweit in Bedrängnis, dass sie sich vor dem einberufenen Untersuchungsschuss des Landtages in Unklarheiten verstrickte und die Opposition ihr eine Falschaussage vorwarf.[333] Die Medien und die Opposition sahen ihren Stern bereits sinken und verwiesen auf gewisse Parallelen zum Ende der politischen Karriere Björn Engholms, der vor dem „Barschel“-Untersuchungsausschuss falsch ausgesagt hatte. Zwar konnte man Simonis eine falsche Behauptung nicht nachweisen, ein „schaler Beigeschmack“ blieb jedoch und die Glaubwürdigkeit der Ministerpräsidentin wurde in den Medien weiterhin kritisch hinterfragt.[334] Mit dem Weggang von Klaus Gärtner als Chef der Staatskanzlei wurde ihre Festung auch innerhalb der Staatskanzlei poröser: Zwar stand die SPD-Fraktion gegen die Attacken der Opposition in der „Filz-Affäre“ geschlossen hinter ihrer Regierungschefin, interne Personaldiskussionen kursierten jedoch wiederkehrend. Auch in der SPD-Fraktion wurde gemunkt, dass das Ende von Heide Simonis nicht weit sein könne. Wurde an Simonis bereits zu früheren Zeitpunkten ihre unzureichende Gesprächsbereitschaft kritisiert, so verkroch sie sich in ihrer letzten Legislaturperiode förmlich in ihren „Bunker Staatskanzlei“, um sich vor Kritik zu schützen. Verstärkt wirkte die SPD-Regierungsebene von der eigenen Landtagsfraktion abgekoppelt.

Das Menetekel ihres politischen Endes ist vor allem im politischen Führungsstil zu finden, der sich in den Erfolgen und Niederlagen der Regierungsarbeit niederschlug. Sowohl die Angst vor der Erosion ihrer Macht als auch der

333 Vgl. hierzu u. a.: Wenz, Dieter: Aus dem Schneider? In: Frankfurter Allgemeine, 21.12.2002; Wenz, Dieter: Hat Heide Simonis vor dem „Filzausschuss“ gelogen? In: Frankfurter Allgemeine, 19.5.2003.

334 Vgl. hierzu Plog, Karsten: „Simonis fehlt der Glanz von Engholm“. In: Stuttgarter Zeitung, 30.4.2002; Stade, Bodo: Aussage gegen Aussage. In: Kieler Nachrichten, 17.9.2002; Latsch, Gunther: „Panik im Heide-Park“. In: Der Spiegel, 21.6.2003 sowie Heinen, Guido: Bilanz der Schloss-Affäre – ein schaler Beigeschmack bleibt. In: Die Welt, 9.12.2003.

damit einhergehende Vorwurf, sie könne sich als Frau nicht durchsetzen, führten bei Simonis dazu, dass sie einen unnachgiebigen Führungsstil annahm, der gar autoritäre Züge aufwies. Allerdings sah sie sich selbst nie als eine „Basta"-Politikerin.[335] Ihre Art des Durchregierens führt jedoch zur Annahme, dass offenbar für manche ihrer Minister ihre Entscheidungsfindung einem „Basta" glich und demzufolge häufig einer gemeinsamen, konstruktiven Zusammenarbeit im Wege stand: Entweder sie fügten sich dem Willen der Ministerpräsidentin und ertrugen die persönlichen Differenzen oder sie fielen in Ungnade, wurden kurzerhand „rausgeekelt"[336] oder sie gingen eben aus eigenen Stücken. Die Regierungschefin sei nicht der Typ „Teamspielerin" und Ex-Minister führten nicht nur vereinzelt als Grund für ihr Weggehen Simonis' „egozentrisches Auftreten"[337] an. Hauptgrund für die Differenzen mit den Landesministern sahen viele in ihrem Versuch, „über die Staatskanzlei in die Ressorts hineinzuregieren"[338]. Die Bilanz ihres „Hire and Fire" betrug in den zwölf Jahren ihrer Amtszeit sechzehn entlassene Minister und achtzehn Staatssekretäre. Die Entlassungspapiere unterschrieb sie auch prominenten Politikern wie Peer Steinbrück oder Gert Walter. Unmittelbar nach der Landtagswahl 2000 verließen fünf von zehn Ministern ihr Kabinett,[339] obwohl Simonis zuvor mit dieser Truppe den Landtagswahlkampf bestritten hatte. Es hatte den Anschein, dass sie Minister mit charismatischer Ausstrahlung neben sich nicht tolerierte. Kernige Gestalten und starke Persönlichkeiten waren in ihrem Kabinett über all die Jahre immer nur zeitweilig vertreten. Zu groß war ihr notorisches Misstrauen, dass eine andere politische Lichtgestalt sie überstrahlen könnte. In den zwölf Jahren ihrer Amtszeit wählte sie häufig die SPD-Minister entweder aus den Reihen der Staatssekretäre aus oder aber ungefährliche Nicht-Schleswig-

335 Gespräch mit Heide Simonis.

336 Goos, Diethart: Heide Simonis und die Flucht der Professoren. In: Die Welt, 21.1.1995.

337 Zitiert nach Haarhoff, Heike: Minister auf der Flucht. In: die tageszeitung, 2.3.2000.

338 Zitiert nach ebd..

339 Die beiden Grünen-Minister Rainder Steenblock und Angelika Birk schieden aus, sowie die drei Ressortchefs der SPD Ekkehard Wienholtz, Gerd Walter und Horst Bülck. Vgl. hierzu Klüver, Reymer: Heide Simonis wird von Rücktrittswelle überrascht. In: Süddeutsche Zeitung, 1.3.2000; vgl. Christen, Ulf B.: Simonis: Alle meine Ex-Minister. In: Hamburger Abendblatt, 31.1.2003.

Holsteiner ohne eigene Hausmacht.[340] Politiker, die sich beispielsweise auf Bundesebene profiliert hatten und auf diese Weise eine gewisse Prominenz aufwiesen, waren am Kabinettstisch in Kiel nicht anzutreffen.

Nicht nur in den ersten Jahren der rot-grünen Koalition gab es mit dem Juniorpartner Streitigkeiten. Die Grünen hatten auch als Regierungspartner ihre Oppositionsrolle nicht abgelegt und stellten die Koalition bei jedem Konflikt gänzlich in Frage.[341] Sensible Themen wie etwa die Verkehrs- und Energiepolitik verursachten wiederkehrende Kontroversen. Insgesamt wirkte trotz der im Volk beliebten Regentin die Regierungstruppe farblos und damit wenig ausdrucksstark, nicht selten wurde dem Kabinett Konzeptlosigkeit und politische Kraftlosigkeit vorgeworfen.[342] Ein „stimmiges Gesamtbild" fehle und „Innovationskraft und Attraktivität" sei im Regierungshandeln nicht zu erkennen, stellten vor allem die Medien immer wieder fest.[343] Häufig machte Heide Simonis Themen wie beispielsweise die Bildungspolitik zur Chefsache und diskreditierte damit den jeweiligen Minister. Infolgedessen machte sie den Erfolg der Regierungsarbeit zunehmend von ihrer eigenen Person abhängig und konzentrierte sich bisweilen auf zu viele Projekte. Sie wirkte am Ende ihrer letzten Legislaturperiode – nicht zuletzt aufgrund der „Kieler-Schloss"-Affäre – müde und erschöpft. Die Defizite ihrer Regierungspolitik waren während ihrer letzten Amtszeit derart sichtbar, dass sie 2003 dem politischen Gegner sogar eine „parteiübergreifende Zusammenarbeit" anbot.[344]

340 Vgl. Krupa, Matthias: Die Leere nach dem Sturz. In: Die Zeit, 23.3.2005.

341 Vgl. Stahl, Urs: „Nicht wieder 92 Seiten Koalitionsvertrag". In: Kieler Nachrichten, 28.2.2000; Höver, Peter: Simonis rechnet mit kurzen Koalitionsverhandlungen. In: Kieler Nachrichten, 28.2.2000.

342 Vgl. hierzu u. a. Maltzan, Carsten: Simonis bleibt: SPD erleichtert. In: Flensburger Tageblatt, 30.9.1998; Plog, Karsten: Theatertratsch im Treppenhaus: Der Tagespiegel, 30.7.2000; Klüver, Reymer: Die Stehauf-Frau. In: Süddeutsche Zeitung, 30.3.2002; Wenz, Dieter: Die Niederlagen einer Wahlsiegerin. In: Frankfurter Allgemeine, 29.11.2000.

343 Hauck, Christian: Amtierende Legende versus Stimmungskanone. In: Das Parlament, Nr. 27, 12./19.7.2004.

344 Höver, Peter: Eine angriffslustige Simonis und Politik „für den Allerwertesten". In: Flensburger Tageblatt, 19.06.2003.

5.2 Das Küchenkabinett von Heide Simonis

Erfolgreiche Regierungschefs haben zumeist eine Handvoll loyaler Mitarbeiter in der Staatskanzlei oder im Kanzleramt um sich, die sie in den Höhen und Tiefen des Regierungsalltags begleiten und diesen Alltag für sie organisieren. Eine besonders enge Personengruppe bilden die so genannten Küchenkabinette, die den tagespolitischen Ablauf arrangieren, den Regierungschef mit relevanten Informationen versorgen und ihn bei Entscheidungen beraten. Der enge Beraterkreis und die von diesen Personen erfüllten Funktionen stellen eine unerlässliche Machtressource für den Regierungschef dar. Die Analyse der Zusammenarbeit und Funktion eines Küchenkabinetts gibt Aufschluss sowohl über den spezifischen Führungsstil des Regierungschefs als auch über die Art der Entscheidungsfindung. Die Schwierigkeit bei dem Versuch, diesen inneren Machtzirkel zu analysieren, liegt jedoch darin, dass Küchenkabinette in hohem Grad durch Informalität geprägt sind. Die Auswahl der engsten Berater und Vertrauten erfolgt meist aufgrund persönlicher Beziehungen und die Zusammenarbeit im Regierungsalltag lebt durch die „Interaktion der Mitarbeiter mit ihrem Chef“[345]. Der Regierungschef kann auch externe Berater und politische Vertraute in seinem Küchenkabinett integrieren, jedoch erscheint es für die Organisation und den Ablauf der politischen Entscheidungsfindung von Vorteil, den engsten Beraterkreis in der Staatskanzlei beziehungsweise im Kanzleramt zu installieren. Für Außenstehende wirkt dieser enge Regierungszirkel meist als ein Arkanum, dessen „amorphes, vages Beziehungsgeflecht“[346] undurchsichtig bleibt – zu kryptisch wirkt das Agieren dieses inneren Machtkreises.

345 Müller, Kay; Franz Walter: Graue Eminenzen der Macht. Küchenkabinette in der deutschen Kanzlerdemokratie. Von Adenauer bis Schröder. Wiesbaden 2004, S. 10.

346 Ebd..

5.2.1 Die „Familie" in der Staatskanzlei

Die Mitglieder des Küchenkabinetts[347] von Heide Simonis während ihrer Zeit als Ministerpräsidentin waren nach eigenen Angaben in ihrer Autobiographie von Beginn an ihre persönliche Sekretärin Jutta Ziehm, der Chef der Staatskanzlei Klaus Gärtner, der Büroleiter der Ministerpräsidentin Knud Büchmann sowie der Regierungssprecher Gerhard Hildenbrand.[348] Im Laufe ihrer Amtszeit verließ Klaus Gärtner die Kieler Staatskanzlei, seine Nachfolgerin wurde 2002 Ulrike Wolff-Gebhardt. 2004 kam es auch zu einem Wechsel des Büroleiters in der Staatskanzlei, Stefan Musiolik löste Knud Büchmann ab. Im Folgenden wird das Küchenkabinett der ersten Phase analysiert, bestehend aus Jutta Ziehm, Klaus Gärtner, Knud Büchmann und Gerhard Hildenbrand. Der engste Mitarbeiterkreis der Ministerpräsidentin bestand offenbar immer aus vier Personen.

Jutta Ziehm, ihre persönliche Sekretärin, kannte Simonis von allen Mitarbeitern am längsten. Seit 1977 betreute Ziehm als Mitarbeiterin Simonis' Bundestagswahlkreis in Rendsburg-Eckernförde, während Simonis in Bonn war. Mit dem Antritt als Finanzministerin im Kabinett Engholms holte Simonis Jutta Ziehm 1988 ins Kieler Finanzministerium.[349] Auch als Simonis Ministerpräsidentin wurde, folgte ihr Ziehm in die Staatskanzlei. Die beiden verband eine respektvoll distanzierte Freundschaft. Die beiden Frauen gingen manchmal gemeinsam ins Kino oder zusammen einkaufen. Die Zusammenarbeit mit Knud Büchmann, Simonis' Büroleiter in der Staatskanzlei, hatte sich in Simonis' Zeit als Finanzministerin entwickelt. Auch ihn hatte Simonis gebeten, mit in die Staatskanzlei zu wechseln. Wer als Journalist mit der schleswigholsteinischen Ministerpräsidentin reden wollte, kam an Gerhard Hildenbrand

347 Die Recherche zum engsten Beraterkreis der Ministerpräsidentin erwies sich als äußerst schwierig. Keiner der von mir dem Küchenkabinett von Heide Simonis zugeordneten Personen war zu einem Interview mit mir bereit. Auch Heide Simonis selbst hat im Gespräch im November 2006 auf meine Fragen nach ihrem Küchenkabinett keine eindeutigen Antworten gegeben. Deshalb kann die Analyse des Küchenkabinetts von Simonis nur sehr holzschnittartig auf der Grundlage von Pressequellen und wenigen mündlichen Auskünften erfolgen. Die folgende Deskription ist deshalb nur eine Annäherung an den Gegenstand.

348 Simonis, Heide: Unter Männern. S. 94.

349 Meyer, Antje: Heide Simonis. S.109.

nicht vorbei. Er war nicht nur seit 1988 ihr Pressesprecher, sondern fungierte auch als Simonis' „professioneller Bömbchenentschärfer"[350]. Er wachte darüber, dass seine schnellzüngige Chefin nicht in zu viele verbale Fettnäpfchen trat. Bevor er im Finanzministerium anfing, war er Abteilungsleiter im Presseamt der Landeshauptstadt Kiel gewesen.[351] Er hatte neben dem Chef der Staatskanzlei Klaus Gärtner eine der Hauptaufgaben zu erledigen: Vieles, was Heide Simonis in einem unbedachten Augenblick unüberlegt von sich gab, zu korrigieren, Aufgeregtheiten zu beschwichtigen und zurecht zu rücken. Dies war vor allem möglich, weil Hildenbrand ein gutes Verhältnis zu den landespolitischen Medienkorrespondenten in Kiel besaß. Seine Beziehungen zu den Journalisten auf Landesebene hatte Simonis' Troubleshooter während seiner Zeit als Abteilungsleiter im Presseamt der Stadt Kiel und während seiner Zeit als Pressesprecher des Finanzministeriums aufbauen können. Seine Kontakte zu Medien- und Pressevertretern auf Bundesebene waren jedoch nicht in gleicher Weise ergiebig. Bei den Bonner Journalisten hatte er vergleichsweise geringen Einfluss und konnte einige verbale Fauxpas seiner Chefin, wie beispielsweise die Bezeichnung Rudolf Scharpings als Autisten, im Nachhinein nicht mehr bereinigen.

Klaus Gärtner, von 1993 bis 2002 Chef der Kieler Staatskanzlei, war nicht nur „der unantastbare Kopf der Regierungs-Schaltzentrale"[352] sondern wohl der wichtigste Mann in Heide Simonis' politischem Leben. Das FDP-Mitglied Gärtner pflegte mit Simonis eine langjährige, persönliche Freundschaft. Sie hatten sich Ende der siebziger, Anfang der achtziger Jahre im Haushaltsausschuss des Deutschen Bundestages in Bonn kennen gelernt. 1976 war Gärtner über die FDP-Landesliste Nordrhein-Westfalens in den Bundestag eingezogen, 1980 wurde er Parlamentarischer Geschäftsführer der FDP-Bundestagsfraktion. Nicht nur die gemeinsamen Erfahrungen im Haushaltsausschuss verbanden die beiden, sondern auch die Zielvorstellung von gesunden Finanzen und Staatsmodernisierung. Nach seiner Abgeordneten-Tätigkeit hatte Gärtner mehrere Jahre in Saudi-Arabien gearbeitet und war bis

350 Faltin, Sigrid: Rot-grün: Die etwas andere Ehe. In: Natur: Das Umweltmagazin, Nr. 6, 1998.

351 Vgl. Krause-Burger, Sibylle: Heide Simonis. S. 125.

352 Stüben, Heike: Klaus Gärtner: Mit seinem Rücktritt verliert Simonis ihren engsten Mitarbeiter. In: Kieler Nachrichten, 13.3.2002.

zu seinem Wechsel 1988 als Staatssekretär ins Kieler Finanzministerium bei der Preussag AG als Finanzdirektor tätig. Simonis hatte es gegenüber dem Ministerpräsidenten Engholm zur Bedingung gemacht, dass das FDP-Mitglied Gärtner Staatssekretär in ihrem Ministerium werden sollte. Hans-Jochen Vogel legte ein gutes Wort für Gärtner ein, damit der Sozialiberale in den SPD-Reihen durchgesetzt werden konnte. Gärtner galt als „graue Eminenz“ im Küchenkabinett. Er war der Strippenzieher, der im Hintergrund koordinierte, vorbereitete und Anweisungen gab. Ohne ihn, so hieß es, ginge für Simonis nichts. Auf die absolute Loyalität ihres Kanzleichefs konnte sich Simonis verlassen. Der Finanzfachmann war über viele Jahre ihr engster Vertrauter, auf den sie offenbar fachlich als politischer Berater und strategischer Vordenker angewiesen war. Gärtner war bei fast jeder Unterredung anwesend und sorgte dafür, dass die Leitlinien der Regierungspolitik umgesetzt wurden.[353]

Dabei war Gärtner nicht unumstritten. Während die Grünen ihn 1996 bei den Koalitionsverhandlungen als „einen der klügsten Köpfe im Landeshaus“[354] bezeichneten und nur bei seiner Anwesenheit über die Ausgestaltung der Koalition sprechen wollten, waren einige Sozialdemokraten auf den FDP-Mann an Simonis' Seite nicht gut zu sprechen. Zwar wurde Chef der Staatskanzlei für seinen „ausgeprägten politischen Instinkt“[355] gelobt, seine Eingriffe in die Arbeit der von der SPD geführten Landesministerien stießen im Kabinett und bei der SPD-Fraktion jedoch auf große Ablehnung. Es hieß, er regiere wie ein „kleiner Napoleon“[356] als heimlicher Regierungschef aus der Staatskanzlei in die Ministerien hinein. Unter anderem wurde über „drastische Ausfälle gegen Mitarbeiter“[357] geklagt. Innerhalb der SPD-Fraktion wurde Gärtner als „Hubschrauberpilot“ betitelt: „Der Mann wirbele überall viel Staub auf und sei dann

353 Vgl. Wenz, Dieter: Pointiertes öffentliches Urteil. In: Frankfurter Allgemeine, 30.10.1997; vgl. Simonis trennt sich vom Chef der Staatskanzlei. In: Frankfurter Allgemeine, 13.3.2002; vgl. Fertmann, Ludger: Björn Engholm. Ein Portrait. München 1991, S. 45; vgl. Simonis, Heide: Unter Männern. S. 94; vgl. Höver, Peter: Von „Wolke sieben“ ins seelische Tief? In: Kieler Nachrichten, 30.11.1996; Stüben, Heike: Klaus Gärtner: Mit seinem Rücktritt verliert Simonis ihren engsten Mitarbeiter. In: Kieler Nachrichten, 13.3.2002.

354 Stüben, Heike: Klaus Gärtner: Mit seinem Rücktritt verliert Simonis ihren engsten Mitarbeiter. In: Kieler Nachrichten, 13.3.2002.

355 Höver, Peter: Von „Wolke sieben“ ins seelische Tief? In: Kieler Nachrichten, 30.11.1996.

356 Wenz, Dieter: Pointiertes öffentliches Urteil. In: Frankfurter Allgemeine, 30.10.1997.

357 Wenz, Dieter: Die Niederlagen einer Wahlsiegerin. In: Frankfurter Allgemeine, 29.11.2000.

gleich wieder weg“[358]. Beim SPD-Landesvorstand in Kiel war der Liberale auch in Kritik geraten, weil er, so hieß es, die überfälligen vertraulichen Diskussionen hinsichtlich der Zielvorgaben einer sozialdemokratischen Regierungspolitik behindere. Einzelne kritisierten Gärtner scharf wegen seiner „Besserwisserei“[359]. Simonis und er seien „viel zu symbiotisch“[360], sie ergänzten sich nicht, sie duplizierten sich. Simonis hielt auch nach mehrmaliger Kritik von einigen Sozialdemokraten an Gärtner loyal an ihm fest. Die geäußerte Unzufriedenheit an der Arbeit des Chefs der Staatskanzlei kann jedoch auch darin gesehen werden, dass einige Personen selbst gerne einen größeren Einfluss auf die politische Gestaltung der Regierungspolitik und Machtteilhabe gehabt hätten. Der Zugang zu Simonis war ihnen jedoch nicht möglich und wurde darüber hinaus durch ein FDP-Mitglied verwehrt.

In der Staatskanzlei, Heide Simonis' Schaltstelle der Macht, war die Zusammenarbeit nicht auf die reine Sachebene bezogen. Die Atmosphäre wurde als entspannt, fast schon ein wenig „kuschelig“ beschrieben. Den Mitgliedern ihres Teams konnte sie scheinbar blind vertrauen und sie um Ratschläge und Hilfe bitten. Darüber hinaus war Heide Simonis ein kollegiales, freundschaftliches Verhältnis wichtig. Wenn einer ihrer Mitarbeiter krank war, rief Simonis sogar ihren eigenen Hausarzt an, um einen schnellen Termin zu vereinbaren. Für ihren fürsorglichen, gar mütterlichen Umgang erhielt sie von ihren engsten Mitarbeitern den Spitzennamen „Florence Nightingale“[361]. Sie betonte ihre Autorität als Chefin nicht, wollte in der Staatskanzlei offenbar eher geliebt als gefürchtet werden. Hier duzte man sich, tauschte auch Privates aus. Dass sie als Frau die Vorgesetzte war, wurde von ihren männlichen Mitarbeitern nicht thematisiert.[362]

Simonis, der zwar der Ruf der knallharten „Macherin“ vorauseilte, war hinter ihrer harten Fassade augenscheinlich auch dünnhäutig. Um die im politi-

358 Fertmann, Ludger: Das Ansehen ist ramponiert. In: Hamburger Abendblatt, 25.10.1996.

359 Haarhoff, Heike: Minister auf der Flucht. In: die tageszeitung, 2.3.2000.

360 Wenz, Dieter: Pointiertes öffentliches Urteil. In: Frankfurter Allgemeine, 30.10.1997.

361 Florence Nightingale (1820-1910) war eine britische Krankenschwester, die die moderne Krankenpflege maßgeblich beeinflusste.

362 Vgl. Meyer, Antje: Heide Simonis. S. 108; Krause-Burger, Sibylle: Heide Simonis. S. 175; Groth, Gisela: Preußisch locker. In: Lübecker Nachrichten, 30.5.1993; vgl. Gerhard Hildenbrand im Gespräch mit Antje Meyer. In: Meyer, Antje: Heide Simonis. S. 128.

schen Alltag immer wieder auftretenden Attacken und Auseinandersetzungen durchzustehen, umgab sich die Kieler Regierungschefin mit treuen Vertrauten, die sie mit den nötigen Streicheleinheiten versorgten. Sie suchte hier offenbar nach persönlichen Beziehungen, die sie stärkten, um auch emotional im Politikalltag zu bestehen, die Erfolge teilten und in Krisensituationen halfen. Simonis' privates Leben als Ministerpräsidentin war praktisch auf wenige Tage im Jahr reduziert. Wenn sie abends nach Hause kam, wartete meist niemand auf sie. Ihr Mann arbeitete unter der Woche in Berlin, das Paar war kinderlos und wie Simonis in ihrer Autobiografie schreibt, waren Freundschaften aufgrund des Zeitmangels auch eher schwer aufrecht zu erhalten.[363] Ihre engsten Mitarbeiter gehörten somit zu ihrer Ersatzfamilie. Kennzeichnend für ihr Küchenkabinett war offenbar vor allem ein hohes Maß an Zusammengehörigkeitsgefühl, uneingeschränkter Loyalität und absolutes Vertrauen. Diese persönlichen Beziehungen waren gar schon von familiärer Intensität. Derart nahe Beziehungen im Berufskontext bergen die Gefahr, dass Kritik nicht immer konstruktiv geäußert wird, um den anderen nicht emotional zu kränken. Die persönliche Nähe von Simonis und Gärtner war im Hinblick auf die sachliche Auseinandersetzung offensichtlich nicht immer von Vorteil.

In Krisensituationen und bei persönlichen Niederlagen zog sich Simonis in die Staatskanzlei zurück und igelte sich dort mit ihren Mitarbeitern ein.[364] Manch einer im Kabinett und in der SPD-Fraktion beäugte diese „Bunkermentalität" skeptisch als „selbst gewählte Isolation unter der Käseglocke Staatskanzlei"[365]. Demnach war die Kieler Staatskanzlei für Heide Simonis nicht nur die Machtzentrale, die pragmatisch ihr Regierungshandeln als Ministerpräsidentin organisierte und ausführte, sondern eben auch ein Rückzugsort, zu dem keiner unbefugt Zugang erhielt.

---

363 Vgl. Simonis, Heide: Unter Männern. S. 190.

364 Höver, Peter: Von „Wolke sieben" ins seelische Tief? In: Kieler Nachrichten, 30.11.1996.

365 Kluth, Michael: Sie ist nervös. In: Hamburger Abendblatt, 16.6.1998.

5.2.2 Der Zerfall der „Familie"

Küchenkabinette existieren meist nur für eine begrenzte Zeit. Jeder Berater und Mitarbeiter hat seinen bestimmten Platz im inneren Kreis der Macht. Verlässt jemand das eingespielte Team, ist es oft schwierig, geeigneten Ersatz zu finden. Vertrauen und persönliche Nähe lassen sich eben nicht ad hoc herstellen.[366] Das Auseinanderbrechen von Heide Simonis' „Familie" verlief langsam und schleichend. Als erstes verließ Jutta Ziehm die Staatskanzlei in den Ruhestand. Dann wechselte Knud Büchmann im Jahr 2004 als Abteilungsleiter ins schleswig-holsteinische Landesministerium für Wissenschaft, Wirtschaft und Verkehr. Sein Nachfolger wurde Stefan Musiolik. Bis zum Ende von Simonis' Zeit als Ministerpräsidentin war nur Gerhard Hildenbrand als letztes Mitglied ihres bewährten Küchenkabinetts geblieben.

Als schwerster Verlust erwies sich der Weggang von Klaus Gärtner. Er hatte während der Koalitionsgespräche mit den Grünen nach der Landtagswahl 2000 einen Schlaganfall erlitten und war über ein halbes Jahr nicht arbeitsfähig.[367] Ohne seine „koordinierende Hand" – so hieß es von Insidern – lief in der Staatskanzlei so „manches aus dem Ruder"[368]. Nicht vollständig genesen, kehrte er als Chef der Staatskanzlei zurück, doch mit der Führung der Kieler Regierungszentrale war er überlastet. Er beriet die Kabinettschefin nachteilig und ihm unterliefen zunehmend Fehler. Gärtner wurde vorgeworfen, dass ihm „der Blick für die Proportionen verloren gegangen" sei und er Simonis „im Kleinkram verzettele".[369] Seiner Chefin wurde seit seinem Ausfall mehrmals Führungsschwäche und Autoritätsverlust konstatiert. Derweil wurde die Verbindung zwischen Simonis und Gärtner als Abhängigkeitsverhältnis beschrieben.[370] Simonis hielt jedoch zunächst mit „absoluter Loyalität"[371] an ihrem Staatssekretär fest.

366 Müller, Kay; Franz Walter: Graue Eminenzen der Macht. S. 198.

367 Vgl. Wilke, Uta: Gärtner: Ich habe schlicht etwas übersehen – dreimal. In: Kieler Nachrichten, 5.11.2002.

368 Goos, Diethart: Abgetaucht: Heide Simonis macht sich in Öffentlichkeit rar. In: Die Welt, 5.10.2000.

369 Höver, Peter: Von „Wolke sieben" ins seelische Tief? In: Kieler Nachrichten, 30.11.1996.

370 Vgl. Goos, Diethart: Der alte Schwung ist hin. In: Die Welt, 28.7.2000; Wenz, Dieter: Die Niederlagen einer Wahlsiegerin. In: Frankfurter Allgemeine, 29.11.2000.

Ein folgenschwerer Fehler, der Gärtner in der Zeit kurz nach seiner Krankheit unterlief, zog die so genannte „Kieler Schloss-Affäre“ im Jahr 2002 nach sich. Auslöser der Affäre war die Veröffentlichung über die dubiosen Geschäfte des früheren Expo-Beauftragten und Bediensteten der Kieler Staatskanzlei Karl Pröhl beim Verkauf des landeseigenen Kieler Schlosses. Pröhl agierte als Vorstandsmitglied des interessierten Käufers, der B&B Firmengruppe Falk Brückners, obwohl er noch als Landesbediensteter beschäftigt war. Bald wurde diese Angelegenheit in den Medien als Affäre identifiziert. Es stellte sich die Frage, inwieweit und zu welchem Zeitpunkt die Ministerpräsidentin über die Vorgänge in ihrer Staatskanzlei informiert gewesen war. Der zur Klärung eingeleitete parlamentarische Untersuchungsausschuss des Landtages beschäftigte sich dann mehr mit den Aussagen von Heide Simonis und ihrer Glaubwürdigkeit, wann sie über Pröhls Nebenbeschäftigungen erfahren habe, als mit der Affäre selbst. Als Dienstvorgesetzter von Pröhl übernahm Klaus Gärtner die politische Verantwortung und ging im März 2002 in den einstweiligen Ruhestand. Aus dem Umkreis Gärtners hieß es, er habe zuletzt nur noch Simonis schützen wollen. Seine Nachfolgerin wurde Ulrike Wolff-Gebhardt.[372]

371 Stüben, Heike: Klaus Gärtner: Mit seinem Rücktritt verliert Simonis ihren engsten Mitarbeiter. In: Kieler Nachrichten, 13.3.2002.

372 Vgl. Wenz, Dieter: Aus dem Schneider? In: Frankfurter Allgemeine, 21.12.2002; Christen, Ulf B.: Wer ist eigentlich Karl Pröhl? In: Hamburger Abendblatt, 27.3.2002.

5.3 Das Frausein bei Heide Simonis: Nutzen oder Hindernis?

5.3.1 Die Bedeutung des Frauseins

„Die erste Frau an der Spitze“ oder „Die Erste“[373] – so oder ähnlich wurde die Wahl von Heide Simonis zur Ministerpräsidentin im Frühjahr 1993 in den Medien betitelt. Einige Kommentare sahen diesen Umstand als ein „Ereignis mit historischer Verspätung in der deutschen Geschichte“[374]. Zum ersten Mal übernahm eine Frau das höchste Regierungsamt in einem Bundesland und stand von nun an auf gleicher Augenhöhe mit ihren männlichen Amtskollegen. Das Kieler Ereignis war ein Novum und zugleich ein mediales Spektakel, zumal die Hintergründe ihrer Wahl, das Ende von Björn Engholm als Ministerpräsident und als SPD-Bundesvorsitzender, eine politische Ausnahmesituation darstellten. Heide Simonis wurde von Journalisten häufig zu ihrem Status als erste Frau im Amt der Ministerpräsidentin befragt. Und ostentativ begründete sie ihre Karriere damit, die „Alibifrau“ gewesen zu sein, die ihre Chance erst bekommen habe, weil „Männer eine Sache in den Sand gesetzt haben“[375]. Als „Alibi“ zur Rettung von Situationen nämlich, in denen entweder eine Frau ein attraktives „Kontrastprogramm“ in und für ihre Partei darstellte oder wenn sich die SPD fortschrittlicher geben konnte, indem eine bestimmte Position mit einer Frau besetzt wurde. Simonis machte während ihrer politischen Karriere die Erfahrung, dass sie als Frau in der politischen Machtarena eine Ausnahmeerscheinung war. Auf ihre weibliche Pionierrolle wies sie selbst wiederholt hin: Sie war die jüngste Frau im Bundestag, die jüngste und erste SPD-Politikerin im Haushaltsausschuss des Bundestages, die erste SPD-Finanzministerin eines Bundeslandes und schlussendlich die erste Frau, die das Amt der Ministerpräsidentin bekleidete. Das „Frausein“ erhielt über die Jahre eine ständig oszillierende Bedeutung. Simonis begriff dieses Moment als Chance, um damit politisch aufzusteigen. Aber auch als Ministerpräsidentin nutzte sie ihr Frausein:

---

373 Vgl. Heide Simonis: Erste Frau an der Spitze. In: Vorwärts, Juni 1995.

374 Vgl. Westhoff, Joachim: Die Erste. In: Westfälische Rundschau, 20.5.1993.

375 Grunenberg, Nina: Die gewiefte Haushälterin. In: Die Zeit, 22.3.1996.

Während der Landtagswahl 2000 beispielsweise warb man mit dem Wahlkampf-Slogan „Unser starker Mann ist eine Frau".

Heide Simonis durchbrach als eine der ganz wenigen Politikerinnen die „gläserne Decke" im politischen Machtbetrieb Deutschlands. Nachdrücklich wies sie auch nach ihrem politischen Ende im Jahr 2005 auf ihre erreichte Position hin: „Ich bin erste, einzige und bisher letzte weibliche Ministerpräsidentin"[376]. Sie wollte Respekt und Ansehen dafür, dass sie die Stufen ihrer Karriereleiter aufgrund ihrer fachlichen Kompetenz und Tüchtigkeit erklommen hatte. Von Beginn an wehrte sich Simonis dagegen, das Etikett „Frauen-Frau" aufgeklebt zu bekommen.[377] Sie selbst bezeichnete sich als Alibi-Frau – also hatte das Frausein auch bei ihr Bedeutung gehabt, aber eben nicht, weil sie sich der AsF angeschlossen oder ihr eine Quote geholfen hatte, politisch aufzusteigen. Sie lernte schnell, dass Feministinnen nicht selten diskreditiert werden: „Mit dem Thema Frauen wirst du höchstens als Familienministerin irgendwo landen"[378], war eine frühe Erkenntnis. Als „Frauen-Frau" oder „Partei-Emanze", die sich für die gesellschaftliche und politische Gleichberechtigung der Frau einsetzt, verzichten die exponierten Vertreterinnen der AsF bewusst auf viele andere inhaltlich-politische Entwicklungsmöglichkeiten. Die aktive Mitarbeit in der AsF bindet Ressourcen und Arbeitskapazitäten, die in anderen Parteigremien weniger stark eingebracht werden können und die Durchsetzungsfähigkeit daher in anderen Fachgebieten einschränkt. Darüber hinaus ist das Interesse der männlichen Kollegen für das Engagement der innerparteilichen Frauenorganisation – so zeigt es die politische Praxis nach wie vor – eher gering.[379]

Heide Simonis vermied deshalb bereits zu Beginn ihrer Karriere, frauenpolitische Themen aufzugreifen und wollte im Bundestag nicht in die üblichen „Frauen-Ausschüsse" entsandt werden. Schließlich war es nicht die geforderte Besserstellung der Frauen in der Gesellschaft, die sie bewog, in die SPD einzu-

---

376 Heide Simonis im Gespräch.

377 Vgl. Meyer, Antje: Heide Simonis, S. 31.

378 Heide Simonis zitiert nach Kahlweit, Cathrin: Damenwahl. S. 78.

379 Vgl. Meyer, Birgit: Frauen an die Macht!? Politische Strategien zur Durchsetzung der Gleichberechtigung von Mann und Frau. In: Aus Politik und Zeitgeschichte, B 9-10, 1987, S. 21.

treten, sondern das Interesse an entwicklungspolitischen Themen. Sie grenzte sich bewusst von denjenigen Genossinnen in der Partei ab, die eine verstärkte Repräsentanz von Frauen in politischen Positionen forderten.[380] Als Heide Simonis 1993 zur ersten Ministerpräsidentin gewählt wurde, äußerten sich frauenbewegte Politikerinnen wie die damalige AsF-Vorsitzende Inge Wettig-Danielmeier zwiespältig zum Aufstieg der Parteikollegin. Zum einen wurde dieses Ereignis als übergreifender Erfolg gefeiert, andererseits ärgerte sich Wettig-Danielmeier über Simonis rigorose Distanzierung zu den innerparteilichen Frauengruppen: „Ich fänd' es gerechter, wenn sie klarmachen würde, dass sie letztlich doch eine Quotenfrau ist."[381] Die AsF-Frauen warfen der kinderlosen Simonis vor, eine „männliche Frau" zu sein.[382] Auch wurde ihr vorgeworfen, sie mache ihre Karriere auf Kosten anderer Frauen, weil sie „im Jagdrevier der Männer wildert"[383].

Gewiss konnte Simonis ihre weibliche Pionierrolle nur vor dem Hintergrund erlangen, dass es in den siebziger und verstärkt in den achtziger Jahren eine „bewusstseinsändernde, türenöffnende Quotendiskussion"[384] in der SPD gab. Sie wusste diese innerparteiliche Entwicklung zu schätzen: „Ich gehöre zu den Frauen, die in der Partei eigentlich immer Glück gehabt haben, denen die Partei auch Chancen geboten hat."[385] Schon vor der konstitutiven Einführung einer innerparteilichen Quotenregelung im Jahr 1988, bei der Besetzung aller Gremien einen Frauenanteil von mindestens vierzig Prozent vorsieht, wurde die gesellschaftliche Forderung lauter, mehr Frauen den Weg in die Politik zu ermöglichen. Insbesondere Simonis' eigener schleswig-holsteinischer Landesverband sah die Bedeutung eines paritätisch erhöhten Frauenanteils als zu unterstützendes Erfordernis früher als andere SPD-Landesverbände. Bereits im Jahr 1971 lag der Frauenanteil in der Landes-SPD bei 23 Prozent, auf Bundes-

380 Vgl. Kahlweit, Cathrin: Damenwahl. S. 78.

381 Inge Wettig-Danielmeier zitiert nach Mika, Bascha: „Ich bin wahnsinnig zäh". In: die tageszeitung, 15.5.1993.

382 Gespräch mit Heide Simonis.

383 Vgl. Kahlweit, Cathrin: Damenwahl. S. 151.

384 Mika, Bascha: „Ich bin wahnsinnig zäh". In: die tageszeitung, 15.5.1993.

385 Heide Simonis. In: die tageszeitung, 3.5.1993.

ebene dagegen bei 17,8 Prozent.[386] In Schleswig-Holstein gab es mit Lianne Paulina-Mürl die erste weibliche Landtagspräsidentin, die erste weibliche Fraktionsvorsitzende Ute Erdsiek-Rave und die erste Landesfinanzministerin Heide Simonis.

Faktisch lässt sich Anfang der achtziger Jahre ein quantitativer Anstieg von Frauen in der Politik feststellen.[387] Nicht zuletzt weil das Frauenthema zur politischen Modediskussion wurde. Der erste, der auf den „Frauen-Sympathie-Bonus" setzte, war 1986 Gerhard Schröder als SPD-Spitzenkandidat zur Landtagswahl in Niedersachsen. Er erkor mit Inge Wettig-Danielmeier, Heide Pfarr und Eva Kaiser ein „paritätisch besetztes Wahlkampf-Team"[388]. Diesem Trend folgten auch andere Männer in der SPD, wie Björn Engholm bei seiner Kabinettsbesetzung im Jahr 1988. Die Anzahl der Frauen, die die „gläserne Decke" durchbrechen konnten und damit eine der prestigeträchtigen, hoch angesehenen Spitzenpositionen erhielten, blieb jedoch weiterhin recht überschaubar: Von den vierzig Ministerinnen und Senatorinnen, die 1993 in den 16 Landes- und Stadtstaatenparlamenten vertreten waren, waren lediglich Christine Bergmann (SPD) in Berlin und Mathilde Berghofer-Weichner (CSU) in Bayern Stellvertreterinnen des Regierungschefs. Auch innerhalb der SPD scheiterten Frauen – trotz der Einführung der Quote 1988 –, bis an die Spitze zu gelangen. Zwar übernahmen sie Stellvertreter-Funktionen, der Parteivorsitz hingegen blieb Männern vorbehalten. Diese Erfahrung machte auch Simonis' Parteifreundin Heide Wieczorek-Zeul, als sie 1993 bei der Urabstimmung für den Parteivorsitz kandidierte.[389]

5.3.2 „Unter Männern"

Ihr Leben lang arbeitete Heide Simonis in Bereichen, die lange Zeit vorwiegend Männerdomänen waren. Mit Ausnahme ihrer Schulzeit auf einem Mäd-

386 Jahrbuch der Sozialdemokratischen Partei Deutschlands 1970/71, Bonn-Bad Godesberg o. J., S. 309.

387 Vgl. Hoecker, Beate: Politische Partizipation von Frauen: Kontinuität und Wandel des Geschlechterverhältnisse in der Politik. Ein einführendes Studienbuch. Opladen 1995.

388 Schnitger, Elke: Frauen und Parlamente. S. 148.

389 Vgl. Fertmann, Ludger: Noch nie gab es eine Landesmutter. In: Holsteinischer Courier, 5.5.1993.

chengymnasium, hat sie sich augenscheinlich von eigenen Interessen oder dem Vorbild des Vaters leiten lassen: Ob nun mit der Wahl des Studiums der Volkswirtschaft in den 1960er Jahren, der Arbeit in Wirtschaftsunternehmen und im Arbeitsamt Kiel, als Finanzexpertin im Haushaltsausschuss im Bundestag, als Finanzministerin oder Ministerpräsidentin – Heide Simonis strebte eigene Karriereziele an, ohne sich nach gesellschaftlichen Zwängen oder Konventionen zu richten. Beruflich machte sie sich frei von den Pflichten als Hausfrau und Mutter, die vom alleinverdienenden Ehemann abhängig ist. Es mag der Widerstand gegen das Rollenbild ihrer Mutter und zugleich das Anliegen der väterlichen Erziehung gewesen sein, die Simonis antrieben, als Frau selbständig auf eigenen beruflichen Beinen zu stehen. Der Wille selbständig zu sein, führte ihren Weg schließlich auch in die Politik.

Simonis beschrieb in ihrer Biographie ihre Erfahrung, dass Weiblichkeit von manchem Mann als ein Defekt angesehen werde, der nur durch eine besondere Leistungsfähigkeit kompensiert werden könne.[390] Bei ihrem Regierungsantritt zur Ministerpräsidentin wurde nach eigener Aussage häufig die unterschwellig mitschwingende Frage gestellt: „Kann sie das denn überhaupt?!“[391]. Was bei jedem männlichen Konkurrenten als Selbstverständlichkeit vorausgesetzt wird, musste Simonis mehrmals in den Medien betonen: „Natürlich traue ich mir das Amt der Ministerpräsidentin zu.“[392] Als einzige Frau in der Reihe ihrer Ministerpräsidentenkollegen oder bereits im Haushaltsausschuss des Bundestages, in dem überwiegend Männer vertreten waren, schien ihre Position offensichtlich nicht immer einfach gewesen zu sein. In Verhandlungen wurde sie mit Äußerungen bezüglich ihres Frauseins konfrontiert, die nicht immer das Sachthema betrafen: „Die haben mich behandelt wie ein sechzehnjähriges Mädchen, mit den Augen gerollt und eine wegwischende Handbewegung gemacht, wenn ich was gesagt habe.“[393] Simonis hatte am eigenen Leib erfahren, dass einer Frau, sobald sie eine begehrte und erstrebenswerte Position einnimmt, ihre Kompetenz und ihr Sachverstand von Männern

390 Vgl. Simonis, Heide: Unter Männern. S. 73.

391 Ertel, Manfred; Hans-Jörg Vehlewald: „Tief nach Luft schnappen“. In: Der Spiegel, 14.2.1994.

392 Mika, Bascha: „Ich bin wahnsinnig zäh“. In: die tageszeitung, 15.5.1993.

393 Gespräch mit Heide Simonis.

als unzureichend befunden werden. Und dieses Prädikat scheint alleinig auf das Frausein reduziert zu sein. Dagegen werde bei der Bewertung zwischen Männern lediglich nach deren Beliebtheit unterschieden, deren Können werde nicht hinterfragt.[394] Sie wollte von den Bürgerinnen und Bürgern, aber auch von ihren Kollegen aufgrund ihrer Leistung akzeptiert und bewertet werden und nicht vor dem Hintergrund, dass sie eine Frau ist.[395] Ihren Status als Außenseiterin in der männlichen Machtarena Politik wurde zu Beginn ihrer Karriere von ihr häufig folgendermaßen beschrieben: „Ich war die kleine Tomate auf der Fleischplatte, die Ziertomate, sehr lange."[396] Simonis empfand, dass sie in Männerrunden zu etwas Dekorativem degradiert wurde, das nur zur Zierde da sei, aber nicht zum Wesentlichen – zur Fleischplatte eben – dazugehöre. Diese Metapher gibt Aufschluss über einen Mechanismus unter Männern, sie als Frau nicht ernst nehmen zu müssen und sie als Konkurrentin gar nicht erst auf Augenhöhe anzuerkennen.

Heide Simonis musste im Laufe ihrer politischen Karriere lernen, mit dieser Degradierung umzugehen und Strategien entwickeln, sich durchzusetzen. Sie glich sich im Stil und im Habitus ihren männlichen Kollegen an. Insbesondere während ihrer Zeit im Bundestag durchlief sie einen Prozess: Laut Antje Meyer neigte Simonis dazu, sich in einer großen Männerrunde mit einem „burschikosen und kumpelhaften Stil und einer deftigen Wortwahl"[397] Gehör und damit Respekt als ebenbürtige Kollegin zu verschaffen. In diesem Zusammenhang empfahl Simonis ihren Kolleginnen: Für den Beruf der Politikerin müsse man zäh sein und Empfindlichkeiten ablegen können, um von allen gleichermaßen akzeptiert zu werden. Vordergründig streifte sie sämtliche Emotionalität ab, denn um sich durchsetzen zu können, bräuchten „Frauen ein gesundes Maß an Aggressivität, was aber nicht mit blindem Umherschlagen"[398] verwechselt werden dürfe. Simonis beherrschte die (männlichen) Machttechniken, um sich nicht unterkriegen zu lassen. Sie wollte sich als gleichberechtigte

394 Vgl. Ertel, Manfred; Hans-Jörg Vehlewald: „Tief nach Luft schnappen". In: Der Spiegel, 14.2.1994.

395 Andresen, Karen: Ein Fuß auf der Bananenschale. In: Der Spiegel, 10.5.1993.

396 Meyer, Antje: Heide Simonis. S. 103.

397 Ebd., S. 114.

398 Heide Simonis zitiert nach Heide Simonis' Erfolgsrezept: Flirten allein genügt nicht. In: Die Welt, 17.9.1993.

Konkurrentin verstanden wissen, die auch eine Führungsrolle annehmen konnte.[399] Sie selbst sagte von sich, sie sei eher eine „männliche Politikerin“[400]: „Lieber gelte ich als weiblicher Napoleon, als dass ich mir Führungsschwäche vorwerfen lasse.“[401] Die erste Ministerpräsidentin Deutschlands war stets bemüht, mindestens genauso entschlossen und vehement zu reagieren wie ein Mann: „Wenn es sein muss, haue ich auf den Tisch. Leute wie Kohl, Stoiber oder Biedenkopf machen das schließlich auch.“[402] Mit dieser Art der Machtdemonstration hatten besonders die männlichen Minister in Simonis' Kabinett ihre Schwierigkeiten. Während ihrer drei Legislaturperioden musste Simonis ihr Kabinett immer wieder neu besetzen, da viele ihrer Minister offenbar die Zusammenarbeit unter anderem aufgrund des „rauen Simonis-Tons am Kabinettstisch“[403] beendeten.

Gleichzeitig war es bezeichnend für den Führungsstil von Simonis, dass sie im Laufe ihrer Regierungszeit immer mehr Frauen in ihre Ministerriege einband. Seit 2000 bildeten die Frauen sogar die Mehrheit im Kabinett.[404] Weiterhin fällt auf, dass die „gewichtigen“ Landesministerien wie das Finanz-, Wirtschafts- oder Innenministerium auch in der Regierung Simonis nicht von Frauen geleitet wurden. Die klassische Ressortverteilung bestand somit auch unter der Regierungsleitung von Simonis. Auch wenn Simonis mehr Frauen ins Kabinett holte, kann hier nicht von weiblicher Solidarität oder Frauenförderung gesprochen werden. Vielmehr gab es verlautbare Stimmen, die behaupteten, ausgerechnet die Frauen in den Kabinettsrunden würden derart grob behandelt, „dass es manchmal Tränen“[405] gab. Es ist zu vermuten, dass Simonis sich Frauen gegenüber überlegen gefühlt hatte und diese sich einen hierarchischen Umgang eher gefallen ließen. Bei der Zusammenarbeit mit Frauen ging

399 Mika, Bascha: „Ich bin wahnsinnig zäh“. In: die tageszeitung, 15.5.1993.

400 „Ich habe ernsthaft überlegt, aus der Partei auszutreten“, Interview mit Heide Simonis. In: Süddeutsche Zeitung, 14.4.2005.

401 Heide Simonis zitiert nach Schrep, Bruno: „Heide, Heide, Heide“. In: Der Spiegel, 29.6.1998.

402 Heide Simonis zitiert nach ebd.

403 Altenbockum, Jasper von: Frische Kraft für ungeliebte Aufgaben. In: Frankfurter Allgemeine, 23.9.1995.

404 Vgl. Simonis regiert mit Frauenpower. In: Flensburger Tageblatt, 29.3.2000.

405 Zitiert nach Schrep, Bruno: „Heide, Heide, Heide“. In: Der Spiegel, 29.6.1998.

Simonis offenbar davon aus, dass sie durch die Demonstration der vermeintlich Männern in nichts nachstehenden Führungsstärke auf geringeren Widerstand stoße. Simonis' Führungsstil wurde häufig als nicht moderierend sondern eben autoritär wahrgenommen. Die Frauen im Kabinett ließen sich offenbar nach Simonis' Meinung eher der Führungsdisziplin unterordnen als Männer. Sie war scheinbar nicht in der Lage, einen kollegialen, kooperativen Arbeitsstil zwischen Männern wie auch Frauen gleichermaßen im Kabinett anzuleiten.

5.4 Das Verhältnis zur schleswig-holsteinischen SPD

5.4.1 Simonis und der Landesverband: Ein ambivalentes Verhältnis

Heide Simonis hatte innerhalb des SPD-Landesverbandes nie ein höheres Amt inne. In der Anfangsphase ihrer politischen Karriere war sie von 1972 bis 1976 Mitglied des Kreisvorstandes in Kiel und hatte sich durch die Übernahme dieses innerparteilichen Amtes abgesichert, um dadurch politisch aufsteigen zu können. Seit ihrem Einzug in den Bundestag als Abgeordnete im Jahr 1976 hatte Simonis jedoch keinen Parteiposten in der Landes-SPD übernommen. Sie war offenbar nie darin bestrebt, Mitglied des Parteirates zu werden oder ein anderes höheres Parteiamt zu übernehmen. Zudem gilt in der schleswig-holsteinischen SPD die traditionelle Trennung zwischen Landtagsmandat und Landesvorsitz der Partei. Deshalb hatten weder Björn Engholm noch Heide Simonis als Ministerpräsidenten den Parteivorsitz des Landesverbandes inne. Darüber hinaus hatte Simonis gleich zu Beginn als Ministerpräsidentin betont, nie die „Über-Mami“[406] der Partei werden zu wollen. Im Verlauf ihrer politischen Karriere hatte Simonis die Erfahrung gemacht, dass sie für ihren Aufstieg keine breite Absicherung in Parteiämtern benötigt. Vielmehr war im Gegenteil ihre relative Ferne zu den Führungsämtern der schleswig-holsteinischen Landes-SPD entscheidend für den Sprung ins Ministerpräsiden-

406 „Tief nach Luft schnappen“, Interview mit Heide Simonis. In: Der Spiegel, 14.2.1994.

tenamt gewesen. Sie thronte unbeschädigt über den Niederungen der parteiinternen Macht- und Grabenkämpfe.[407]

Vor ihrem Amtsantritt im Mai 1993 war die schleswig-holsteinische SPD folgenschwer erschüttert worden: Auch der eigene Landesvorstand und der Ministerpräsident Björn Engholm hatten im Zuge der „Barschel-Affäre" nicht die Wahrheit gesagt und ihr Krisenmanagement hatte versagt. Als Simonis die Nachfolge Engholms antrat, wurde sie von ihrer Parteibasis nicht geliebt, denn als Landesfinanzministerin hatte sie einen strikten Sparkurs verfolgt. Doch wurde Simonis wegen ihrer Sachkompetenz geachtet. Von Vorteil für die Landes-SPD war, mit ihr eine Führungsperson gefunden zu haben, die in der Öffentlichkeit einen symbolischen Schlussstrich unter die Affären setzen konnte. Dass die schleswig-holsteinische SPD als erste Partei das Novum einer Frau im Amt der Ministerpräsidentin anführen konnte, spielte zunächst eine untergeordnete Rolle.[408]

Die mit dem Amtsantritt von Simonis verbundene Hoffnung vieler Genossen, auch die Landespartei neu zu positionieren und sich wieder als politisch links zu profilieren, wurde jedoch bald enttäuscht. Dies hatte Simonis sich selbst auch nicht zur Aufgabe gemacht. Simonis wusste offenbar, dass sie es schwer haben würde, in die Fußstapfen ihres Vorgängers zu treten, der auf Landesparteitagen die sozialdemokratischen Herzen erwärmte und fürsorgliche Streicheleinheiten lieferte. Während ihrer ganzen Regierungszeit hielt Simonis Abstand zur Landes-SPD und war darauf bedacht, nur die unbedingt notwendige Nähe als SPD-Regierungschefin zum eigenen Landesverband zuzulassen. Der unter den Genossen in Schleswig-Holstein anwachsende Verdruss über Simonis hing zutiefst mit dem „unbewältigten Abschied"[409] des charismatischen Lübeckers Engholm zusammen. Als „Björn-out-Syndrom"[410] wurde in Kiel dieses Phänomen beschrieben. Während Engholm „stets den Kontakt zur

407 Vgl. Hassenstein, Reinhardt: Enttäuschung über machtpolitische Alleingänge der SPD. In: Handelsblatt, 16.1.1995.

408 Vgl. Maletzke, Erich: Von Null auf 400 Silben in nur einer Minute. In: Flensburger Tageblatt, 5.5.1993; vgl. Bolesch, Cornelia: Tatkraft – eine Seelentherapie nach Kieler Art. In: Süddeutsche Zeitung, 5.5.1993.

409 Schrep, Bruno: „Heide, Heide, Heide". In: Der Spiegel, 29.6.1998.

410 Ebd..

Basis suchte“[411], hielt seine Nachfolgerin Distanz. Schaltete sich Engholm in innerparteiliche Diskussionen – selbst bei kontrovers geführten Reizthemen – ein, blätterte sie demonstrativ gelangweilt in Zeitungen, um dann ohne Rücksicht auf die Stimmung an der Basis zu verkünden, was sie als Regierungschefin für notwendig erachtete. Ihr Regierungskurs wurde von der Basis oftmals zähneknirschend akzeptiert. Dabei wurde gerade ihre Regierungspolitik häufig kritisiert, da sich diese weniger an langfristigen Projekten als an tagespolitischen Entscheidungen orientierte.[412] Die „angelernte Traditionslinke“[413] ist mit den Jahren pragmatisch gar zur rationalen Sachverwalterin geworden und konnte ihren Genossen sozialdemokratische Visionen nicht bieten.

Die Distanz zur Landespartei hatte jedoch etwas Positives, so blieb die Regierung in Simonis' erster Regierungsperiode von der Krise der Partei verschont. Zudem erhielt Simonis bei den Bürgern größere Zustimmung als die Landes-SPD. Heide Simonis wurde eben offenbar nicht primär als Sozialdemokratin wahrgenommen, sondern als Ministerpräsidentin. Für die Regierungschefin waren einerseits das öffentlich bekundete Vertrauen und der Rückhalt der Landespartei, andererseits aber eben auch der gewisse Abstand in der Öffentlichkeit eine entscheidende Machtressource.

Nach der Landtagswahl 1996 – die SPD verlor 6,4 Prozent und damit nach achtjähriger Alleinherrschaft die absolute Mehrheit[414] – wurde das Verhältnis von Simonis zu ihrem Landesverband schwieriger. Der Eintritt in eine Koalition mit den in den Kieler Landtag erstmals eingezogenen Grünen war für Heide Simonis kein leichter Schritt. Denn vor der Landtagswahl hatte sie verkündet, dass sie keinesfalls mit den Grünen eine Koalition eingehen wolle, sondern wieder für die absolute Mehrheit kämpfe. Zudem war sie nach den Stimmenverlusten der SPD auch offen für ein Bündnis mit der FDP.[415] Dafür

411 Maletzke, Erich: Die Kindereien der Männer. In: Deutsches Allgemeines Sonntagsblatt, 4.2.1994.

412 Vgl. Martenson, Sten: Unverblümt, politisch klug und auch noch wetterfest. In: Stuttgarter Zeitung, 11.4.1994.

413 Höver, Peter: Ab heute „First Lady“. In: Kieler Nachrichten, 19.5.1993.

414 Zuvor regierte die SPD jedoch mit nur einer Stimme Mehrheit allein. Vgl. Mnich, Peter: Die schleswig-holsteinische Landtagswahl vom 24. März 1996. S. 635.

415 Vgl. Maltzan, Carsten: Es wird gefeiert, dass die Heide wackelt. In: Flensburger Tageblatt, 2.7.1998.

reichte allerdings die Mehrheit im Landtag nicht aus. Im SPD-Landesverband wiederum gab es eine überwältigende Mehrheit für das Regierungsbündnis mit den Grünen. Die Koalitionsverhandlungen gestalteten sich langwierig, es gab Streitereien und es kamen Spekulationen über Simonis' Lustlosigkeit auf.

Nach der Bundestagswahl 1998 wurden ihr bundespolitische Ambitionen nachgesagt. Im Landesverband kam daraufhin eine Diskussion um ihre Nachfolge auf: Der frühere Landesvorsitzende sowie Europa- und Justizminister Gerd Walter, die SPD-Landtagsfraktionschefin Ute Erdsiek-Rave und auch Finanzminister Claus Möller wurden als mögliche Nachfolger gehandelt.[416] Doch Simonis blieb in Kiel. Sie versuchte zudem die Gerüchte über ihre Amtsmüdigkeit rigoros zu unterbinden, indem sie ihre Bereitschaft verkündete, wieder als Spitzenkandidatin bei der Landtagswahl 2000 antreten zu wollen.[417] Die Unzufriedenheit unter den Sozialdemokraten mit ihrer Ministerpräsidentin blieb. Je länger Simonis regierte, desto lauter wurde die Kritik aus den eigenen Reihen. Mit vorgehaltener Hand klagten Genossen: „Simonis sei verbraucht und ohne politische Strategie".[418] Zwar blieben die „Heckenschützen im Dunkeln"[419], sie stellten jedoch Simonis Autorität durch Gerede über ihre Befähigung als Ministerpräsidentin in Frage. Besonders die „Kieler Schloss-Affäre" im Jahr 2002 trug dazu bei, dass in der schleswig-holsteinischen SPD über die Zeit *nach* Heide Simonis nachgedacht wurde.

So oft die Kritik innerhalb des SPD-Landesverbands an Heide Simonis auch geäußert wurde, waren sich die Sozialdemokraten in Schleswig-Holstein jedoch darüber im Klaren, dass sie mit Heide Simonis eine beliebte Ministerpräsidentin hatten, die bei den Landtagswahlen die wichtigste Sympathieträgerin der SPD war. Es gab keine Alternative zu Simonis, denn in der Landespartei war kein „gleichgewichtiger Ersatz"[420] in Sicht. In den drei Landtagswahlen 1996, 2000 und 2005, die Heide Simonis als Spitzenkandidatin und amtierende Ministerpräsidentin führte, profitierte ihre Partei von ihrer hohen Popularität

416 Vgl. Kluth, Michael: Die drei nach Simonis. In: Hamburger Abendblatt, 6.1.1998.

417 Vgl. Goos, Diethart: Heide Simonis bleibt in Schleswig-Holstein. In: Die Welt, 1.10.1998.

418 Meyer, Cordula: Derbe Flüche, feiner Spott. In: Der Spiegel, 26.05.2003.

419 Plog, Karsten: Theatertratsch im Treppenhaus: Der Tagesspiegel, 30.7.2000.

420 Vgl. Höver, Peter: Wenig Glanz – aber Simonis sitzt fest im Sattel. In: Flensburger Tageblatt, 28.12.2002.

im Land. Das hohe Ansehen der Kieler Regierungschefin bildete für die Partei „eine Art Schutzschild“[421]: Während die Umfragewerte für die SPD mit den Jahren stetig sanken, hätte Simonis bei einer direkten Personenwahl jeden ihrer männlichen Gegenkandidaten geschlagen. In der Bevölkerung war sie „bekannter und populärer als jeder andere SPD-Politiker“[422] in Schleswig-Holstein. Unangefochten galt sie als *das* Zugpferd ihrer Partei in den Landtagswahlkämpfen.[423] Diese große Popularität war ihre größte Machtressource, mit der sie innerparteilich ihre Machtposition sicherte. Insbesondere der letzte Landtagswahlkampf 2005 wurde stark personalisiert auf Heide Simonis zugeschnitten. Das alleinige Wahlprogramm war die Marke „HE!DE“, der Vorname der Spitzenkandidatin mit dem zum Ausrufezeichen umgedrehten ‚i‘. Die Landtagswahl 2005 wurde vom SPD-Landesvorsitzenden Claus Möller – ein langjähriger politischer Freund von Simonis – gegenüber der Presse gar zu „einer Art Volksabstimmung“[424] über Heide Simonis erklärt. Inhaltliche, wahlpolitische Positionierung durch „linke Themen“, wie beispielsweise die Errichtung eines Gesamtschulenmodells nach skandinavischem Vorbild oder die Forderung einer Mehrwertsteuererhöhung, wurden letztlich nur zu Randthemen im Wahlkampf, zumal die Reaktionen der SPD-geführten Bundesregierung auf die Kieler Pläne ablehnend waren.

Das Verhältnis von Heide Simonis zur schleswig-holsteinischen SPD kann deshalb in all den Jahren ihrer Regierungszeit als ambivalent bezeichnet werden. Man könnte es als eine Art Zweckbündnis deuten, denn beide Seiten – Simonis in ihrer Rolle als Regierungschefin und die Landespartei als Organisation – wussten, dass man sich gegenseitig brauchte. Simonis benötigte die Rückendeckung durch ihre Partei bei Regierungsentscheidungen und die Landes-

421 Maletzke, Erich: Die Kindereien der Männer. In: Deutsches Allgemeines Sonntagsblatt, 4.2.1994.

422 Christen, Ulf B.: Heide Simonis weht eine steife Brise ins Gesicht In: Berliner Morgenpost, 7.1.2001.

423 Vgl. hierzu Mnich, Peter: Die schleswig-holsteinische Landtagswahl vom 24. März 1996., S. 628-642; Mnich, Peter: Die schleswig-holsteinische Landtagswahl vom 27. Februar 2000. S. 171-177; Saretzki, Thomas; Ralf Tils: Die schleswig-holsteinische Landtagswahl vom 20. Februar 2005. S. 145-163.

424 Rolf Wiegand zitiert nach Saretzki, Thomas; Ralf Tils: Die schleswig-holsteinische Landtagswahl vom 20. Februar 2005. S. 147.

SPD war auf die „sehr populäre Ministerpräsidentin“[425] angewiesen, um weiterhin an der Regierung beteiligt zu sein.

Das Wahlergebnis der Landtagswahl 2005 – die SPD erzielte 38,7 Prozent und damit 4,4 Prozent weniger als in der Landtagswahl 2000[426] – zeigte, dass Simonis zwar Stimmen für die SPD gewann, die Profillosigkeit der Partei konnte damit jedoch nicht ausgeglichen werden. Der ausschließlich auf die Spitzenkandidatin ausgerichtete Wahlkampf mit dem Wahlziel, Heide Simonis wieder zur Ministerpräsidentin zu machen, schränkte nach der Wahl die Handlungsmöglichkeiten der Landes-SPD ein, denkbare Koalitionsgespräche mit der CDU öffentlich in Erwägung zu ziehen. Schon im Jahr 2003 war innerhalb des Landesverbandes das Interesse vorhanden, „etwas mit der CDU zu machen“[427]. Die Unzufriedenheit einiger Landtagsabgeordneter mit dem grünen Koalitionspartner nahm durch die anhaltenden Querelen zu, beispielsweise im Zusammenhang mit dem umstrittenen Ausbau der Ostseeautobahn.[428] Die Option einer großen Koalition mit der CDU wurde jedoch unter Rücksichtnahme auf Simonis nicht öffentlich bekundet.[429] Vielmehr verfolgte die SPD im Wahlkampf 2005 drei Wahlziele: Das erste Ziel, abermals stärkste Fraktion zu werden, wurde verfehlt, die CDU wurde stärkste Partei im Bundesland. Das zweite Vorhaben, „keine Regierung ohne die SPD“ war zusammen mit dem dritten Ziel, „Heide Simonis bleibt Ministerpräsidentin“ nach der Wahl ebenso schwer zu verwirklichen. Schließlich konnte die SPD sich nicht einfach von Simonis lossagen, ohne dabei an Glaubwürdigkeit einzubüßen.[430] Medienbeobachter sahen jedoch gerade im Abgang von Simonis die Lösung vieler Probleme. Bekanntlich sollte alles anders kommen und Simonis’ Rücktritt ermöglichte die erste Große Koalition in Schleswig-Holstein.

---

425 Saretzki, Thomas; Ralf Tils: Die schleswig-holsteinische Landtagswahl vom 20. Februar 2005. S. 162.

426 Von vierzig Wahlkreisen konnten die Sozialdemokraten lediglich fünfzehn direkt holen. Vgl. Saretzki, Thomas; Ralf Tils: Die schleswig-holsteinische Landtagswahl vom 20. Februar 2005. S. 151.

427 Zitiert nach Meyer, Cordula: Derbe Flüche, feiner Spott. In: Der Spiegel, 26.05.2003.

428 Vgl. ebd..

429 Vgl. Saretzki, Thomas; Ralf Tils: Die schleswig-holsteinische Landtagswahl vom 20. Februar 2005. S. 158.

430 Vgl. Pergande, Frank: Die SPD kann nicht ohne Simonis. In: Frankfurter Allgemeine, 23.2.2005.

5.4.2 Simonis' Verhältnis zur SPD-Landtagsfraktion

Heide Simonis hatte es in ihrer zwölfjährigen Amtszeit als Regierungschefin nicht einfach. Aber es war nicht – wie zu vermuten wäre – in erster Linie die Opposition, die ihr das Leben schwer machte, sondern die Auseinandersetzungen mit der eigenen Fraktion. Über viele Jahre hinweg entwickelte sich in der Kieler SPD-Landtagsfraktion eine unterschwellige Unzufriedenheit über die eigene Regierungschefin, die sich – wie noch zu sehen sein wird – in der Vergeltung eines Fraktionsmitglieds als „politischer Dolchstoß" entlud, als Simonis 2005 eine Stimme zur Wahl als Ministerpräsidentin fehlte. Überraschend war die Tat eines Einzelnen zwar in ihrer Konsequenz, aber der ein oder andere Beobachter fand dafür den kausalen Grund in Simonis' Amtsführung in den Jahren zuvor.

Im Folgenden wird versucht, Aufschlüsse über ihre Führungsstärken und -schwächen durch die Untersuchung ihrer Stellung im Machtdreieck von Parteiführung, Regierungsfraktion und Ministerpräsidentenamt herauszuarbeiten. Generell ist festzuhalten, dass das Vertrauen der eigenen Fraktion eine wichtige Machtdeterminante für die politische Führung des Regierungschefs ist. Eine starke Position von Heide Simonis innerhalb dieses Dreiklangs lässt sich zunächst aus der Tatsache ableiten, dass sie in ihrer konstituierenden Funktion als Regierungschefin maßgeblich die öffentliche Verantwortung der Regierungsarbeit trug. In der Zusammenarbeit und Abstimmung mit der eigenen Landtagsfraktion, die die Regierungsentscheidungen durch ihre Stimmen im Landesparlament zu tragen hatte, kam es ab und an naturgemäß zu kontroversen Meinungen, die je nach (Ver-)Handlungsgeschick der Regierungschefin gelöst oder aber auch verschärft wurden.

Die Landes-SPD forderte in der im Mai 1993 verabschiedeten „Eckernförder Erklärung" neben der gründlichen Aufklärung der Affären und einer stärkeren inhaltlichen Profilierung als linker Landesverband die Beteiligung der Partei an allen „wichtigen Entscheidungen von Regierung und Fraktion"[431]. Als Folge der „Barschel- und Schubladen-Affäre" versuchten der SPD-Landesvorstand und die Landtagsfraktion stärkeren Einfluss auf den Kurs der

431 Große Mehrheit für Simonis. In: Berliner Zeitung, 17.5.1993.

Regierung zu nehmen. Die neue Ministerpräsidentin Heide Simonis hatte das Kabinett Engholms ohne größere personelle Korrekturen übernommen. Dabei erschien diese Ministerriege eher als „eine Verbeugung vor Partei und Fraktion“[432] als ihr eigenes Wunschkabinett. In ihrer Anfangszeit als Ministerpräsidentin hatte Simonis Schwierigkeiten, sich in ihr Amt einzufinden und als Spitze der Landesregierung zu justieren. Auch in der inhaltlichen Ausrichtung ihres Regierungskurses, wie beispielsweise in der Frage der Arbeitszeitverlängerung für Beamte, geriet sie immer mehr an die kurze Leine ihrer eigenen Partei, denn der damalige Fraktionschef Gert Börnsen und der Landeschef Willi Piecyk pfiffen die Ministerpräsidentin in dieser Frage öffentlich zurück.[433] In ihren ersten Regierungsjahren war von Simonis' viel zitierter Durchsetzungsfähigkeit und Konfliktfreude wenig zu erkennen, vielmehr hatte sie sich damals zunächst der vermeintlichen Macht der Fraktion untergeordnet.[434] Sie tat sich schwer, konsequente Entscheidungen zu treffen, diese wurden „eher übervorsichtig und vielfältig abgestimmt“[435].

Diese am Anfang kritisierte Führungsschwäche änderte sich spätestens mit der Landtagswahl 1996. Simonis fand sich in die Rolle der Regierungschefin ein, auch wenn die SPD ihre absolute Mehrheit im Landtag verloren hatte und mit den Grünen eine rot-grüne Koalition eingegangen war. Bei Kritik aus der SPD-Fraktion an ihrem Regierungskurs konnte Simonis im Gegensatz zu Zeiten der Alleinregierung auf die Vereinbarungen mit dem grünen Koalitionspartner verweisen. Die Grünen wurden somit zu ihrer Stütze, wenn es darum ging, sich gegenüber den eigenen Leuten zu rechtfertigen. Nach der anfänglichen Zaghaftigkeit straffte Simonis als Regierungschefin ihren Führungsstil gegenüber ihrer eigenen Fraktion. Zwar ließ sie innerhalb der Kabinetts- und Fraktionssitzungen auch längere Diskussionen zu, ihren eigenen Standpunkt veränderte sie dabei jedoch kaum. Ihr Verhältnis zu den Vorsitzenden der SPD-Fraktion Gert Börnsen, ab 1996 zu Ute Erdsiek-Rave und ab

432 Höver, Peter: Eine Praktikerin ohne Visionen. In: Kieler Nachrichten, 26.8.1993.

433 Vgl. Höver, Peter: SPD-Fraktion rüffelt die Regierungschefin. In: Kieler Nachrichten, 2.10.1993.

434 Höver, Peter: Das Heft in der Hand. In: Kieler Nachrichten, 18.1.1995.

435 Hassenstein, Reinhardt: Enttäuschung über machtpolitische Alleingänge der SPD. In: Handelsblatt, 16.1.1995.

1998 zu Lothar Hay war aufgrund differenzierter Positionen zeitweilig durchaus konfliktreich.[436]

Besonders die außergewöhnliche Konstellation in den Jahren 1996 bis 1998, als neben Heide Simonis mit Ute Erdsiek-Rave ebenfalls eine Frau als Fraktionsvorsitzende agierte, verdient eine nähere Betrachtung: Das Verhältnis beider Frauen kann als vertrauensvoll bewertet werden. Insbesondere nach der verlustreichen Landtagswahl 1996 und dem Schock des Verlusts der absoluten Mehrheit war Erdsiek-Rave eine wichtige Kommunikatorin zwischen der SPD-Fraktion und der Landesregierung. Lange Zeit wurde Erdsiek-Rave sogar als eine potenzielle Nachfolgerin von Simonis gehandelt.[437] So ist anzunehmen, dass Simonis die Fraktionsvorsitzende zwar als kompetent, aber eben auch als Konkurrentin im Hinblick auf die eigene Machtstellung einschätzte. Heide Simonis ernannte Erdsiek-Rave im Jahr 1998 zur Bildungsministerin. Dies kann durchaus als ein machtpolitischer Schachzug von Simonis gewertet werden, da Erdsiek-Rave so in die Kabinettsdisziplin eingebunden wurde.

Immer wiederkehrende Kritikpunkte an Simonis' Regierungsführung waren sowohl „die Perspektivlosigkeit"[438] ihrer Politik als auch der Stil ihres Führens. Hauptvorwurf aus den sozialdemokratischen Fraktionsreihen war politische Kurzsichtigkeit. Sie verwalte das Land mehr, als dass sie es regiere, und auch als Chefin der Landesregierung sei sie eine „auf Haushaltsfragen fixierte, pfennigfuchsende Finanzexpertin"[439] geblieben. Die inhaltliche Regierungsausrichtung wurde vorwiegend von ihren Mitarbeitern in der Staatskanzlei konzipiert und vorbereitet, allen voran von ihrem Staatskanzleichef und engsten Berater Klaus Gärtner. Dass der Liberale einen omnipotenten Einfluss auf die Ministerpräsidentin hatte, wurde oft nur zähneknirschend erduldet: Gegenüber den sozialdemokratischen Landtagsabgeordneten zeigte sich Simonis häufig unnahbar, gefühlskalt und konnte innerhalb der Fraktion nicht das „Gefühl der

---

436 Vgl. u. a.: Höver, Peter: Wenig Glanz – aber Simonis sitzt fest im Sattel. In: Flensburger Tageblatt, 28.12.2002.

437 Vgl. u. a.: Wilke, Uta: Kabinett-Pläne ohne Möller und Franzen. In: Kieler Nachrichten, 7.9.2002.

438 Wenz, Dieter: Pointiertes öffentliches Urteil. In: Frankfurter Allgemeine, 30.10.1997.

439 Schrep, Bruno: „Heide, Heide, Heide". In: Der Spiegel, 29.6.1998.

Nestwärme" ausstrahlen, welches ihr in der Staatskanzlei so wichtig war.[440] Sie distanzierte sich von der Fraktion und ließ allzu oft spüren: „An Heide kommt keiner ran"[441]. Von diesen Erfahrungen sprach nicht nur eine kleine Zahl sozialdemokratischer Parlamentarier. Und klärende Vier-Augen-Gespräche mit einfachen Abgeordneten gab es „so gut wie nie"[442]. Dies führte zur wachsenden Frustration innerhalb der SPD-Fraktion, die oft nicht durch das koordinierende Vermitteln des jeweiligen Fraktionsvorsitzenden verringert werden konnte. Nährboden der Verbitterung unter den Sozialdemokraten im Kieler Landeshaus war auch das ständige Auswechseln ihrer Minister und zahlreicher Staatssekretäre. Hinzu kam die in den letzten Jahren ihrer Regierungszeit mehrfache Berufung von Nicht-Schleswig-Holsteinern zu Landesministern, die „in der Partei nicht störten und vollständig von ihr abhängig waren"[443]. Viele Fraktionsmitglieder waren offenbar enttäuscht darüber, dass sie von Simonis nicht die Chance einer Beförderung erhielten. Über ihr Personal entschied Simonis meist ohne Abstimmung mit der Fraktion und der Partei. Regelmäßig wurde auch von der SPD-Basis moniert, dass der Dreiklang der Kieler Führungstroika nicht stimme: Die Partei habe keine Ideen und die Fraktion nicke ab, was die Regierung vorgab.[444]

Die Verärgerung über Heide Simonis in den Reihen der Fraktionsmitglieder wurde zunächst im Stillen geäußert. Schließlich hatten sie des Öfteren erlebt, dass Simonis mit ihren Kritikern nicht gerade sanft umging. Spätestens nach der gewonnenen Bundestagswahl 1998 hatten sich einige Abgeordnete Simonis weit weg nach Bonn gewünscht. Als Klaus Gärtner im März 2000 erkrankte und für längere Zeit in der Staatskanzlei ausfiel, schürten die nun auftretenden Pannen Gerüchte über die Amtsmüdigkeit und Lustlosigkeit der Regierungschefin. Unter führenden Sozialdemokraten war man sich einig, dass Simonis' Tage gezählt seien. Die damals 57-Jährige sei aufgrund ihres Alters ein „Auslaufmodell" und sie lerne nichts aus Fehlern. Zwar war seinerzeit „ein

440 Vgl. Wenz, Dieter: Die Niederlagen einer Wahlsiegerin. In: Frankfurter Allgemeine, 29.11.2000.

441 Schrep, Bruno: „Heide, Heide, Heide". In: Der Spiegel, 29.6.1998.

442 Ebd..

443 Krupa, Matthias: Die Leere nach dem Sturz. In: Die Zeit, 23.3.2005.

444 Vgl. Wenz, Dieter: Scherben aufkehren. In: Frankfurter Allgemeine, 13.5.2003 sowie Klüver, Reymer: Grummeln in Kiel. In: Süddeutsche Zeitung, 12.4.2003.

schneller Putsch unwahrscheinlich“[445], dennoch deutet allein diese Überlegung auf die angespannte Atmosphäre in der SPD-Fraktion hin. In den darauf folgenden Jahren wurde Simonis' bevorstehende Amtsniederlegung zyklisch von der Presse avisiert. Sie selbst sprach von einem „wiederkehrenden Muster“[446] an Spekulationen über ihre Person. Simonis wehrte sich gegen die anhaltenden Gerüchte ihrer angeblichen Amtsmüdigkeit, indem sie öffentlich diesen Vorwürfen widersprach und damit ihre Machtposition demonstrieren wollte.[447]

Es war ausgerechnet die „Kieler Schloss-Affäre“ in der zweiten Hälfte des Jahres 2002, die intern das Verhältnis zwischen Partei, Regierung und Fraktion wieder verbesserte. Durch die Angriffe der Opposition auf die Ministerpräsidentin und ihre Rechtfertigungsversuche im dazu eingerichteten „Filz“-Untersuchungsausschuss des Landestages wurde der Partei und Fraktion offensichtlich klar, welche Konsequenzen der Verlust von Simonis als Regierungschefin für sie bedeuten würde, zumal eine kompetente Alternative für Heide Simonis nicht in Sicht war.[448] Um Geschlossenheit zu demonstrieren, wurde sie schließlich bereits im Januar 2003 auf einem Landesparteitag zur SPD-Spitzenkandidatin für die Landtagswahl 2005 gekürt. Doch intern wuchs die Kluft zwischen der Regierungschefin und ihrer Fraktion trotz dieser Vertrauensbekundung wieder, als Simonis im Mai 2003 den Ärger der sozialdemokratischen Abgeordneten auf sich zog: Auslöser für hitzige Auseinandersetzungen war Simonis' Verhalten im Hinblick auf eine geplante Reform der Diäten gewesen. Ihr wurde vorgeworfen, als Regierungschefin dem Diätenstrukturgesetz, welches eine massive Anhebung der Abgeordnetenbezüge vorsah, zunächst zugestimmt zu haben, dann aber, als der öffentliche Druck gegen dieses Gesetz größer wurde, den Eindruck erweckte, von Anfang gegen die Anhebung der Diäten gewesen zu sein. Simonis sei ihnen „in den Rücken gefallen“, schimpften Fraktionsmitglieder. Und die Reduzierung der Wahlkreise von 45 auf 40 zur Landtagswahl 2005 und die damit verbundene Verkleinerung des

445 Vgl. Meyer, Cordula: Derbe Flüche, feiner Spott. In: Der Spiegel, 26.05.2003; vgl. Schmale, Holger: Der gute Ruf. In: Berliner Zeitung, 27.4.2002; vgl. Christen, Ulf B.: Heide Simonis weht eine steife Brise ins Gesicht. In: Berliner Morgenpost, 7.1.2001.

446 Gespräch mit Heide Simonis.

447 Vgl. Stade, Bodo: Machtwort für die Genossen. In: Kieler Nachrichten, 5.7.2000.

448 Vgl. Plog, Karsten: Konkurrenz für Heide Simonis ist in der Kieler SPD nicht in Sicht. In: Frankfurter Rundschau, 22.1.2003.

Landtages ließen manchen SPD-Mandatsträger um den Wiedereinzug ins Parlament zittern. Die Kandidatenaufstellung für die Landesliste wurde schließlich zwischen dem Parteivorsitzenden Claus Möller, dem Fraktionsvorsitzenden Lothar Hay und Heide Simonis ausgehandelt. Bereits vorhandene Antipathien des einen oder anderen Fraktionsmitglieds gegenüber Simonis wurden dadurch verstärkt, dass nun eine aussichtsreiche Platzierung auf der Landesliste und damit auch die eigene beruflich-politische Existenz unter anderem von Simonis abhängig war. Im Inneren wurde die Aversion, die mit dem „Hauen und Stechen" um die Listenplätze einherging, nochmals verstärkt.[449]

449 Vgl. Meyer, Cordula: Derbe Flüche, feiner Spott. In: Der Spiegel, 26.05.2003; vgl. Höver, Peter: Der Simonis-Faktor soll's richten. In: Flensburger Tageblatt, 23.10.2004.

6. Die Tragödie: Heide Simonis' politisches Ende

Der Begriff Tragödie, eine Form des griechischen Dramas, ist gleichbedeutend mit dem des Trauerspiels. Nach der Definition von Aristoteles wird das tragische Scheitern paradoxerweise eher von den Qualitäten einer Person als von deren Schwächen ausgelöst. Demnach liegt das Ende des Protagonisten in der Konstellation und im Charakter seiner tragischen Figur begründet.[450] Von dieser etymologischen Bedeutung der Tragödie ausgehend, wäre das tragische Ende der politischen Karriere von Heide Simonis durch ihr Schicksal unausweichlich gewesen. Ihre Stärken, die schlagfertige, unterhaltsame Provokation und ihre Durchsetzungsfähigkeit und öffentliche Präsentation, wurden demnach zu ihren schicksalhaften Schwächen, die letztlich zu ihrem politischen Fall führten.

6.1 Die „One-Woman-Show"

Heide Simonis hatte die Verkörperung jeder ihrer Rollen perfektioniert: Als tatkräftige Powerfrau, als überparteiliche Landesmutter, eiserne Lady oder als sprachlich unkonventionelle Politikerin. Von Journalisten wurde ihr politisches Showtalent mehrfach als ihr größtes Kapital bezeichnet.[451] Sie nutzte vor allem das Mittel der unterhaltsamen Provokation. Zum Stilmittel ihrer „Schnodderschnauze" gehörten neben der unkonventionellen Wortwahl und der Selbstironie („Ich bin die Tomate auf der männlichen Fleischplatte" oder „Ich bin ein aktives Biest") auch immer die witzig gemeinten Attacken und der fröhliche Spott über die „Eitelkeiten und Allüren" der „Jungs" in der Politik. Nach der Definition von Rainer Paris ist ein wesentliches Merkmal der Provokation ein

450 Pfeifer, Wolfgang et al. (Hrsg.): Etymologisches des Deutschen. Band O-Z. Berlin 1989, S. 1824.

451 Geisler, Astrid: DIE GROSSE HE!DE-SHOW. In: die tageszeitung, 17.2.2005.

„Moment von Beleidigung und persönlicher Herabwürdigung"[452], das die geltende Norm hinsichtlich der kollektiven Vorstellungen von Achtung und Respekt missachtet und Reaktionen anderer herausfordert. Simonis' Provokationen wurden von vielen Bürgerinnen und Bürger als sympathisch und authentisch wahrgenommen und die Landesmutter war dadurch unbestreitbar beliebt in Schleswig-Holstein. Diese Popularität war Simonis' entscheidende Machtressource. Die Stärke wurde jedoch zu ihrer Schwäche, da sie sich im Laufe ihrer Regierungszeit zu sehr auf diesen Faktor berief. Im Landtagswahlkampf 2005 hielt Simonis sich für ihr Land und für ihre Partei für unentbehrlich. Als „politisches Zugpferd" war sie für ihre Partei in den zwölf Regierungsjahren tatsächlich unverzichtbar gewesen, sie allein war 2005 noch Garantin eines Wahlerfolgs für den schleswig-holsteinischen SPD-Landesverband. Die Landtagswahl 2005 zeigte, wie sehr die Landespartei auf Simonis angewiesen war: Die Nord-SPD verschwand gänzlich hinter dem Slogan „HE!DE".

Bei Simonis lassen sich durchaus narzisstische Züge erkennen, zumal sie selbst ein starkes Geltungsbedürfnis und die Eitelkeit, im Fokus der öffentlichen Aufmerksamkeit stehen zu wollen, als Nebenwirkungen der Droge „Macht" bei Politikern konstatierte.[453] Narzissmus als Antrieb von Politikern impliziert laut Hermann Scheer „Selbstbewunderung, -liebe, -bespiegelung in autistischer Ausprägung"[454]. Heide Simonis unterlag offensichtlich dem Narzissmus inhärenten Irrglauben, dass es als Machtfaktor allein genüge, nur häufig genug von den Medien wahrgenommen zu werden. Zudem bewirkt Provokation als Stilmittel zwar eine extensive Aufmerksamkeit der Medien, wird die Provokation aber inflationär verwendet, ist die Wirkung auf das Publikum ermüdend. Bei Simonis hatte sich nach der Beobachtung eines Journalisten „das Instrument der Nervensäge" im Laufe der Zeit so stark abgenutzt, dass „es stumpf geworden"[455] war. Der Glaube an ihre uneingeschränkte mediale Attraktivität hinderte sie daran, sich eine Hausmacht in der Landes-SPD als stabilisierendes Fundament aufzubauen, um ihre Machtposition auch über die Medien hinaus abzusichern.

---

452 Paris, Rainer: Stachel und Speer. S. 58.

453 Simonis, Heide: Wir fürchten die Leere, die Stille. In: Cicero, 5/2004.

454 Scheer, Hermann: Die Politiker. S. 236.

455 Mishra, Robin: Unikat und Unikum. In: Rheinischer Merkur, 13.1.2005.

Der Wahlabend des 20. Februar 2005 war für die SPD und allen voran Heide Simonis eine emotionale Achterbahnfahrt: Nachdem die CDU und die FDP in den ersten Stunden bei den Hochrechnungen führten, wendete sich in den späten Abendstunden das Blatt und eine Fortsetzung der rot-grünen Koalition war nun durch die Duldung des SSW möglich. Der CDU und FDP fehlte eine Stimme für eine Regierungsmehrheit im Landtag. Mit den zwei Stimmen der SSW-Abgeordneten und den 33 Stimmen der rot-grünen Koalition wollte sich Simonis erneut zur Ministerpräsidentin wählen lassen – das zumindest sah die geplante Minderheitsregierung aus SPD und Grünen unter Tolerierung der Vertreter der dänischen Minderheit vor. Doch trotz der Chance des Weiterregierens war das Wahlergebnis ein persönliches Desaster für Heide Simonis: Der vollständig auf „Heide" ausgerichtete Wahlkampf brachte der SPD zwar 38,7 Prozent ein und hatte damit einen noch höheren Stimmenverlust verhindert, der Schock in der SPD saß jedoch tief. Die SPD hatte nur noch fünfzehn der vierzig Wahlkreise direkt gewinnen können.[456] Die SPD war sich bewusst, dass sie es nur ganz knapp geschafft hatte, noch einmal Regierungspartei zu werden.

Doch in den Wochen zwischen dem Wahlabend und der konstituierenden Sitzung des neuen Landtags, auf der Simonis am 17. März 2005 zur Ministerpräsidentin gewählt werden sollte, hagelte es in den Medien harsche Kritik an der Installierung einer Minderheitsregierung: Der Wählerwillen werde durch dieses Vorgehen verfälscht und „Pattex-Heide" – so lautete die diffamierende Formel der *Bild*-Zeitung – sei Macht versessen und klebe an ihrem Stuhl.[457] Die noch kurz vor der Wahl ausgesprochene Bekundung von Heide Simonis, sie würde es sich gerne ersparen, „wie Kurt Biedenkopf vom Stuhl gekratzt und rausgetragen zu werden"[458], war spätestens nach ihrem unermüdlichen Bestreben, sich durch die hauchdünne Mehrheit von einer Stimme wählen zu lassen, ad absurdum geführt worden. Dennoch blieb Simonis auch in diesen

456 Vgl. Aus Tränen wurden Konfetti. Hamburger Abendblatt, 22.5.2005 sowie Pergande, Frank: Die SPD kann nicht ohne Simonis. In: Frankfurter Allgemeine, 23.2.2005.

457 Vgl. Waagemut. In: Frankfurter Allgemeine, 23.2.2005. sowie Stade, Bodo: Sie musste immer wieder kämpfen. In: Kieler Nachrichten, 18.3.2005.

458 Heide Simonis zitiert nach Gelassenheit mit Grund. In: Frankfurter Allgemeine, 24.2.2005.

Tagen ihrer Lebensmaxime treu: „Wollen wir doch mal sehen, ob ich das nicht schaffe!"

Offenbar hatte Heide Simonis die Stimmen in den eigenen Reihen nicht ernst genommen, die sich bereits im Vorfeld der Landtagswahl für eine Große Koalition ausgesprochen hatten. Ein Drittel der SPD-Fraktion hatte laut Zeitungsberichten von vorneherein vorgezogen, mit der CDU zu koalieren.[459] So präferierte auch bis dato Simonis' Wirtschaftsminister Bernd Rohwer die Große Koalition. Er trat daraufhin zurück, weil er mit der Fortsetzung der rot-grünen Koalition nicht einverstanden war.[460] Und die CDU bot ihrerseits der SPD bereits am Wahlabend Gespräche über ein gemeinsames Bündnis an.[461] Als stärkste aus der Wahl hervorgegangene Partei befand sich die CDU in der Position, den Ministerpräsidenten stellen zu können.[462] In der Talkshow „Beckmann" in der ARD antwortete Simonis nach der Landtagswahl im Zuge der Koalitionsverhandlungen auf die Frage, warum sie keine Große Koalition wolle: „Und was wird dann aus mir?"[463]. Einige Journalisten interpretierten diese Aussage als „brutal egoistisch" und „machtverliebt"[464]. Jedoch offenbart diese Aussage auch die Hilflosigkeit einer einsamen und von ihren Vertrauten verlassenen Spitzenpolitikerin, die von der Macht keinen Abschied nehmen wollte, ohne zuvor jede noch so kleine Chance auf den Machterhalt wahrgenommen zu haben.

---

459 Vgl. Casdorff, Stephan-Andreas: Wat mutt, dat mutt. In: Der Tagesspiegel, 18.3.2005.

460 Hierzu Wiegand, Ralf: Prima Klima. In: Süddeutsche Zeitung, 11.3.2005.

461 Vgl. Molitor, Wolfgang: Das Wunder von Kiel: Für Heide Simonis wird eine Oberstudienrätin zur Königsmacherin. In: Stuttgarter Nachrichten, 22.2.2005.

462 Scheinbar gab es in der SPD Überlegungen, der CDU das „israelische Modell" anzubieten. Demnach sollte zunächst Heide Simonis zweieinhalb Jahre Ministerpräsidentin bleiben und in der zweiten Hälfte der Legislaturperiode Peter-Harry Carstensen die Koalition führen. Die CDU lehnte diesen Vorschlag jedoch ab. Vgl. hierzu Wiegand, Ralf: Showdown zweier Dickköpfe. In: Süddeutsche Zeitung, 11.3.2005.

463 Heide Simonis zitiert nach Haselberger, Stephan: Die müde Königin. In: Der Tagespiegel, 13.3.2005.

464 Eder, Florian: Simonis möchte nicht enden wie Teufel. In: Financial Times Deutschland, 22.2.2005.

6.2 Das öffentliche Drama

Manche Momente im Leben eines Politikers oder einer Politikerin gleichen großen Dramen auf der politischen Bühne. Im öffentlichen Drama „Feiger Mord an der Förde“[465] am 17. März 2005 spielte Heide Simonis die tragische Hauptrolle. Die an diesem Tag anwesenden Abgeordneten ahnten zu Beginn der konstituierenden Landtagssitzung nicht, dass sie selbst Protagonisten und Komparsen in diesem Stück spielen würden. Nur eine der erschienenen Personen wusste, welch folgenschwere Wendung dieser Tag haben würde. Der bis heute unbekannte Abweichler, der in den Medien als „Heide-Mörder“ betitelt wurde, besiegelte mit seinem Tun unausweichlich das politische Leben der Ministerpräsidentin.

Heide Simonis hatte als Spitzenkandidatin den Landtagswahlkampf 2005 für die Landes-SPD geführt. Zwar hatte die SPD Stimmen verloren, aber dem Ziel, durch eine rot-grüne Minderheitsregierung unter Duldung der SSW weiterhin an der Regierung beteiligt zu sein, hatten der SPD-Landesverband und die SPD-Fraktion zugestimmt. Das Modell einer Minderheitsregierung strebte demnach Simonis nicht allein an, vielmehr wollte auch die Landes-SPD weiterhin als größter Koalitionspartner an der Macht beteiligt sein und eben nicht als Junior-Partner in einer Großen Koalition.

Unter diesen Vorzeichen war Heide Simonis am 17. März 2005 in dem Glauben angetreten, dass sie tatsächlich zur Ministerpräsidentin wiedergewählt werden würde. Mit der Tolerierung einer rot-grünen Minderheitsregierung hätte sie 35 Stimmen auf sich vereinigen müssen. Im ersten Wahlgang erhielt Simonis 34 Stimmen, der von der CDU als Ministerpräsident zur Wahl gestellte Peter-Harry Carstensen 33 Stimmen. Simonis fehlte eine Stimme zur Mehrheit, zwei Abgeordnete hatten sich der Stimme enthalten. Das Ergebnis der nachfolgenden drei Wahlgänge war jedes Mal 34 Stimmen für Carstensen und 34 Stimmen für Simonis. Damit bestand eine Pattsituation, denn für die absolute Mehrheit waren 35 Stimmen nötig, um den Ministerpräsidenten beziehungsweise die Ministerpräsidentin zu wählen. Beim ersten Wahlgang war noch

465 Krupa, Matthias: „Ich kann loslassen“. In: Die Zeit, 14.4.2005.

vermutet worden, bei den zwei Enthaltungen habe es sich um ein Versehen gehandelt. Beim dritten und vierten Wahlgang wurde aber offensichtlich, dass ein Parlamentarier aus dem Lager von SPD, Grünen und dem Tolerierungspartner SSW seine Stimme Simonis konsequent verweigerte. Damit fehlte ihr die entscheidende eine Stimme für die Mehrheit, um sich als Ministerpräsidentin wiederwählen zu lassen. Vor dem vierten und letzten Wahlgang hatte es in der SPD-Landtagsfraktion eine geheime Probeabstimmung gegeben, in der alle SPD-Abgeordnete für Simonis stimmten. Im Glauben an den Rückhalt ihrer Fraktion ist Simonis zum vierten Wahlgang angetreten. Abermals war das Ergebnis 34 zu 34 Stimmen. Erst nach dieser letzten, demütigenden Abstimmung stellte sie sich nicht mehr als Kandidatin zur Verfügung.

Insbesondere der Antritt zum vierten Wahlgang lastet auf Simonis.[466] Sie ließ sich von Fraktionschef Lothar Hay und dem Landesvorsitzenden Claus Möller überreden, nach der Unterbrechung nach dem dritten Wahlgang nochmals im Plenarsaal zur Wahl anzutreten. Simonis war also nicht allein diejenige gewesen, die sich an der Macht halten wollte. Der SPD-Landesvorstand und die SPD-Fraktion hatten sich auf den waghalsigen Versuch eingelassen, mit einer Stimme Mehrheit eine geduldete Landesregierung zu bilden. Von Simonis' Wahl zur Ministerpräsidentin hing auch bundespolitisch einiges ab: Der Erhalt der SPD-geführten Landesregierung in Schleswig-Holstein nach der Landtagswahl im Februar sowie die Wahl im Mai 2005 in Nordrhein-Westfalen sollten der SPD positive Signale für den Bundestagswahlkampf im September 2006 senden. Auch aus dem SPD-Bundesvorstand kam die Anweisung, zum vierten Wahlgang anzutreten.[467] Umso größer war der Schock als klar wurde, dass jemand aus den eigenen Reihen dieses Vorhaben auf diese Weise zu Fall brachte. Am Ende dieses Wahldesasters stand Heide Simonis alleine da: Sie war die gedemütigte Verliererin, für die man nur noch Mitleid empfand.

Alsbald begann die Suche nach dem Verräter, der Heide Simonis ein derart beschämendes und würdeloses politisches Ende bereitet hatte. Schnell wurde ausgeschlossen, dass der „Abweichler" bei den Grünen oder beim SSW zu

466 Gespräch mit Heide Simonis.
467 Krupa, Matthias: „Ich kann loslassen". In: Die Zeit, 14.4.2005.

finden sei. Keinem der grünen Abgeordneten wurde eine solche Tat zugetraut, zumal die Grünen ohne die Regierungsbeteiligung Gefahr liefen, in Schleswig-Holstein weiter an Bedeutung zu verlieren. Auch für die zwei SSW-Abgeordnete bestand kein nachvollziehbarer Grund, die Duldung zu torpedieren, schließlich war das Zustandekommen der rot-grünen Minderheitsregierung eine bisher einmalige Chance in der fünfzigjährigen Geschichte der Partei, zum ersten Mal auf die Regierung unmittelbaren Einfluss ausüben zu können. Auch wenn bei der geheimen Probeabstimmung der SPD-Fraktion, die während der Sitzungsunterbrechung vor der vierten Parlamentsabstimmung stattfand, alle Fraktionsmitglieder für Simonis gestimmt hatten, wurde ein persönlicher Racheakt eines enttäuschten „Parteifreundes“ vermutet.[468] In späteren Interviews mutmaßte Simonis, dass es ein Mann gewesen war, der diesen Schritt „kühl und seit langem geplant“[469] und nicht aus einem Affekt herausgehandelt habe. Nur ein männlicher Abgeordneter war ihrer Meinung nach in der Lage, in der geheimen Probeabstimmung für sie und im Plenarsaal viermal gegen sie zu stimmen, ohne dabei die Nerven zu verlieren.[470] Offensichtliches Ziel des bis heute unbekannten „Abweichlers“ war der politische Sturz von Heide Simonis. Er gab seine Stimme jedoch nicht direkt Carstensen, sondern enthielt sich konsequent. Simonis selbst vermutet, dass sie Opfer eines „Meuchelmordes“ wurde, weil jemand mit ihr, Anne Lütkes (Grüne) und Anke Spoorendonk (SSW) eine ausschließlich weibliche Führungsspitze missbilligte.[471] Derjenige, der sie „erdolchte“ und „politisch ermordete“, wie sie sagt, habe sich als etwas Besseres gefühlt, der glaubte, er könne und wisse mehr als die anderen – und dies sei von ihr nicht gewürdigt worden.[472] Tatsächlich kann als Motiv persönliche Rache durchaus angenommen werden, denn vor dem 17. März waren bereits alle Minister und Staatsekretäre in den Sondierungsgesprächen benannt worden und der unbekannte Abgeordnete dabei vielleicht selbst zu kurz gekommen. Den Vorwurf, sie habe eine selbstherrliche Personalpolitik

---

468 Vgl. Breiholz, Jörn: Letzte Ovationen. In: Frankfurter Rundschau, 19.3.2005 sowie Maletzke, Erich: Vier Wahlgänge und eine gedemütigte Heide Simonis: Wer ist der Abweichler im rot-grünen Lager? In: Flensburger Tageblatt, 18.3.2005.

469 Heide Simonis zitiert nach Krupa, Matthias: „Ich kann loslassen“. In: Die Zeit, 14.4.2005.

470 Vgl. „Ein Mann – kühl und rachsüchtig“. In Frankfurter Allgemeine, 15.4.2005.

471 Gespräch mit Heide Simonis.

472 „Ein Mann – kühl und rachsüchtig“. In Frankfurter Allgemeine, 15.4.2005.

betrieben, wies die gescheiterte Regentin vehement von sich. Gewiss war ihr jäher Sturz die Folge einer geplanten Tat eines Einzelnen und erscheint auf den ersten Blick wie ein Zufall, zumal niemand explizit *dieses* Ende hätte vorhersagen können. Vor dem Hintergrund der gewachsenen Unzufriedenheit innerhalb der SPD-Fraktion mit Simonis' Führungsstil waren es jedoch „eher zu viele als zu wenige",[473] die ein Motiv zum Verrat gehabt hatten.

Den Zeitpunkt, wann sie die politische Bühne verlässt, wollte Simonis stets selbst bestimmen. Sie wollte nie „aus ihrem Amt heraus getragen werden, sondern selber rausgehen"[474]. Sie wollte an ihrem Ende selbst mitwirken und so gab es Pläne, in der Mitte der nächsten Legislaturperiode ihren Nachfolger zu bestimmen.[475] Heide Simonis wurde durch die Niederlage bei der Ministerpräsidentenwahl öffentlich gedemütigt – mehr noch, sie verlor ein Teil ihrer Würde und ihres politischen Ansehens.

473 Krupa, Matthias: „Ich kann loslassen". In: Die Zeit, 14.4.2005.

474 Haselberger, Stephan: Die müde Königin. In: Der Tagespiegel, 13.3.2005.

475 Vgl. „Natürlich ist die SPD meine Partei", Interview mit Heide Simonis. In: Kieler Nachrichten, 15.4.2005.

6.3 Nach dem Sturz

Nach dem Ende ihrer politischen Karriere kündigte Heide Simonis an, sich aus der Politik zurückzuziehen. Sie legte am 27. April 2005 ihr Landtagsmandat nieder und hat zu ihrem Landesverband seither nur gelegentlich Kontakt.[476] Ihre Abstimmungsniederlage im Landtag und die damit verbundene öffentliche Demütigung beschäftigten sie wohl noch lange. Ein Mitglied der SPD-Fraktion hatte ihr gezielt öffentlich schaden wollen. Einen Parteiaustritt zog Simonis in Erwägung,[477] wie sie in einem Interview bekannte, blieb jedoch in der SPD. Schließlich war es nicht die gesamte Partei, die sie verraten hatte, sondern ein einziger Abgeordneter aus der eigenen Fraktion. Nach ihrem Ausscheiden aus der Politik engagierte sich Simonis von Oktober 2005 bis 2008 als ehrenamtliche Vorsitzende des UN-Kinderhilfswerks Unicef in Deutschland, trat allerdings in Folge eines Spendenskandals, in dem der damalige Geschäftsführer verstrickt war, von diesem Posten zurück.[478]

Der bis heute unbekannt gebliebene „Abweichler" hatte infolge seiner Stimmenverweigerung und des damit verbundenen Scheiterns der geplanten Regierungsduldung einen Domino-Effekt bis hin auf das bundespolitische Geschehen ausgelöst. Die Ära Simonis und Schröder sind Vergangenheit, in Berlin und Kiel lösten schwarz-gelbe Bündnisse die Großen Koalitionen ab. Zu Beginn der schwarz-roten Regierung in Schleswig-Holstein unter Ministerpräsident Peter-Harry Carstensen und seiner Stellvertreterin Ute Erdsiek-Rave kehrte vordergründig Ruhe in die Landespolitik. Unter der Decke der Großen Koalition herrschte innerhalb der sozialdemokratischen Kreise jedoch lange eine spürbare Melange aus Lethargie, Misstrauen und Argwohn. Die Folgen

---

476 Gespräch mit Heide Simonis.

477 „Ich habe ernsthaft überlegt, aus der Partei auszutreten", Interview mit Heide Simonis. In: Süddeutsche Zeitung, 14.4.2005.

478 Auch nach ihrer aktiven politischen Zeit beschäftigt sich Heide Simonis mit finanzpolitischen Fragen. Im Frühjahr 2010 veröffentlichte sie ein Buch, in dem sie sich mit den Folgen der Finanzkrise auseinandersetzt. Vgl. Simonis, Heide: Verzockt!: Warum die Karten von Markt und Staat neu gemischt werden müssen. Göttingen 2010.

des tragischen 17. März 2005 hielten an: Die Fassungslosigkeit und das Selbstmitleid des SPD-Landesverbands ließen nur langsam nach.[479]

In den Wochen und Monaten nach der gescheiterten Wahl zur Ministerpräsidentin wurde öffentlich nach dem Urheber gefahndet. Mit der Suche nach dem politischen Heckenschützen gingen auch Verdächtigungen und Diffamierungen einher: Ins Fadenkreuz der Anschuldigungen geriet insbesondere der heutige SPD-Landesvorsitzender Ralf Stegner, bis zu Simonis' Abgang Finanzminister; er galt lange Zeit als ihr potenzieller Nachfolger. In einem offenen Brief forderte er den Verräter auf, sich öffentlich zu stellen und versuchte damit, seine Unschuld zu beweisen.[480] Auch Heide Simonis nahm Stegner in Schutz.

Natürlich besitzt jede Abgeordnete und jeder Abgeordneter in einem demokratisch gewählten Parlament das unabdingbare Recht, bei einer geheimen Wahl seine Stimme nach freiem Willen und Gewissen zu geben oder wie in diesem Fall zu verweigern. Der unbekannte Parlamentarier hat jedoch nicht nur Simonis die Gefolgschaft verweigert, sondern auch mit seinem Handeln die Stimmung und die Zusammenarbeit in der SPD-Fraktion regelrecht vergiftet. Alle Nachforschungen und „Rasterfahndungen" des Landesverbandes und des damaligen Fraktionsvorsitzenden Lothar Hay blieben jedoch ohne Erfolg. Auch weiterhin bleibt im Dunkeln, wer der geheime Stimmenverweigerer damals war und aus welcher Motivlage er handelte. Unter vorgehaltener Hand wurden Vermutungen ausgetauscht. Die Nennung von Namen wurde jedoch vermieden – die Gefahr einer Diffamierungskampagne durch die Medien schien zu groß. Das Misstrauen beherrschte lange den Alltag in der SPD-Fraktion im Kieler Landtag. Man wird vielleicht nie erfahren, wer der Abweichler war, der Simonis' politische Karriere demütigend zu Fall brachte und den schleswig-holsteinischen Landesverband nachhaltig erschütterte.

---

479 Lothar Hay zitiert nach Maletzke, Erich: Vier Wahlgänge und eine gedemütigte Heide Simonis: Wer ist der Abweichler im rot-grünen Lager? In: Flensburger Tageblatt, 18.3.2005.

480 Zastrow, Volker: „Die Folgen dieser ehrlosen Schweinerei…". In: Frankfurter Allgemeine, 19.3.2005

7. Fazit

Heide Simonis' Karriere als erste Ministerpräsidentin Deutschlands begann und endete als Folge eines politischen Skandals. So phänomenal und unerwartet Simonis zur ersten Ministerpräsidentin 1992 gekürt wurde, so grotesk und ungeahnt war ihr Sturz im Jahr 2005. Ihr Aufstieg zur ersten Landeschefin war begünstigt durch den Rücktritt von Björn Engholm als Folge der „Barschel-Affäre". Ihr jäher Sturz am 17. März 2005 durch ihre gescheiterte Wiederwahl war selbst ein Skandal, als ein unbekannter Landtagsabgeordneter aus den eigenen Reihen der geplanten Regierungskoalition ihr die benötigte Stimme für die Mehrheit konsequent verwehrte.

Doch Heide Simonis kam nicht allein durch den Zufall eines Skandals in das Amt der Ministerpräsidentin. Sie hatte zuvor ihre politische Karriere sukzessiv vorangetrieben. Auf ihrem Karriereweg nach oben durchlief sie die innerparteiliche Ochsentour, übernahm in ihrer politischen Anfangszeit ein kommunales Mandat und sicherte sich als Mitglied im Kreisvorstand der SPD in Kiel innerparteilich ab. Ihr politisches Engagement betrieb sie damit keineswegs halbherzig: Mit dem Entschluss, sich in der SPD zu engagieren, war Simonis angestrengt darum bemüht, politisch aufzusteigen. Sie suchte aktiv nach Möglichkeiten, Politik zu ihrem Hauptberuf zu machen. Nach einer relativ kurzen beruflichen Erwerbstätigkeit begann die Karriere von Simonis als Berufspolitikerin mit dem Gewinn eines Direktmandats bei der Bundestagswahl 1976. Die damals 33-Jährige Simonis zog in den Bundestag ein, weil sie im Bundestagswahlkampf 1976 das SPD-Kontrastprogramm „jung, links, akademisch, weiblich" im konservativen, agrarisch geprägten Wahlkreis Rendsburg-Eckernförde erfolgreich zu inszenieren verstand. Folglich ist der Einzug in den Bundestag als eine außergewöhnliche Leistung von Simonis zu bewerten: Sie gelangte in den siebziger Jahren als junge Frau in den Bundestag, ohne sich zuvor längerfristig in einem privaten Beruf etabliert zu haben. Ihr politischer Karriereweg ist daher nach den von Dietrich Herzog aufgestellten Kriterien der Mischform einer „politischen Karriere mit Berufsvorphase" zuzurechnen. Als Bundestagsabgeordnete wich sie jedoch vom Idealtypus der „politischen Karriere“ ab, da sie zwar anfänglich als SPD-Kreisvorstandsmitglied innerparteilich abgesichert war, als Bundestagsabgeordnete aber nicht mehr versucht hatte, sich im schleswig-holsteinischen SPD-Landesverband eine fundierte Machtbasis aufzubauen, indem sie für innerparteiliche Ämter kandidierte. Gerade eine innerparteiliche Verankerung ist jedoch nach den Kriterien von Herzog für den Idealtypus der „politischen Karriere“ kennzeichnend. Dies wird, anders als von Herzog herausgearbeitet, nicht zu einem Nachteil in ihrer weiteren Karriere, sondern verhilft Simonis paradoxerweise zum weiteren Aufstieg.

In ihrer Zeit als Bundestagsabgeordnete von 1976 bis 1988 durchlief Simonis einen vielseitigen Lernprozess: Zum einen erwarb sie fachliche Qualifikationen durch ihre Arbeit im Haushaltsausschuss, zum anderen sammelte sie Erfahrungen über die Entscheidungsabläufe und Strukturen sowohl im Parlament als auch in der SPD-Bundestagsfraktion. Sie gründete eine Bürogemeinschaft mit den SPD-Bundestagsabgeordneten Norbert Gansel und Horst Jungmann. Dieser „Nordpool“ wurde zu ihrem eigenen kleinen Netzwerk. Norbert Gansel, der den „Nordpool“ als eine Seilschaft verstand, die ihm bei seinem eigenen politischen Aufstieg nutzen sollte, wurde später Simonis’ Hauptkonkurrent um das Ministerpräsidentenamt in Schleswig-Holstein. Durch die Positionierung zum linken Flügel sowohl in der Bundestagsfraktion als auch in der Partei gewann Simonis Einblicke in informelle Strukturen und knüpfte persönliche Beziehungen in der SPD.

Die normativen Hürden und Barrieren als Frau in der Politik in den siebziger Jahren spiegeln sich in Simonis’ persönlichen Erfahrungen wider: Als Frau wurde sie von ihren männlichen Kollegen häufig unterschätzt und musste sich deshalb zunächst den Respekt als ebenbürtige Kollegin erwerben. Gleich nach ihrem Einzug in den Bundestag bestand sie 1976 selbstbewusst und trotzig darauf, in den Haushaltsausschuss entsandt zu werden, der damals eine reine Männerdomäne war. Bereits im darauffolgenden Jahr stieg sie zur Sprecherin der SPD-Fraktion im Haushaltsausschuss auf. Heide Simonis politischer Aufstieg basiert darauf, dass die Diplom-Volkswirtin nicht nur über fachliche Qualifikationen, sondern auch über Durchsetzungsstrategien verfügte.

Um politisch zu arrivieren, adaptierte Simonis die erforderlichen Verhaltensweisen, um in der männlich geprägten politischen Machtarena zu bestehen. Sie war darauf bedacht, durch fachliche Kompetenz und fundierte politische Standpunkte ihr Können unter Beweis zu stellen und sich mit Männern auf gleicher Augenhöhe messen zu lassen. Das Leitmotiv der „einzigen Frau unter Dutzenden Männern" war ein wesentliches Charakteristikum ihres politischen Lebens. Das Frausein versuchte Simonis unterschwellig in Situationen für sich zu nutzen, in denen ihre „exotische" Wirkung in den Reihen der schwarzen Anzugträger zur Geltung kam. Sie stach durch ihre bunte, schillernde, eben feminine äußere Erscheinung optisch hervor und unterstrich ihr Frausein durch eine extrovertierte Art der Selbstinszenierung. Jedoch gab sie stets tunlichst darauf Acht, dass ihr Aussehen keine sexistischen Kommentare hervorriefen.

Ohne die in den siebziger und achtziger Jahren gesellschaftliche und auch innerparteiliche Diskussion um die Frauenbewegung und die politische Beteiligung von Frauen hätte Simonis wohl nicht in dieser Form politisch aufsteigen können. Die Frauenbewegung sensibilisierte für die Frage nach der gesellschaftlichen Stellung von Frauen in der Bundesrepublik und rückte Frauen in der Politik verstärkt in den Blickpunkt. Spätestens in den achtziger Jahren, in denen ein starker quantitativer Anstieg von Politikerinnen zum Beispiel im Bundestag zu verzeichnen war, wurde „Frau" zu einem Politikum und damit auch zu einem wahltaktischen Thema für die SPD. Simonis selbst gehörte jedoch keiner der ausgewiesenen Frauenorganisationen der SPD an und vermied frauenpolitische Themen. Ihren Weg zur Macht verdankte Simonis keiner innerparteilichen Frauenquote. Dass Simonis 1988 als Schattenministerin in das Wahlkampfteam von Björn Engholm gelangte, liegt unter anderem darin begründet, dass Engholm mit einem hohen Frauenanteil in seinem Wahlkampfteam in der Landtagswahl 1988 ein gesellschaftliches Thema aufgriff. Nach der gewonnen Landtagswahl holte er sie dann tatsächlich als Finanzministerin nach Kiel.

Der Aufstieg zur ersten Ministerpräsidentin im Jahr 1993 war eine Spätfolge der „Barschel-Affäre": Die SPD musste nach dem Rücktritt von Engholm und auch von seinem Stellvertreter Günter Jansen rasch einen Nachfolger im Amt präsentieren. Die Landesministerin Simonis gehörte nicht zum engeren Beraterkreis Engholms und war auch nicht in einer Führungsposition der Landes-SPD, somit konnte sie den moralischen Neuanfang für die SPD im affärengeplagten Schleswig-Holstein symbolisieren. Festzuhalten bleibt, dass Heide Simonis nicht als gewählte Spitzenkandidatin ihrer Partei in einer Landtagswahl an die Macht gelangte, sondern infolge einer politischen Affäre.

Bei der Analyse der Konstellationen und Rahmenbedingungen der politischen Karriere von Simonis scheint auf den ersten Blick ihre ganze Karriere die Kumulation von Zufällen gewesen zu sein: Ihre Nominierung als Kandidatin für einen Landtagswahlkreis 1975, bereits im Jahr darauf ihre Direktkandidatur in einem Bundestagswahlkreis durch den überraschenden Tod der Vorgängerin oder eben ihr Aufstieg zur Ministerpräsidentin. Doch bei genauer Betrachtung wird ersichtlich, dass sie die sich ihr öffnenden „Fenster der Gelegenheiten" geschickt nutzte. Und es steckte auch harte Arbeit dahinter. Es war die Kombination aus der aufkommenden Bedeutung des Faktors „Frau" in der Parteipolitik, Simonis' anfänglich linke Dogmatik im Einklang mit dem SPD-Landesverband Schleswig-Holstein und ihrer Verortung in der SPD-Bundestagsfraktion, das Mittel der rhetorischen Provokation und nicht zuletzt ihre Sachkompetenz und des erworbenen Ansehens im „harten" Männerbereich Finanzen, die das Image der agilen und führungsstarken Powerfrau prägte und sie sukzessiv aufstiegen ließ.

Während ihrer zwölfjährigen Amtszeit als Ministerpräsidentin, die damit länger war als die ihrer Vorgänger, galt die schlagfertige und sich keck gebende Heide Simonis als Ausnahmephänomen: Sie hatte geschafft, was vor ihr keiner Frau gelungen war. Ihre Karriere war in der Tat ein Novum in der politischen Machtarena Deutschlands. Die schleswig-holsteinische Ministerpräsidentin galt durch ihre frische, zuweilen auch provokative Art und ihre verbale Unkonventionalität als eine Exotin „mit Entertainer-Qualitäten"[481] im deutschen Politikbetrieb. Gerade als Frau ist offenbar die Erregung besonderer Aufmerksamkeit von Bedeutung, um in der Politik mitspielen und aufsteigen zu können. Im Laufe ihrer politischen Karriere hatte sich Simonis ein eigensinniges Image aufgebaut: Sie verkörperte die schlagfertige, kesse, eloquente und zugleich damenhafte Finanzexpertin in der Politik. Gleichzeitig war dieses

481 Vgl. Geisler, Astrid: DIE GROSSE HE!DE-SHOW. In: die tageszeitung, 17.2.2005.

selbst entworfene, vielgestaltige Bild eine Methode, um ganz in einer öffentlichen Rolle aufgehen zu können und ihre eigene Person dahinter zu tarnen. Auf diese Weise schützte sie sich vor Verletzungen im politischen Alltag. Simonis demonstrierte geradezu eindringlich männlich geltende Führungsqualitäten, unter anderem Konfliktfähigkeit und Durchsetzungsstärke. Zudem war die verbale Provokation, der bewusst gezielte Normbruch ihr bevorzugtes Stilmittel und ein wesentliches Charakteristikum ihres politischen Führungsstils. Bisweilen verwendete sie eine Rhetorik, die von einem Spitzenpolitiker – zumal von einer Frau – nicht erwartet wurde: Ihre verbalen Provokationen und spitzzüngigen Kommentare konnten sowohl als freche Herausforderung in der politischen Auseinandersetzung als auch als nervig oder gar beleidigend aufgefasst werden. Simonis' Mundwerk brachte sie immer wieder in die Bredouille, wobei das Stilmittel der Provokation sie zugleich über die Landesgrenzen hinaus bundesweit bekannt machte. Gerade in der Landespolitik, die im föderativen System der Bundesrepublik oft nur auf einer politischen Nebenbühne stattfindet, bedarf es scheinbar eines besonderen Aufmerksamkeitsfaktors, um in der medialen Öffentlichkeit zu bestehen.

Heide Simonis erfreute sich als Ministerpräsidentin in Schleswig-Holstein großer Beliebtheit. Bei vielen Schleswig-Holsteinern kam die Rheinländerin, wie ihre Sympathiewerte belegten, nicht zuletzt aufgrund ihrer für politische Akteure untypischen Lässigkeit und Schlagfertigkeit als authentisch und bodenständig gut an. Mit ihrer Natürlichkeit und Unbefangenheit brachte sie als „Landesmutter" eine fast familiäre Integrationskraft zum Ausdruck und verkörperte in gewisser Weise die „menschliche" Seite des politisch-administrativen Regierungsapparates. Sie pflegte die regionalen Identitäten im Bundesland und suggerierte den Bürgerinnen und Bürgern volksnah, sie sei eine von ihnen, eine die zupacken könne, wenn es darauf ankommt. Diese Bürgernähe der Ministerpräsidentin machte es für die Oppositionsführer und Spitzenkandidaten der CDU ausgesprochen schwer, eine vergleichbar attraktive Alternative anzubieten. In der wenig medienpräsenten und verwaltungslastigen Landespolitik hatte die parlamentarische Opposition – auch aufgrund ihrer mehr oder weniger farblosen politischen Führer – Profilierungsprobleme.

Simonis' Selbstverständnis als Regierungschefin war jedoch nicht das einer beschützenden und fürsorglichen „Landesmutti". Ihrer Arbeitsauffassung folgend, sah sich die Pragmatikerin in erster Linie als „Managerin" des Landes. Im Verständnis des Landes Schleswig-Holstein als ein „Wirtschaftsunternehmen" begriff die Chefin Simonis es als ihre vorrangige Aufgabe, für eine möglichst effiziente Zielerfüllung zu sorgen. Ihr favorisiertes Projekt war über all die Jahre die Reformierung der Landesverwaltung. Ihr Regierungsstil präsentierte sich problemlösungsorientiert, Effizienz bedacht und pragmatisch; langfristige politische Visionen bot sie nicht an. Die von ihr als Bundestagsabgeordnete bis 1988 vertretenen linken Positionen schwächten sich in ihrer Zeit als Landesfinanzministerin ab und kamen während ihrer Amtszeit als Ministerpräsidentin allenfalls noch zu Wahlkampfzeiten zum Vorschein. Ihre Regierungspolitik sah sich wiederholt und auch aus den Reihen der Landes-SPD mit der Kritik konfrontiert, sie habe kein politisches Gesamtbild und keine langfristigen Konzepte.

Ihre große Popularität im Bundesland war Heide Simonis' primäre Machtressource, die ihr auch in der Landespartei eine Machtstellung sicherte. In den zwölf Jahren ihrer Regierungszeit war Simonis für die schleswigholsteinische SPD insbesondere in Landtagswahlkämpfen das unersetzbare Zugpferd. Die sozialdemokratische Regierungschefin war jedoch nie Vorsitzende des schleswig-holsteinischen SPD-Landesverbandes und baute sich auch keine belastbare innerparteiliche Hausmacht auf. Insbesondere der Landtagswahlkampf 2005 offenbarte, wie sehr die Landespartei auf die beliebte Landesmutter angewiesen war: „HE!DE" war zugleich Programm und Inhalt eines ausschließlich auf Heide Simonis personalisierten Wahlkampfes. Lange Zeit stand sie auch deshalb unantastbar an der Spitze, weil es innerparteilich keinen personellen Ersatz gab.

Doch die Landes-SPD war zunehmend mit der eigenen Regierungschefin und der Politik der rot-grünen Koalition im Bundesland unzufrieden. Simonis selbst erweckte den Eindruck, ihr seien programmatische Diskussionen der Landespartei „herzlich egal"; mit dieser Haltung stieß sie zahlreiche Funktionsträger vor den Kopf. Ebenso beklagten sich Minister und SPD-

Fraktionsmitglieder über ihre „selbstherrliche Personalpolitik".[482] Es wurde vermehrt Kritik über ihren undiplomatischen Führungsstil, das unkooperative Agieren der Staatskanzlei und das ständige Auswechseln ihrer Regierungsmannschaft geäußert. Manche Kabinetts- bzw. Fraktionsmitglieder empfanden diesen Stil als autoritär oder gar despotisch. Heide Simonis hatte diesen rigorosen, unduldsamen und unbeugsamen Führungsstil offenbar angenommen, um als Frau dem Vorwurf zu entgehen, sie würde führungsschwach agieren. In diesem Zusammenhang fällt auf, dass ihrem Kabinett im Laufe ihrer Regierungszeit eine stetig zunehmende Zahl von Frauen angehörte; offen muss allerdings bleiben, ob diese Frauen eher als ihre männlichen Kollegen bereit waren, sich Simonis' hierarchischem Regierungsstil unterzuordnen.

Die Frustration über Simonis' eisernen Führungsstil und ihre Kompromisslosigkeit entluden sich in einer ständig wiederkehrenden Diskussion über ihre bundespolitischen Ambitionen und damit über potenzielle Amtsnachfolger. Insbesondere im Frühjahr 2000, als der wichtigste Mann ihres Beraterkreises, der Chef der Staatskanzlei Klaus Gärtner krankheitsbedingt längere Zeit ausschied, kumulierten die Gerüchte über ihre vermeintliche Amtsmüdigkeit. Die Machtressource „Staatskanzlei" war nach Gärtners Weggang im Jahr 2002 als Folge der „Kieler-Schloss-Affäre" ausgezehrt. Dass die Machtpolitikerin Simonis offenbar mehrfach selbst mit dem Gedanken spielte, durch einen Wechsel in ein Ministeramt auf Bundesebene auf der Karriereleiter weiter aufzusteigen, lässt darauf schließen, dass für sie die Arbeit als Ministerpräsidentin bereits seit 1998 ein beständiger Kampf um bescheidene Erfolge und gegen große Niederlagen war. Um auf sich aufmerksam zu machen, provozierte Simonis etwa durch Konfliktbekundungen und situative Übergriffe auf männliche Kollegen. Die erste Ministerpräsidentin machte sich öffentlich über die „Rituale, die Hahnenkämpfe und das Machtgebalze"[483] der männlichen Kollegen lustig. Viele der von ihr verunglimpften Männer wandten sich von ihr ab, erst recht ließen sie Simonis nicht an ihren Männerbünden oder Kungeleien teilhaben. So wurde ihre Stärke, ihre Eloquenz und die lustig intendierten Attacken im Laufe ihres politischen Lebens zur schicksalhaften Schwäche: Ihr

482 Krupa, Matthias: „Ich kann loslassen". In: Die Zeit, 14.4.2005.

483 Günsche, Karl-Ludwig: Verführung der Macht. In: Stuttgarter Zeitung, 19.3 2005.

„Hansdampf in allen Gassen“-Image kompromittierte ihre eigene politische Glaubwürdigkeit, weil sie von vielen nicht mehr als politische Autorität ernst genommen wurde. Letztlich musste sich Heide Simonis damit arrangieren, dass ihre provokative Selbstinszenierung als angrifflustige Frau sie daran hinderte, ihren Machtradius erweitern zu können. Die wiederkehrenden Gerüchte um eine vermeintliche Amtsmüdigkeit zeigen, dass das Image der durchsetzungsfähigen Machtpolitikerin mit den Jahren nicht mehr ausreichte, um das Bröckeln der eigenen Macht zu verbergen.

Indes: Heide Simonis hat als erste Frau das Rollenmuster einer Ministerpräsidentin geprägt. Dabei konnte sie selbst auf kein bestehendes Rollenverhalten zurückgreifen. Demnach entwickelte Simonis als Frau ihren individuellen Führungsstil und reagierte damit auf das Machtgefüge in der weiterhin männlich geprägten politischen Arena Deutschlands: Als „Landesmutter“ präsentierte sie sich in der Bevölkerung volksnah, als einzige Frau unter ihren Ministerpräsidentenkollegen gab sie sich taff und machtbewusst. Durch ihren hierarchischen und autoritären Führungsstil demonstrierte Simonis ihre Führungsstärke als Regierungschefin.

Simonis' politisches Ende am 17. März 2005 wurde durch das Handeln eines einzelnen Abgeordneten ausgelöst, der ihr bei der Wiederwahl zur Ministerpräsidentin die benötigte Stimme verweigerte. Die Stimmenverweigerung war der gezielte Akt eines einzelnen Mandatsträgers und liegt in dessen individueller Triebfeder begründet. Doch lässt sich ein tiefliegender Grund für diese „Tat” auch im bisweilen angespannten Verhältnis der autoritär wahrgenommen Regierungschefin Simonis zu ihrer Partei und der Regierungs-Fraktion vermuten. Wer der unbekannte Abweichler war und welche Motive dahinter standen, ist bis heute nicht geklärt. Heide Simonis' politische Karriere fand damit ein unerwartetes Ende.

8. Epilog: Der harte Weg zur Ministerpräsidentin – Ein Ausblick

Nach Heide Simonis haben einige Politikerinnen versucht, sich zur Regierungschefin eines Landes wählen zu lassen. Im Frühjahr 2008 hatte die Sozialdemokratin Andrea Ypsilanti in Hessen versucht, trotz anderer lautender Bekundungen im Wahlkampf, eine rot-grüne Landesregierung unter Tolerierung der Linken auf die Beine zu stellen. Sie scheiterte, als vier Parteifreunde ihr einen Tag vor der entscheidenden Sitzung im Landtag öffentlich und medienwirksam ihre Stimmen zur Wahl als Ministerpräsidentin verweigerten. Nach mehrmaligen Anläufen wurde Christine Lieberknecht im Oktober 2009 zur zweiten Ministerpräsidentin gewählt. Die Christdemokratin konnte das Amt erst erreichen, nachdem ihr Vorgänger Dieter Althaus zurückgetreten war und damit den Weg für die Große Koalition in Thüringen freimachte. Allerdings musste der Landtag dreimal abstimmen, bevor Liebeknecht schließlich die erforderliche Mehrheit auf sich vereinen konnte. Zuvor fehlte ihr zweimal die entscheidende Stimme.[484] Heide Simonis vermutete hinter dem Geschehen im thüringischen Landtag, das einem Déjà-vu ihres eigenen Schicksalsmoments glich, die gezielte Sabotage eines Mannes: „Diese Männer, die so was tun, hassen uns"[485]. Hannelore Kraft ist seit Juli 2010 nun die zweite sozialdemokratische Ministerpräsidentin, löste Jürgen Rüttgers ab und wurde erste Regierungschefin Nordrhein-Westfalens. Nach zähen Koalitionssondierungen hat sie den riskanten Weg einer rot-grünen Minderheitsregierung unter Tolerierung der Linken beschritten. Auch ihre Kür zur Regierungschefin fußte auf der knappen Mehrheit von einer Stimme.

Vor allem in den politischen Karrieren der SPD-Frauen Simonis, Ypsilanti und Kraft finden sich bemerkenswerte Parallelen: Relativ spät – mit Ende zwanzig, Anfang dreißig – wurden sie in der SPD aktiv. Nach einer gewissen Zeit, ohne sich selbst große Erfolgschancen zu versprechen, wurden sie als

484 Vgl. Schlegel, Tobias: Im Kreuzgang. In: Der Tagesspiegel, 31.10.2009.

485 Oestrich, Heide: Tabuisierte Geschlechterfrage. In: die tageszeitung, 2.11.2009.

Kandidatinnen ihrer Partei aufgestellt oder sammelten Erfahrungen in der Ministerialbürokratie. Meist half ihnen dabei ein männlicher Mentor. Tunlichst waren sie darauf bedacht, nicht als Quotenfrauen abqualifiziert zu werden. Sie reüssierten, setzten sich gegen männliche Kollegen durch und konnten daraufhin sukzessiv den Weg nach oben beschreiten. Das Erreichen der Spitze wurde allerdings häufig durch politische Skandale oder Wahlniederlagen männlicher Mitstreiter begünstigt, die daraufhin den „Trümmerfrauen" das Feld überließen. Es erschien in den männlich dominierten Landesparteien eine Gesetzmäßigkeit zu sein: Bei der Besetzung machtvoller Führungspositionen, wie etwa die Spitzenkandidatur und den Vorsitz der Landespartei, kommen Frauen in aller Regel erst dann zum Zuge, nachdem die Institution zuvor gründlich ins Wanken geraten ist.

Wie Simonis wurden – zumindest zu Beginn – auch Ypsilanti und Kraft eine durchsetzungsstarke Persönlichkeit attestiert. Sie kommen bei den Menschen auch deshalb gut an, weil sie als weibliche politische Führungskraft mit ihrem eloquenten, direkten und zuweilen auch knodderigen Mundwerk im regional kolorierten Dialekt authentisch und bodenständig wirken. Jenseits dieser Eigenschaften scheinen sie jedoch beinahe auf bizarre Weise ein gemeinsames Schicksal zu teilen: Um die Macht zu erlangen, wählten sie den riskanten Weg. Auch wenn die Vorbedingungen und Konstellationen der drei Sozialdemokratinnen unterschiedlich gewesen sein mögen, stand ihr politisches Aufstreben oder Scheitern auf der Basis einer hauchdünnen Mehrheit. So als fürchteten sie, keine Chance mehr zu bekommen, wenn die Macht-Verhältnisse wieder komfortabler geworden sind. Im Fall von Heide Simonis war es der Anfang vom Ende. Andrea Ypsilantis Karriere nahm ein desaströses Ende, bevor ihr Aufstieg erst richtig begonnen hatte. Die jüngst gewählte Ministerpräsidentin Kraft hat die Beispiele ihrer Vorgängerinnen aus der eigenen Partei und auch das zähe Ringen um die Macht in Thüringen aufmerksam beobachtet und daraus Lehren gezogen, um nicht in ähnlich demütigender Weise von einem oder mehreren Widersachern aus den eigenen Reihen zur Strecke gebracht zu werden. Anders als Ypsilanti wollte sie kein Wahlversprechen brechen, anders als Simonis scheute sie sich zunächst, im Landtag bei unsicheren Mehrheitsverhältnissen anzutreten.

Die Negativ-Beispiele führen gleichwohl die besonderen Führungsqualitäten von Frauen für dieses Amt vor Augen: Sie müssen das Machbare nüchtern kalkulieren, Risiken bedachtsam einschätzen, Chancen konsequent nutzen. Frauen stehen nach wie vor unter besonderer Beobachtung, Missgunst und Schelte bei Fehlern schlägt ihnen strenger entgegen. Gerade deshalb müssen sie Unzufriedenheit und Kritik frühzeitig in den eigenen Reihen erspüren, Offenheit und Kooperationsbereitschaft demonstrieren und Vertrauen schaffen. Männer in der Politik unterstützen sich gegenseitig in Seilschaften, die Ressourcen und Kompetenzen für den Machterwerb sind meist in ausschließlichen Männerbündnissen zusammenlegt. Frauen dagegen scheint es schwer zu fallen, Netzwerke zu spinnen. In Führungsebenen, sei es in der Wirtschaft oder in der Politik, findet man überwiegend Einzelkämpferinnen. Indes: Nichts ist schlimmer für die Machtfrau an der Spitze, als in einem Vakuum mit Wagenburgmentalität zu sitzen, in das geäußerte Bedenken nicht vordringen. Dem inneren Zirkel der engsten Mitarbeiter kommt dabei die lebenswichtige Aufgabe des Außensensors zu. Sie müssen Unmut und Enttäuschungen aufnehmen und weitergeben, Kontakte pflegen, um die Sache und die Chefin werben, Loyalitäten schaffen. Scheiden wichtige Vertraute aus, kann die Machtstatik aus den Fugen geraten. Besteht zudem die Atmosphäre des Misstrauens und Argwohns, formiert sich Unmut im Verborgenen. Die Gefolgschaft verweigert sich. Die Revanche ist die Aktion des anonymen Heckenschützen.

Auf dem Weg nach oben adaptieren Spitzenpolitikerinnen einen Führungsstil, der eher Männern zugeschrieben wird: Sie sind machtbewusst, dominant, leistungs- und durchsetzungsbereit. Dabei ist die testosterongetriebene „Basta"-Politik gerade in komplexen Koalitionskonstellationen, wie in Minderheitsregierungen oder in Bündnissen mit mehreren Partnern, inadäquat und wenig förderlich, um den Führungsanspruch für sich gelten zu machen. Im Gegenteil, unter diesen Bedingungen ist der Typus des sich zurücknehmenden, kompromissbereiten und repräsentativen Moderators und des Zusammenführers gefragt. Es scheint, als eigneten sich Simonis, Kraft und auch Angela Merkel den männlichen Politikstil an, um sich Autorität und Respekt zu verschaffen. Aber warum sollten Frauen sich nicht endlich trauen, andere, ja *weibliche* Qualitäten in ihr Repertoire aufzunehmen. Weiblichkeit und professionelle Sachlichkeit, Moderation statt Durchregieren und Engagement mit Machtanspruch sollten in keinem Widerspruch stehen. In Zeiten weiter unsicherer Machtverhältnisse in einer Fünf-Parteienlandschaft scheint gerade der Mix an Führungsqualitäten zum Erfolg zu führen.

Anhang

Regierungskabinette von Heide Simonis von 1993 bis 2005

Kabinett Simonis I vom 19. Mai 1993 bis 22. Mai 1996

Name	Amt	Partei
Heide Simonis	Ministerpräsidentin	SPD
Claus Möller	stellvertretender Ministerpräsident/ Finanzen und Energie	SPD
Dr. Hans-Peter Bull *bis 24. Januar 1995*	Inneres	SPD
Dr. Ekkehard Wienholtz *ab 25. Januar 1995*		
Dr. Klaus Klingner	Justiz	SPD
Peer Steinbrück	Wirtschaft, Technik und Verkehr	SPD
Heide Moser	Arbeit und Soziales, Jugend und Gesundheit	SPD
Dr. Berndt Heydemann *bis 31. Dezember 1993*	Natur und Umwelt	SPD
Hans Wiesen *geschäftsführend vom 1. Januar 1994 bis 4. März 1994*		
Dr. Edda Müller		
Hans Wiesen	Ernährung, Landwirtschaft, Forsten und Fischerei	SPD
Marianne Tidick	Wissenschaft, Forschung und Kultur	SPD
Gisela Böhrk	Frauen, Bildung, Weiterbildung und Sport	SPD
Gerd Walter	Bundes- und Europaangelegenheiten	SPD

Kabinett Simonis II vom 22. Mai 1996 bis zum 28. März 2000

Name	**Amt**	**Partei**
Heide Simonis	Ministerpräsidentin	SPD
Rainder Steenblock	stellvertretender Ministerpräsident/ Natur, Umwelt, Forsten	Bündnis 90/ Die Grünen
Dr. Ekkehard Wienholtz	Inneres	SPD
Gerd Walter	Justiz, , Bundes- und Europaangelegenheiten	SPD
Claus Möller	Finanzen und Energie	
Peer Steinbrück *bis 28. Oktober 1998*	Wirtschaft, Technologie und Verkehr	SPD
Horst Günter Bülck		
Heide Moser	Arbeit und Soziales und Gesundheit	SPD
Hans Wiesen *bis 5. Mai 1998*	Ländliche Räume, Landwirtschaft, Ernährung und Tourismus	SPD
Klaus Buß		
Gisela Böhrk *bis 28. Oktober 1998*	Bildung, Wissenschaft, Forschung und Kultur	SPD
Ute Erdsiek-Rave		
Angelika Birk	Frauen, Jugend, Wohnungs- und Städtebau	Bündnis 90/ Die Grünen

Kabinett III vom 28. März 2000 bis zum 17. März 2005

Name	Amt	Partei
Heide Simonis	Ministerpräsidentin	SPD
Annemarie Lütkes	Stellvertretende Ministerpräsidentin/ Justiz, Frauen, Jugend und Familie	Bündnis 90/ Die Grünen
Klaus Buß	Inneres	SPD
Claus Möller *bis 28. Februar 2003*	Finanzen und Energie	SPD
Ralf Stegner *seit 1. März 2003*		
Bernd Rohwer	Wirtschaft, Technologie und Verkehr *ab 1. März 2003:* Wirtschaft, Arbeit und Verkehr	SPD
Heide Moser *bis 25. April 2004*	Arbeit, Gesundheit und Soziales	SPD
Gitta Trauernicht *ab 26. Mai 2004*	*ab 1. März 2003:* Soziales, Gesundheit und Verbraucherschutz	
Klaus Müller	Umwelt, Natur und Forsten *ab 1. März 2003:* Umwelt, Naturschutz und Landwirtschaft	Bündnis 90/ Die Grünen
Ingrid Franzen *bis 31. Januar 2003*	Ländliche Räume, Landesplanung, Landwirtschaft und Tourismus *aufgelöst zum 1. März 2003*	SPD
Ute Erdsiek-Rave	Bildung, Wissenschaft, Forschung und Kultur	SPD

Personenregister

Quellen- und Literaturverzeichnis

I. Monographien, Biographien, wissenschaftliche Aufsätze und andere Analysen

Ackermann, Eduard: Frauen in der Politik – ein mühsamer Weg. In: *Ders.*: Politiker – Vom richtigen und vom falschen Handeln. Bergisch Gladbach 1996, S. 175-186

Ackermann, Volker: Presseartikel. In: *Rusinek, Bernd-A.; Ders.; Jörg Engelbrecht* (Hrsg.): Einführung in die Interpretation historischer Quellen. Schwerpunkt: Neuzeit. Paderborn 1992, S. 233-252

Alemann, Ulrich von: Methodik der Politikwissenschaft. Eine Einführung in Arbeitstechnik und Forschungspraxis. Stuttgart 2000

Andersen, Uwe: Land Schleswig-Holstein. In: *Ders.; Wichard Woyke* (Hrsg.): Handwörterbuch des politischen Systems der Bundesrepublik Deutschland. Bonn 2000, S. 353-357

Asgodom, Sabine; Monica Weber-Nau (Hrsg.): Frauen machen Politik. Düsseldorf 1995

Becker-Schmidt, Regina; Gudrun-Axeli Knapp (Hrsg.): Das Geschlechterverhältnis als Gegenstand der Sozialwissenschaften. Frankfurt (Main) 1995

Bergmann, Susanne: Aspekte der familiären und politischen Sozialisation von Spitzenpolitikerinnen und Führungsfrauen. In: *Foster, Helga; Helga Lukoschat; Barbara Schaeffer-Hegel* (Hrsg.): Die ganze Demokratie. Zur Professionalisierung von Frauen für die Politik. Pfaffenweiler 1998, S. 17-62

Bernhardt, Maike: Politik als (Frauen-) Beruf: zur Logik und Typologie der Karriere weiblicher Abgeordneten. Dissertation Universsität Tübingen 2000

Bethscheider, Monika: Wahlkampfführung und politische Weltbild. Eine systematische Analyse des Wahlkampfes der Bundestagsparteien in den Bundestagswahlkämpfen 1976 und 1980. Frankfurt (Main) 1987

Beyme, Klaus von: Die Entstehung des Ministerpräsidentenamtes in den parlamentarischen Systemen Europas. In: *Politische Vierteljahresschrift*, 10 (1969), S. 247-268

Bödeker, Hans-Erich (Hrsg.): Biographie schreiben. Göttingen 2003

Bohnsack, Ralf: Rekonstruktive Sozialforschung. Einführung in Methodologie und Praxis qualitativer Forschung. Opladen 1991

Bohnsack, Ralf; Winfried Martozki; Michael Meuser (Hrsg.): Hauptbegriffe Qualitativer Sozialforschung. Opladen 2003

Bourdieu, Pierre: Die männliche Herrschaft. Frankfurt (Main) 2005

Bourdieu, Pierre: Die feinen Unterschiede: Kritik der gesellschaftlichen Urteilskraft. Frankfurt (Main) 1998

Burchardt, Rainer; Werner Knobbe: Björn Engholm. Die Geschichte einer gescheiterten Hoffnung. Stuttgart 1993

Bude, Heinz: Das Altern einer Generation. Die Jahrgänge 1938-1948. Frankfurt (Main) 1995

Bude, Heinz: Der Fall und die Theorie. Zum erkenntnislogischen Charakter von Fallstudien. In: Gruppendynamik, Heft 4 (1988), S. 421-427

Bürklin, Wilhelm; Hilke Rebenstorf (Hrsg.): Eliten in Deutschland. Opladen 1997

Bürklin, Wilhelm P.: Die schleswig-holsteinische Landtagswahl vom 13. September 1987: Politische Affäre und parlamentarisches Patt. In: *Zeitschrift für Parlamentsfragen*, 19 (1989) 1, S. 43-58

Bürklin, Wilhelm P.: Die schleswig-holsteinische Landtagswahl vom 8. Mai 1988. Eine grundsätzliche Wahl zur politischen Erneuerung. In: *Zeitschrift für Parlamentsfragen*, 19 (1989) 4, S. 482-494

Busche, Jürgen: Selten soviel im Nebel gestochert. Die Barschel-Affäre war ein Schauspiel nur. In: *Neue Gesellschaft*, 44 (1997) 9, S. 786-790

Clemens, Bärbel (Hrsg.): Frauen machen Politik. Parlamentarierinnen in Niedersachsen. Hannover 1996

Decker, Frank: Direktwahl des Ministerpräsidenten? In: *Recht und Politik*, 37 (2001) 3, S. 152-162

Derlien, Hans-Ulrich: „Regieren" – Notizen zum Schlüsselbegriff der Regierungslehre. In: *Hartwich, Hans-Hermann; Göttrik Wewer* (Hrsg.): Regieren in der Bundesrepublik I: Konzeptionelle Grundlagen und Perspektiven der Forschung, Opladen 1990. S. 77-88

Diekmann, Andreas: Empirische Sozialforschung. Grundlagen, Methoden, Anwendungen. Hamburg 2002

Dittgen, Herbert: Politische Führung in Bonn und Washington. In: *Dürr, Tobias; Franz Walter* (Hrsg.): Solidargemeinschaft und fragmentierte Gesellschaft. Parteien, Milieus und Verbände im Vergleich. Opladen 1999, S. 249-264

Dobner, Elke: Wie Frauen führen. Innovation durch weibliche Führung. Heidelberg 1997

Döge, Peter; Rainer Volz: Wollen Frauen den neuen Mann? Traditionelle Geschlechterbilder als Blockaden von Geschlechterpolitik. In: *Konrad-Adenauer-Stiftung e.V.* (Hrsg.): Zukunftsforum Politik. Broschürenreihe, Sankt Augustin 2002

Edinger, Lewis J.: Politische Wissenschaft und politische Biographie. In: *Fijalkowski, Jürgen* (Hrsg.): Politologie und Soziologie. Opladen 1965, S. 75-84

Edinger, Michael; Claudia Holfert: Frauen im Parlament: Eroberung einer Männerbastion? In: Gesellschaft, Wirtschaft, Politik, 2005, 1, S. 29-40

Engelbrecht, Jörg: Autobiographien, Memoiren. In: *Rusinek, Bernd-A.; Volker Ackermann; Ders.* (Hrsg.): Einführung in die Interpretation historischer Quellen. Schwerpunkt: Neuzeit. Paderborn, München, Wien, Zürich 1992, S. 61-80

Fagagnini, Hans Peter: Was soll den politische Führung? In: *Zeitschrift für Politik*, 47 (2000) 3, S. 411-434

Fertmann, Ludger: Björn Engholm. Ein Portrait. München 1991

Fischer, Wolfram; Martin Kohli: Biographieforschung. In: *Voges, Wolfgang* (Hrsg.): Methoden der Biographie- und Lebenslaufforschung. Opladen 1987

Flick, Uwe: Qualitative Forschung. Theorie, Methoden, Anwendung in Psychologie und Sozialwissenschaften. Reinbek 2000

Foster, Helga; Helga Lukoschat; Barbara Schaeffer-Hegel (Hrsg.): Die ganze Demokratie. Zur Professionalisierung von Frauen für die Politik. Pfaffenweiler 1998

Froschauer, Ulrike; Manfred Lueger: Das qualitative Interview. Zur Praxis interpretativer Analyse sozialer Systeme. Wien 2003

Fuchs, Werner: Biographische Forschung: eine Einführung in Praxis und Methode. Opladen 1984

Gallus, Alexander: Biographik und Zeitgeschichte. In: *Aus Politik und Zeitgeschichte*, B 1-2 , 2005, S. 40-46

Gaus, Günter: Heide Simonis. In: *Ders*.: Zur Person. Berlin 1998, S. 29-57

Geißel, Brigitte: Politikerinnen. Politisierung und Partizipation auf kommunaler Ebene. Opladen 1999

Geißel, Brigitte: Politisierungsprozesse und politische Sozialisation von Frauen. Überblick und Diskussion zum Forschungsstand in der aktuellen deutschen und angloSächsischen Literatur. In: *Maleck-Lewy, Eva; Virginia Penrose* (Hrsg.): Gefährtinnen der Macht: politische Partizipation von Frauen im vereinigten Deutschland; eine Zwischenbilanz. Berlin 1995, S. 17-36

Germis, Carsten: Parlamentarische Untersuchungsausschüsse und politischer Skandal. Dargestellt am Beispiel des Deutschen Bundestages. Frankfurt (Main) 1988

Hagemann-White, Carol: Können Frauen die Politik verändern? In: *Aus Parlament und Zeitgeschichte*, 1987, B 9-10, S. 29-37

Haug, Frigga: Nachrichten aus dem Patriarchat. Merkel. In: *Das Argument* 47 (2005), 5, S. 2-4

Helms, Ludger: „Politische Führung" als politikwissenschaftliches Problem. In: *Politische Vierteljahresschrift*, 41 (2000) Heft 3, S. 411-434

Hennis, Wilhelm: Zum Begriff und Problem des politischen Stils. In: Ders.: Politik als praktische Wissenschaft. München 1968

Herzog, Dietrich: Der moderne Berufspolitiker. Karrierebedingungen und Funktion in westlichen Demokratien. In: *Hoffmann-Lange, Ursula et al.* (Hrsg.): Eliten in der Bundesrepublik Deutschland. Stuttgart 1990, S. 28-51

Herzog, Dietrich: Politische Führungsgruppen. Darmstadt 1982

Herzog, Dietrich: Politische Karrieren. Selektion und Professionalisierung politischer Führungsgruppen. Opladen 1975

Hesse, Joachim; Thomas Ellwein: Das Regierungssystem der Bundesrepublik Deutschland, Bd. 1, Wiesbaden 1997

Hoecker, Beate: Zwischen Macht und Ohnmacht: Politische Partizipation von Frauen in Deutschland. In: *Dies*. (Hrsg.): Handbuch politische Partizipation von Frauen in Europa. Opladen 1998, S. 65-90

Hoecker, Beate: Politische Partizipation von Frauen: Kontinuität und Wandel des Geschlechterverhältnisse in der Politik; ein einführendes Studienbuch. Opladen 1995

Hoecker, Beate: Innerparteiliche Frauenförderung in Großbritannien und Deutschland. In: *Zeitschrift für Parlamentsfragen* 27 (1994) 4, S. 642-657

Hoecker, Beate: Politik: Noch immer kein Beruf für Frauen? In: *Aus Politik und Zeitgeschichte* B 9-10, 1987, S. 3-14

Holl, Stefan: Landespolitiker: eine weitgehend unbeachtete Elite. In: *Hoffmann-Lange, Ursula et al.* (Hrsg.): Eliten in der Bundesrepublik Deutschland. Stuttgart 1990, S. 76-97

Holtmann, Everhard: Zwischenwahlen mit bundespolitischer Signalwirkung. Die Landtagswahlen vom 5. April 1992 in Baden-Württemberg und Schleswig-Holstein. In: *Gesellschaft, Wirtschaft, Politik*, 41 (1992) 2, S. 155-164

Holtz-Bacha, Christina (Hrsg.): Frauen, Politik und Medien. Wiesbaden 2008.

Jäger, Wolfgang; Werner Link (Hrsg.): Die Republik im Wandel 1974-1982. Die Ära Schmidt, Bd. 5/II. Mannheim 1995

Jäger, Wolfgang; Werner Link (Hrsg.): 1969-1974. Die Ära Brandt, Bd.5/I. Stuttgart 1986

Kahlweit, Cathrin: Damenwahl. Politikerinnen in Deutschland. München 1994

Käsler, Dirk (Hrsg.): Der politische Skandal. Zur symbolischen und dramaturgischen Qualität von Politik. Wiesbaden 1991

Kätzel, Ute: Die 68erinnen. Porträt einer rebellischen Frauengeneration. Berlin 2002

Kellmann, Klaus: Schleswig-Holstein. In: *Wehling, Hans-Georg* (Hrsg.): Die deutschen Länder Geschichte, Politik, Wirtschaft. Wiesbaden 2004, S. 281-296

Klecha, Stephan; Munimus, Bettina; Weinmann, Nico: Hessens Ministerpräsidenten im Profil. In: *Schroeder, Wolfgang* (Hrsg.): Parteien und Parteiensystem in Hessen. Vom Vier- zum Fünfparteiensystem? Wiesbaden 2008, S. 284-312.

Korte, Karl-Rudolf; Florack, Martin; Grunden, Timo: Regieren in Nordrhein-Westfalen. Strukturen, Stile und Entscheidungen 1990-2006. Wiesbaden 2006.

Krause-Burger, Sibylle: Heide Simonis. Mutter Courage und ihre Kinder. In: *Dies.*: Die neue Elite. Topmanager und Spitzenpolitiker aus der Nähe gesehen. Düsseldorf 1995, S. 171-180

Krumpholz, Doris: Einsame Spitze. Frauen in Organisationen. Wiesbaden 2004

Lamnek, Sigfried: Qualitative Sozialforschung, Lehrbuch. Weinheim 2005

Leinemann, Jürgen: Höhenrausch. Die wirklichkeitsleere Welt der Politiker. München 2004

Lorber, Judith: Gender-Paradoxien. Opladen 2003

Lorenz, Hilke: Kriegskinder. Das Schicksal einer Generation. München 2003

Lösche, Peter: "Politische Führung" und Parteivorsitzende. Einige systematische Überlegungen. In: *Forkmann, Daniela; Michael Schlieben* (Hrsg.): Die Parteivorsitzenden in der Bundesrepublik Deutschland 1949-2005. Wiesbaden 2005. S. 349-368

Lösche, Peter; Franz Walter: Die SPD. Klassenpartei. Volkspartei. Quotenpartei. Darmstadt, 1992

Lukoschat, Helga: Austausch und Vernetzung: Maßnahmen zur Stärkung von Frauen in der Politik. In: *Foster, Helga; Dies.; Barbara Schaeffer-Hegel* (Hrsg.): Die ganze Demokratie. Zur Professionalisierung von Frauen für die Politik. Pfaffenweiler 1998, S. 120-185

Machiavelli, Niccolo: Der Fürst. Frankfurt 2001

Merk, Heidrun: Politikerinnen in Führungspositionen und ihre öffentliche Wahrnehmung in den Medien. In: *Grebing, Helga; Karin Junker* (Hrsg.): Frau. Macht. Zukunft. Festschrift für Inge Wettig-Danielmeier. Marburg 2001, S. 159-162

Merseburger, Peter: Willy Brandt. 1913-1992. Visionär und Realist. Stuttgart/München 2002

Meyer, Antje: Heide Simonis. Deutschlands erste Ministerpräsidentin. Bergisch Gladbach 1994

Meyer, Birgit: Frauen im Männerbund. Politikerinnen in Führungspositionen von der Nachkriegszeit bis heute. Frankfurt (Main) 1997

Meyer, Birgit: „Politik ist eine Sucht wie das Rauchen". Frauen in politischen Führungspositionen. In: *Maleck-Lewy, Eva; Virginia Penrose* (Hrsg.): Gefährtinnen der Macht: politische Partizipation von Frauen im vereinigten Deutschland; eine Zwischenbilanz. Berlin 1995, S. 165-182

Meyer, Birgit: „Hat sie heute denn überhaupt gekocht?" Frauen in der Politik von der Nachkriegszeit bis heute in: *Brückner, Margrit; Birgit Meyer* (Hrsg.): Die sichtbare Frauen. Die Aneignung der gesellschaftlichen Räume. Freiburg i. Br. 1994, S. 369-412

Meyer, Birgit: Politik als Beruf – auch für Frauen? Oder: die Schwierigkeit, sich an die ersten Politikerinnen der Nachkriegszeit zu erinnern. In: *Institut Frau und Gesellschaft Frauenforschung*. 1989, Heft 3, S. 29-42

Meyer, Birgit: Frauen an die Macht!? Politische Strategien zur Durchsetzung der Gleichberechtigung von Mann und Frau. In: *Aus Politik und Zeitgeschichte,* B 9-10, 1987, S. 15-28

Micus, Matthias: Die „Enkel" Willy Brandts. Aufstieg und Politikstil einer SPD-Generation. Frankfurt (Main) 2005

Mielke, Siegfried; Werner Reutter: Länderparlamentarismus in Deutschland – eine Bestandsaufnahme. In: *Dies.* (Hrsg.): Länderparlamentarismus in Deutschland. Geschichte – Struktur – Funktionen. Wiesbaden 2004, S. 19-52

Mielke, Siegfried; Christian Bräuer: Landesparlamentarismus in Schleswig-Holstein: Vom disziplinierten Parlamentarismus zur Parlamentsregierung? In: *Mielke, Siegfried; Werner Reutter* (Hrsg.): Länderparlamentarismus in Deutschland. Geschichte – Struktur – Funktionen. Wiesbaden 2004, S. 447-504

Miethe, Ingrid; Silke Roth (Hrsg.): *Einleitung. Biografische Ansätze und Paradigmen der Bewegungsforschung. In: Dies.* (Hrsg.): Politische Biografien und sozialer Wandel. Gießen 2000, S. 7-24

Mnich, Peter: Die schleswig-holsteinische Landtagswahl vom 27. Februar 2000: Das erste Wählervotum nach der CDU-Affäre. In: *Zeitschrift für Parlamentsfragen*, 32 (2001), 1, S. 171-177

Mnich, Peter: Die schleswig-holsteinische Landtagswahl vom 24. März 1996: Grüne am Ziel, SPD wider Willen im rot-grünen Regierungsbündnis. In: *Zeitschrift für Parlamentsfragen*, 27 (1994) 4, S. 628-642

Mueller-Rommel, Ferdinand: Innerparteiliche Gruppierungen in SPD: Eine empirische Studie über informell-organistierte Gruppierungen von 1969-1980, Opladen 1982

Müller, Kay; Franz Walter: Graue Eminenzen der Macht. Küchenkabinette in der deutschen Kanzlerdemokratie. Von Adenauer bis Schröder. Wiesbaden 2004

Murswieck, Axel: Führungsstile in der Politik in vergleichender Perspektive. In: *Hartwich, Hans-Hermann; Göttrik Wewer* (Hrsg.): Regieren in der Bundesrepublik II. Formale und informale Komponenten des Regierens in den Bereichen Führung, Entscheidung, Personal und Organisation. Opladen 1991, S. 81-96

Ohr, Dieter; Markus Klein: „When a man meets a woman…" Heide Simonis und Volker Rühe als Spitzenkandidaten für das Amt des Ministerpräsidenten bei der Landtagswahl in Schleswig-Holstein am 27. Februar 2000. In: *Zeitschrift für Parlamentsfragen*, 32 (2001),1, S. 178-199

Oltmanns, Reimar: Frauen an der Macht: Marie Schlei, Renate Schmidt, Irmgard Adam-Schwaetzer, Rita Süssmuth, Antje Vollmer, Protokoll einer Aufbruchsära. Frankfurt (Main) 1990

Paris, Rainer: Stachel und Speer. Machtstudien. Frankfurt (Main) 1998

Rebenstorf, Hilke: Frauen im Bundestag – anders als die Männer? In: *Hoffmann-Lange, Ursula et al.* (Hrsg.): Eliten in der Bundesrepublik Deutschland. Stuttgart 1990, S. 52-75

Richter, Steffanie: Noch immer eine Männerdomäne? In: *Schneider, Herbert*: Ministerpräsidenten. Profil eines politischen Amtes im deutschen Föderalismus. Opladen 2001, S. 158-163

Romein, Jan: Die Biographie. Einführung in ihre Geschichte und ihre Geschichte und ihre Problematik. Bern 1948

Römmele, Andrea: Elitenrekrutierung und die Qualität politischer Führung. In: *Zeitschrift für Politik*, 51 (2004) 3, S. 259-276

Roth, Silke: Gründermütter, Rebellische Töchter, Political animals und kämpfende Opfer: Prozesse politische Sozialisation in biografischer Perspektive. In: *Miethe, Ingrid; Dies.*: Politische Biografien und sozialer Wandel. Gießen 2000, S. 129-149

Rühmkorf, Eva; Ute Vogt: „Wir sind die Besseren". Starke Frauen und Politik. Stuttgart 2002

Saretzki, Thomas; Ralf Tils: Die schleswig-holsteinische Landtagswahl vom 20. Februar 2005: Geheime Stimmverweigerung für Ministerpräsidentin Heide Simonis erzwingt Große Koalition. In: *Zeitschrift für Parlamentsfragen*, 36 (2006) 1, S. 145-163

Sauer, Birgit: Die Asche des Souveräns. Staat und Demokratie in der Geschlechterdebatte. Frankfurt (Main) 2001

Schaeffer-Hegel, Barbara: Der Berliner Frauensenat von 1989/1990. In: *Dies.* (Hrsg.): Frauen mit Macht. Zum Wandel der politischen Kultur durch die Präsenz von Frauen in Führungspositionen. Pfaffenweiler 1995, S. 9-31

Schaeffer-Hegel, Barbara: Elite ohne Frauen: Erfahrungen von Politikerinnen mit einer männlich geprägten Alltagswirklichkeit in Parteien und Parlamenten. In: *Leif, Thomas* (Hrsg.): Die politische Klasse in Deutschland. Eliten auf dem Prüfstand. Bonn 1992, S. 405-422

Schaeffer-Hegel, Barbara: Frauen und Macht: der alltägliche Beitrag der Frauen zur Politik des Patriarchats. Pfaffenweiler 1988

Scheer, Hermann: Die Politiker. München 2003

Schmid, Josef: Expertenbefragung und Informationsgespräch in der Parteienforschung: Wie föderalistisch ist die CDU? In: *Alemann, Ulrich von* (Hrsg.): Politikwissenschaftliche Methoden. Grundriss für Studium und Forschung. Opladen 1995

Schmid, Josef: Die „Kieler Affäre": Symptom eines deformierten Regierungssystems, Tat eines Einzelnen oder Kulminationspunkt einer schleswig-holsteinischen Sonderentwicklung? In: *Zeitschrift für Parlamentsfragen*, 19 (1989), 4, S. 495-504

Schmidt, Martina: Karrierefrauen und Partnerschaft. Sozialpsychologische Aspekte der Beziehung zwischen karriereambitionierten Frauen und ihren Lebenspartnern. Münster 1989

Schneider, Herbert: Ministerpräsidenten. Profil eines politischen Amtes im deutschen Föderalismus. Opladen 2001

Schnibben, Cordt; Volker Skierka: Macht und Machenschaften. Die Wahrheitsfindung in der Barschel-Affäre – Ein Lehrstück. Hamburg 1988

Schnitger, Elke: Frauen und Parlamente: Verhältnisse und Verhinderungen. Oldenburg 1990

Schöler-Macher, Bärbel: Die Fremdheit der Politik. Erfahrungen von Frauen in Parteien und Parlamenten. Weinheim 1994

Schöler-Macher, Bärbel: Elite ohne Frauen. Erfahrungen von Politikerinnen mit einer männlich geprägten Alltagswirklichkeit in Parteien und Parlamenten. In: *Leif, Thomas; Hans-Josef Legrand; Ansgar Klein* (Hrsg.): Die politische Klasse in Deutschland. Eliten auf dem Prüfstand. Bonn 1992, S. 405-422

Schröder, Wilhelm H.; Wilhelm Weege; Martina Zech: Historische Parlamentarismus-, Eliten- und Biographieforschung. Forschung und Service am Zentrum für Historische Sozialforschung. Köln 2000

Schulz-Erker, Gisela: Frauen, Öffentlichkeit und das Problem der Macht. Pfaffenweiler 1995

Schumann, Siegfried: Persönlichkeit, politische Einstellung und Wahlverhalten. In: *Berg-Schlosser, Dirk; Jakob Schissler* (Hrsg.): Politische Kultur in Deutschland. Bilanz und Perspektiven der Forschung. Opladen 1987, S. 392-402

Schüttemeyer, Suzanne S.: Schleswig-Holstein. In: *Esche, Falk; Jürgen Hartmann* (Hrsg.): Handbuch der deutschen Bundesländer. Frankfurt (Main) 1990, S. 417-450

Schwarz, Hans-Peter: Die Bedeutung der Persönlichkeit in der Entwicklung der Bundesrepublik. In: *Hrbek, Rudolf* (Hrsg.): Personen und Institutionen in der Entwicklung der Bundesrepublik Deutschland. Kehl 1985, S. 7-19

Simonis, Heide: Verzockt!: Warum die Karten von Markt und Staat neu gemischt werden müssen. Göttingen 2010

Simonis, Heide; Doris Steinhardt; Barbara Steinhardt-Böttcher: Drei Rheintöchter. Eine Kindheit am Rhein nach 1945. Bonn 2008.

Simonis, Heide: Ausgeteilt, eingesteckt: Leben mit und ohne Politik. Heide Simonis im Gespräch mit Erich Maletzke. Springe 2007.

Simonis, Heide: Unter Männern. Mein Leben in der Politik. München 2003

Simonis Heide: Engagement und Profession: Konkurrenz oder Ergänzung? In: *Kurz-Scherf, Ingrid; Hans-Jürgen Arlt* (Hrsg.): Arbeit, Bildung und Geschlecht. Prüfsteine der Demokratie. Frankfurt (Main) 2003, S. 267-278

Simonis, Heide: Kein Blatt vorm Mund. Für eine aktive Bürgergesellschaft. Hamburg 2002

Simonis, Heide: Ehrlichkeit und Selbstdarstellung in der Politik: An ihren Früchten sollt ihr sie erkennen. In: *Zeitschrift für politische Psychologie*, 1994, Nr. 1, S. 53-58

Steffani, Winfried: Ministerpräsident und/oder Premierminister? In: *Dürr, Tobias; Franz Walter* (Hrsg.): Solidargemeinschaft und fragmentierte Gesellschaft. Parteien, Milieus und Verbände im Vergleich. Opladen 1999, S. 223- 248

Steffani, Winfried: Die Republik der Landesfürsten. In: *Ritter, Gerhard A.* (Hrsg.): Regierung, Bürokratie und Parlament in Preußen und Deutschland von 1848 bis zur Gegenwart. Düsseldorf 1983, S. 181-213

Steffen, Jochen: Personalbeschreibung – Biografische Skizzen eines streitbaren Sozialisten. Kiel 1997

Strauss, Anselm L.: Grundlagen qualitativer Sozialforschung. München 1994

Volk, Inge: Gibt es eine weibliche Politik? Gespräche mit Politikerinnen Weinheim. Berlin 1992

Voronkov, Viktor: Politische Biografien im privaten und öffentlichen Diskurs. In: *Miethe, Ingrid; Silke Roth*: Politische Biografien und sozialer Wandel. Gießen 2000, S. 150-162

Walter, Franz: Die SPD: Vom Proletariat zur Neuen Mitte. Berlin 2002

Walter, Franz; Tobias Dürr: Die Heimatlosigkeit der Macht. Wie die Politik in Deutschland ihren Boden verlor. Berlin 2000

Walter, Franz: Führung in der Politik. Am Beispiel sozialdemokratischer Parteivorsitzender. In: *Zeitschrift für Politikwissenschaft*, 1997, Heft 4. S. 1261-1337

Weber, Ulla; Marion Esch; Barbara Schaeffer-Hegel: Politikerin als Beruf. Ergebnisse einer Untersuchung zur politischen Bildung und Professionalisierung von Frauen für die Politik. In: *Aus Politik und Zeitgeschichte*, B 22-23, 1998, S. 3-11

Weber, Max: Politik als Beruf. Stuttgart 1992

Weber, Max: Die „Objektivität" sozialwissenschaftlicher und sozialpolitischer Erkenntnis. In.: *Ders.*: Gesammelte Aufsätze, Band 7, Tübingen 1988

Weber, Max: Wirtschaft und Gesellschaft. Grundriss der verstehenden Soziologie. Tübingen 1976

Weiß, Petra: Hürdenlauf an die Macht? Politische Partizipation von Frauen in der SPD und die Quote. In: *Maleck-Lewy, Eva; Virginia Penrose* (Hrsg.): Gefährtinnen der Macht: politische Partizipation von Frauen im vereinigten Deutschland; eine Zwischenbilanz. Berlin 1995, S. 65-82

Werner, Fuchs: Biographische Methode. Eine Einführung in Praxis und Methoden. Opladen 1984

Wettig-Danielmeier, Inge: Greift die Quote? Köln 1997

Wettig-Danielmeier, Inge: Die Quote. Eine „Erfolgsstory" auf dem Prüfstand. In: *Leif, Thomas; Hans-Josef Legrand; Ansgar Klein* (Hrsg.): Die politische Klasse in Deutschland. Eliten auf dem Prüfstand. Bonn Berlin 1992, S. 423-429

Wewer, Göttrik: Landtagswahlen am 24. März 1996 in Baden-Württemberg, Rheinland-Pfalz und Schleswig-Holstein. In: *Gesellschaft, Wirtschaft, Politik,* 45 (1996), 2, S. 213-220

Wewer, Göttrik: Spielregeln, Netzwerke, Entscheidungen – auf der Suche nach der anderen Seite des Regierens. *Hartwich, Hans-Hermann; Ders.* (Hrsg.): Regieren in der Bundesrepublik II. Formale und informale Komponenten des Regierens in den Bereichen Führung, Entscheidung, Personal und Organisation. Opladen 1991, S. 9-31

Wiesendahl, Elmar: Zum Tätigkeits- und Anforderungsprofil von Politikern. In: *Brink, Stefan; Heinrich A. Wolf* (Hrsg.): Gemeinwohl und Verantwortung. Festschrift für Hans Herbert v. Arnim. Berlin 2004. S. 166-188.

Wildenmann, Rudolf: Führungsschicht in der Bundesrepublik Deutschland 1981. Mannheim 1982

Wolf, Michael (Hrsg.): Frauen und Männer in Organisationen und Leitungsfunktionen. Unbewusste Prozesse und die Dynamik von Macht und Geschlecht. Frankfurt (Main) 2002

Zastrow, Volker: Die Vier. Eine Intrige. Berlin 2009

Zeuner, Bodo: Macht Macht dumm? In: *Kurz-Scherf, Ingrid; Hans-Jürgen Arlt* (Hrsg.): Arbeit, Bildung und Geschlecht. Prüfsteine der Demokratie. Frankfurt (Main) 2003, S. 13-40

Zimmermann, Michael: Zeitzeugen. In: *Rusinek, Bernd-A.; Volker Ackermann; Jörg Engelbrecht* (Hrsg.): Einführung in die Interpretation historischer Quellen. Schwerpunkt: Neuzeit. Paderborn, München, Wien, Zürich 1992, S. 13-26

Zintz, Karin; Silke Roennefahrt: Der politische Skandal im Spannungsfeld zwischen Inszenierung und Kontrolle. Zur „Skandalogie" am Beispiel der Kieler Affäre. In: *Zeitschrift für Parlamentsfragen*, 1990, Heft 4, S. 600-609

II. Quellen

Deutscher Bundestag (Hrsg.): Amtliches Handbuch des Deutschen Bundestages. Rheinbreitbach 1991.

Jahrbuch der Sozialdemokratischen Partei Deutschlands 1968/69. Bonn-Bad Godesberg o. J.

Jahrbuch der Sozialdemokratischen Partei Deutschlands 1970/72. Bonn-Bad Godesberg o. J.

Jahrbuch der Sozialdemokratischen Partei Deutschlands 1975-77. Bonn-Bad Godesberg o. J.

Landespressestelle des Schleswig-Holsteinischen Landtages (Hrsg.): Handbücher Schleswig-Holstein, 12. – 15. Wahlperiode

Schindler, Peter: Datenhandbuch zur Geschichte des Deutschen Bundestages 1949 bis 1999. Baden-Baden 1999

Vierhaus, Rudolf; Ludolf Herbst (Hrsg.): Biographisches Handbuch der Mitglieder des Deutschen Bundestages 1949-2002, Band 1, A-M, München 2002

Vierhaus, Rudolf; Ludolf Herbst (Hrsg.): Biographisches Handbuch der Mitglieder des Deutschen Bundestages 1949-2002, Band 2, N-Z, München 2002

Vierhaus, Rudolf; Ludolf Herbst (Hrsg.): Biographisches Handbuch der Mitglieder des Deutschen Bundestages 1949-2002, Band 3, Zeittafel – Verzeichnisse – Ausschüsse, München 2003

III. Presse- und Mediendokumente

Zeitungsartikel (mit Verfasser)

Abs, Andreas: „Ich nehme das alles nicht so ernst". In: *Berliner Morgenpost*, 7.8.1994

Altenbockum, Jasper von: Frische Kraft für ungeliebte Aufgaben. In: *Frankfurter Allgemeine*, 23.9.1995

Altenbockum, Jasper von: „Ich bin die erste Ministerpräsidentin Deutschlands, vergessen Sie das nicht!" In: *Frankfurter Allgemeine*, 20.3.1996

Andresen, Karen: Ein Fuß auf der Bananenschale. In: *Der Spiegel*, 10.5.1993

Bahnsen, Uwe: Heide Simonis Favoritin im Norden. In: *Die Welt*, 2.4.1993

Bahnsen, Uwe: Der Eisernen Lady in Kiel droht ein heißer Herbst. In: *Die Welt*, 13.7.1993

Balk, Michael: Eine Präsidentin für die Bundesbank? In: *Frankfurter Neue Presse*, 20.9.1998

Beckermann, Antonia: Wer sitzt im 16. Bundestag? Weniger Frauen, viele Beamte. In: *Welt am Sonntag*, 25.9.2005

Beer, Manfred R.: Ihr Wahlsieg war das Gespräch im Norden. In: *Die Welt*, 25.10.1976

Bolesch, Cornelia: Eine Frau für unangenehme Sachen im Haushalt. In: *Süddeutsche Zeitung*, 19.2.1993

Bolesch, Cornelia: Tatkraft – eine Seelentherapie nach Kieler Art. In: *Süddeutsche Zeitung*, 5.5.1993

Bolesch, Cornelia: Im politischen Geschäft ganz normal. In: *Süddeutsche Zeitung*, 11.5.1994

Bolesch, Cornelia: Alpha-Tierchen brauchen keine Beta-Blocker. In: *Süddeutsche Zeitung*, 8.11.1995

Böttcher, Ralph: Talkshow auf der Kiste. In: *Kieler Nachrichten*, 7.3.1996

Breiholz, Jörn: Letzte Ovationen. In: *Frankfurter Rundschau*, 19.3.2005

Burchardt, Rainer: Gansel mal drei. In: *Die Zeit*, 31.12.1976

Busche, Jürgen: Günther Jansen Sozialminister in Kiel. In: *Süddeutsche Zeitung*, 3.3.1996

Casdorff, Stephan-Andreas: Wat mutt, dat mutt. In: *Der Tagesspiegel*, 18.3.2005

Christen, Ulf B.: Heide Simonis weht eine steife Brise ins Gesicht. In: *Berliner Morgenpost*, 7.1.2001

Christen, Ulf B.: Wer ist eigentlich Karl Pröhl? In: *Hamburger Abendblatt*, 27.3.2002

Christen, Ulf B.: Simonis: Alle meine Ex-Minister. In: *Hamburger Abendblatt*, 31.1.2003

Christen, Ulf B.: Simonis, die Rekord- Regentin. In: *Hamburger Abendblatt*, 7.10.2004

Christen, Ulf B.: „Simonis und Carstensen ticken ziemlich gleich". In: *Hamburger Abendblatt*, 22.1.2005

Christen, Ulf B.: Sie hätte den Zeitpunkt gern selbst bestimmt. In: *Hamburger Abendblatt*, 19.3.2005

Christen, Ulf B.: Simonis – ein Jahr nach dem Sturz. In: *Hamburger Abendblatt*, 16.3.2006

Dahlkamp, Jürgen: Patt am Watt. In: *Der Spiegel*, 21.3.2005

Dörries, Bernd: Die Trümmerfrau der SPD. In: *Süddeutsche Zeitung*, 5.7.2010

Eder, Florian: Simonis möchte nicht enden wie Teufel. In: *Financial Times Deutschland*, 22.2.2005

Ehrenstein, Claudia: Rasterfahndung in der SPD. In: *Die Welt*, 19.3.2005

Ewald, Rüdiger: Simonis bereitet sich auf Landtagswahl vor. In: *Berliner Zeitung*, 21.1.2003

Faltin, Sigrid: Rot-grün: Die etwas andere Ehe. In: *Natur: Das Umweltmagazin,* Nr. 6, 1998

Fehrle, Brigitte: Die Dankbarkeit in Person. In: *Berliner Zeitung*, 24.2.2000

Fehrle, Brigitte: Diesmal sofort „gut arbeiten" mit den Grünen. In: *Berliner Zeitung*, 28.2.2000

Fertmann, Ludger: Noch nie gab es eine Landesmutter. In: *Holsteinischer Courier*, 5.5.1993

Fertmann, Ludger: Die Frau mit Hut „kommt an". In: *Rheinische Post*, 16.2.1996

Fertmann, Ludger: Harmoniebedürftiger, als viele glauben. In: *Hamburger Abendblatt*, 22.5.1996

Fertmann, Ludger: Das Ansehen ist ramponiert. In: *Hamburger Abendblatt*, 25.10.1996

Fischer, Susanne: Die öffentliche Frau. In: *Die Woche*, 15.5.1996

Fromme, Friedrich Karl: Gerede über Kanzlerkandidatin der SPD. In: *Frankfurter Allgemeine*, 15.1.1996

Gaus, Bettina: Mühsal einer Sozialdemokratin. In: *die tageszeitung*, 19.5.2003

Geiger, Stefan: Alle Augen warten auf Heide Simonis. In: *Der Tagesspiegel*, 16.5.1993

Geisler, Astrid: DIE GROSSE HEIDE SHOW. In: *die tageszeitung*, 17.2.2005

Geisslinger, Kiel Esther: Simonis wird nachdenklich. In: *die tageszeitung*, 18.3.2005

Goos, Diethart: Sie will den Posten des Minister-Präsidenten. In: *Die Welt*, 5.5.1993

Goos, Diethart: Heide Simonis und die Flucht der Professoren. In: *Die Welt*, 21.1.1995

Goos, Diethart: Heide Simonis bleibt in Schleswig-Holstein. In: *Die Welt*, 1.10.1998

Goos, Diethart: Mozartfan mit eigenen Vorstellungen von Humor. In: *Die Welt*, 20.11.1998

Goos, Diethart: Der alte Schwung ist hin. In: *Die Welt*, 28.7.2000

Goos, Diethart: Abgetaucht: Heide Simonis macht sich in Öffentlichkeit rar. In: *Die Welt*, 5.10.2000

Goos, Diethart: Kieler SPD erwartet Signal zur Zukunft von Heide Simonis. In: *Die Welt*, 3.3.2001

Goos, Diethart: Das Diäten-Debakel hat auch Heide Simonis beschädigt. In: *Die Welt*, 7.5.2003

Groth, Gisela: Preußisch locker. In: *Lübecker Nachrichten*, 30.5.1993

Groddek, Eckard: Kein Freund, der warnte. In: *Kieler Nachrichten*, 18.3.2005

Grunenberg, Nina: Die gewiefte Haushälterin. In: *Die Zeit*, 22.3.1996

Günsche, Karl-Ludwig: Verführung der Macht. In: *Stuttgarter Zeitung*, 19.3 2005

Haarhoff, Heike: Minister auf der Flucht. In: *die tageszeitung*, 2.3.2000

Hagenow, Walter: Die Lady der Guerilla-Schule. In: *Die Woche*, 13.5.1993

Haselberger, Stephan: Die müde Königin. In: *Der Tagespiegel*, 13.3.2005

Haselberger, Stephan: Der große Wahlkampf-Klönschnack. In: *Der Tagespiegel*, 7.2.2005

Hasse, Edgar S.: Flankenschutz für Simonis. *Die Welt*, 22.2.2005

Hassenstein, Reinhardt: Auf dem Weg zur Regierungschefin. In: *Handelsblatt*, 4.5.1993

Hassenstein, Reinhardt: Enttäuschung über machtpolitische Alleingänge der SPD. In: *Handelsblatt*, 16.1.1995

Haug, Isolde: „Das hat Monika nicht verdient“. In: *Kieler Nachrichten*, 15.5.1992

Hauck, Christian: Amtierende Legende versus Stimmungskanone. In: *Das Parlament*, Nr. 27, 12./19.7.2004

Heinen, Guido: Bilanz der Schloss-Affäre – ein schaler Beigeschmack bleibt. In: *Die Welt*, 9.12.2003

Herz, Wilfried: Die gerade Linke. In: *Die Zeit*, 7.2.1992

Herz, Wilfried: Chefin werden, aber ohne Quote. In: *Die Zeit*, 9.4.1993

Herz, Wilfried: Die forsche Heide. In: *Die Zeit*, 22.9.1995

Hess, Dorit: Hutlos, kopflos, führungslos. In: *Handelsblatt*, 23.3.2005

Hickmann, Christoph: Auf der Suche nach Profil. In: *Süddeutsche Zeitung*, 13.12.2006

Hillenkamp, Sven: Das Amt bekleiden. In: *Zeitleben*, Nr. 38, September 2006

Höver, Peter: Heide Simonis: Die rote Lady, die gern mal aneckt. In: *Kieler Nachrichten*, 11.3.1993

Höver, Peter; Urs, Stahl: Gestrauchelt übers „gute Herz“. In: *Kieler Nachrichten*, 24.3.1993

Höver, Peter: Ab heute „First Lady“. In: *Kieler Nachrichten*, 19.5.1993

Höver, Peter: Eine Praktikerin ohne Visionen. In: *Kieler Nachrichten*, 26.8.1993

Höver, Peter: SPD-Fraktion rüffelt die Regierungschefin. In: *Kieler Nachrichten*, 2.10.1993

Höver, Peter: Pragmatismus statt Wolkenkuckucksheim. In: *Kieler Nachrichten*, 20.5.1994

Höver, Peter: Das Heft in der Hand. In: *Kieler Nachrichten*, 18.1.1995

Höver, Peter: Von „Wolke sieben“ ins seelische Tief? In: *Kieler Nachrichten*, 30.11.1996

Höver, Peter: Simonis rechnet mit kurzen Koalitionsverhandlungen. In: *Kieler Nachrichten*, 28.2.2000

Höver, Peter: Wenig Glanz – aber Simonis sitzt fest im Sattel. In: *Flensburger Tageblatt*, 28.12.2002

Höver, Peter: Simonis startet durch zur Wahl 2005. In: *Flensburger Tageblatt*, 28.12.2002

Höver, Peter: In der Regierung Simonis müssen vor allem die Ministerinnen zittern. In: *Flensburger Tageblatt*, 28.12.2002

Höver, Peter: Eine angriffslustige Simonis und Politik „für den Allerwertesten“. In: *Flensburger Tageblatt*, 19.06.2003

Höver, Peter: Der Simonis-Faktor soll’s richten. In: *Flensburger Tageblatt*, 23.10.2004

Kampe, Kersten: Schnellrednerin mit Wirtschaftskompetenz. In: *Stuttgarter Nachrichten*, 21.5.1993

Kappert, Ines: Das Genussverbot. In: *die tageszeitung*, 7.11.2009

Käppner, Joachim: Rot-grünes Menetekel. In: *Süddeutsche Zeitung*, 21.2.2005

Klotzbücher, Sabine: Abwarten. In: *Stuttgarter Nachrichten*, 12.1.1996

Kluth, Michael: Zoff und Geld und Politik – die Undiplomatische. In: *Hamburger Abendblatt*, 15.5.1993

Kluth, Michael: Die drei nach Simonis. In: *Hamburger Abendblatt*, 6.1.1998

Kluth, Michael: Sie ist nervös. In: *Hamburger Abendblatt*, 16.6.1998

Klüver, Reymer: Heide Simonis wird von Rücktrittswelle überrascht. In: *Süddeutsche Zeitung*, 1.3.2000

Klüver, Reymer: Die Stehauf-Frau. In: *Süddeutsche Zeitung*, 30.3.2002

Klüver, Reymer: Wie ein Leuchtturm im Küstennebel. In: *Süddeutsche Zeitung*, 30.3.2002

Klüver, Reymer: Das Kieler Kabinett wird kleiner. In: *Süddeutsche Zeitung*, 20.1.2003

Klüver, Reymer: Grummeln in Kiel. In: *Süddeutsche Zeitung*, 12.4.2003

Knop, Steffi: Beifall, Rosen und dann? In: *Wochenpost*, 19.5.1993

Krupa, Matthias: Die Leere nach dem Sturz. In: *Die Zeit*, 23.3.2005

Krupa, Matthias: „Ich kann loslassen". In: *Die Zeit*, 14.4.2005

Lambeck, Silke: Ein Küsschen hier, eine Backpfeife da. In: *Berliner Zeitung*, 11.2.1994

Lang, Susanne: So ist sie eben, die Simonis. In: *die tageszeitung*, 5.4.2006

Latsch, Gunther: „Panik im Heide-Park". In: *Der Spiegel*, 21.6.2003

Leinemann, Jürgen: „Mächtig am Kommen". In: *Der Spiegel*, 10.5.1993

Lentz, Brigitta: „Ich liebe Zoff". In: *Capital*, Nr. 10 1995

Longardt, Christian: Simonis privat. In: *Lübecker Nachrichten*, 24.1.1996

Lorenzo, Giovanni di: Heide Simonis. Deutschlands erste Ministerpräsidentin. In: *Süddeutsche Zeitung*, 5.5.1993

Maletzke, Erich: Eiserne Lady von Kiel. In: *Deutsches Allgemeines Sonntagsblatt*, 28.2.1992

Maletzke, Erich: Von Null auf 400 Silben in nur einer Minute. In: *Flensburger Tageblatt*, 5.5.1993

Maletzke, Erich: Die Kindereien der Männer. In: *Deutsches Allgemeines Sonntagsblatt*, 4.2.1994

Maletzke, Erich: „Ich bin echt angeschlagen" In: *Flensburger Tageblatt*, 5.2.1994

Maletzke, Erich: Szenen einer Fern-Ehe. In: *Flensburger Tageblatt*, 3.3.1994

Maletzke, Erich: Heide Simonis. In: *Flensburger Tageblatt*, 8.4.1997

Maletzke, Erich: Der „Mann fürs Grobe" steigt ein. In: *Flensburger Tageblatt*, 12.9.1997

Maletzke, Erich: Ein Ehrenwort, das nicht trägt. In: *Flensburger Tageblatt*, 12.9.1997

Maletzke, Erich: „Im Strudel schlimmer Vergehen". In: *Flensburger Tageblatt*, 11.10.1997

Maletzke, Erich: Ein Hoffnungsträger scheitert. In: *Flensburger Tageblatt*, 11.10.1997

Maletzke, Erich: Machtlos in Kiel: Simonis' tiefer Fall. In: *Flensburger Tageblatt*, 18.3.2005

Maletzke, Erich: Vier Wahlgänge und eine gedemütigte Heide Simonis: Wer ist der Abweichler im rot-grünen Lager? In: *Flensburger Tageblatt*, 18.3.2005

Maltzan, Carsten: Es wird gefeiert, dass die Heide wackelt. In: *Flensburger Tageblatt*, 2.7.1998

Maltzan, Carsten: Klares Signal. Heide Simonis bleibt in Kiel. In: *Flensburger Tageblatt*, 30.9.1998

Maltzan, Carsten: Simonis bleibt: SPD erleichtert. In: *Flensburger Tageblatt*, 30.9.1998

Maroldt, Lorenz: Friede, Freude, Smörrebröd. In: *Der Tagesspiegel*, 12.3.2005

Martenson, Sten: Erfolg trotz Niederlage. In: *Deutsches Allgemeines Sonntagsblatt*, 25.12.1977

Martenson, Sten: Heide Simonis. In: *Stuttgarter Zeitung*, 14.5.1988

Martenson, Sten: Unverblümt, politisch klug und auch noch wetterfest. In: *Stuttgarter Zeitung*, 11.4.1994

Matthies, Corinna: „Ich habe einen Sprachfehler, ich kann nicht nein sagen". In: *Berliner Morgenpost*, 07.6.1998

Meyer, Cordula: Derbe Flüche, feiner Spott. In: *Der Spiegel*, 26.05.2003

Michels, Reinhold: „Liebe, gute, alte Heide". In: *Reihnische Post*, 2.2.2005

Mika, Bascha: „Ich bin wahnsinnig zäh". In: *die tageszeitung*, 15.5.1993

Mika, Bascha: Die Macht steht ihr gut. In: *die tageszeitung*, 28.2.1996

Mishra, Robin: Unikat und Unikum. In: *Rheinischer Merkur*, 13.1.2005

Molitor, Wolfgang: Das Wunder von Kiel: Für Heide Simonis wird eine Oberstudienrätin zur Königsmacherin. In: *Stuttgarter Nachrichten*, 22.2.2005

Nitschmann, Johannes: Ihm reicht's. In: *Süddeutsche Zeitung*, 13.12.2006

Nitschmann, Johannes: Mit Kraft und Angriffslust. In: *Süddeutsche Zeitung*, 13.12.2006

Oestreich, Heide: Spaß an der Macht. In: *die tageszeitung*, 16.9.2003

Oestrich, Heide: Tabuisierte Geschlechterfrage. In: *die tageszeitung*, 2.11.2009

Ott, Ursula: Härte zeigen, Heide Simonis! In: *Die Woche*, 10.3.1994

Pergande, Frank: Die SPD kann nicht ohne Simonis. In: *Frankfurter Allgemeine*, 23.2.2005

Pergande, Frank: Und sie weiß nicht, warum. In: *Frankfurter Allgemeine*, 18.3.2005

Petersen, Arnold: Weder Mutti noch Lady. In: *Lübecker Nachrichten*, 19.5.1994

Petersen, Arnold: Die Premierenfrau. In: *Lübecker Nachrichten*, 20.10.1995

Plog, Karsten: Norbert Gansel und Heide Simonis. In: *Stuttgarter Zeitung*, 10.4.1993

Plog, Karsten: Der König hat abgedankt, es lebe die neue Königin. In: *Frankfurter Rundschau*, 10.4.1993

Plog, Karsten: Mit schwerem Gepäck ins politische Gefecht: *Der Tagespiegel*, 21.9.1995

Plog, Karsten: Theatertratsch im Treppenhaus: *Der Tagespiegel*, 30.7.2000

Plog, Karsten: „Simonis fehlt der Glanz von Engholm". In: *Stuttgarter Zeitung*, 30.4.2002

Plog, Karsten: Konkurrenz für Heide Simonis ist in der Kieler SPD nicht in Sicht. In: *Frankfurter Rundschau*, 22.1.2003

Probst, Lothar: Reine Landtagswahlkämpfe sind kein Auslaufmodell. In: *Die Welt*, 28.2.2000

Remmers, Bernhard: Heide Simonis sagt „Nein" zur Kronprinzessin. In: *Flensburger Tageblatt*, 11.3.1993

Remmers, Bernhard: Das Lächeln der Heide Simonis. In: *Flensburger Tageblatt*, 8.5.1993

Roggenkamp, Viola: Onkel Herberts Liebling. In: *Die Zeit*, 10.10.1980

Salewski, Wolfgang: Der Mensch ist früher fertig. In: Süddeutsche Zeitung, 13.10.2006

Schilder, Peter: Die Senkrechtstarterin. In: *Frankfurter Allgemeine*, 13.12.2006

Schlegel, Tobias: Im Kreuzgang. In: *Der Tagesspiegel*, 31.10.2009

Schmale, Holger: Der gute Ruf. In: *Berliner Zeitung*, 27.4.2002

Schmale, Holger: Das System Heide. In: *Berliner Zeitung*, 15.2.2005

Schmale, Holger: Müde an die Macht. In: *Berliner Zeitung*, 2.3.2005

Schmale, Holger: Müde, kraftlos, Simonis. In: *Berliner Zeitung*, 11.3.2005

Schmidt, Giselher: Diskreter Feminismus von links. In: *Das Parlament*, 4.1.1986

Schönicke, Christoph: Angst vor der Courage. In: *Frankfurter Neuer Presse*, 12.1.1996

Schrep, Bruno: „Heide, Heide, Heide". In: *Der Spiegel*, 29.6.1998

Schunk, Thomas: Der „Dicke" blieb ungerügt. In: *Flensburger Tageblatt*, 8.11.1997

Sethe, Helmut: Man versucht, sich gegenseitig behutsamer anzufassen als die Männer. In: *Husumer Nachrichten*, 7.10.1982

Simonis, Heide: Gleich unter Gleichen. In: *Der Spiegel*, 6.5.1996

Simonis, Heide: Wir fürchten die Leere, die Stille. In: *Cicero*, 5/2004

Skierka, Volker: Im Profil Heide Simonis – SPD-Finanzministerin von Schleswig-Holstein. In: *Süddeutsche Zeitung*, 16.3.1989

Sosalla, Ulrike: Königin ohne Reich. In: Financial Times Deutschland, 22.2.2005

Stade, Bodo: Machtwort für die Genossen. In: *Kieler Nachrichten*, 5.7.2000

Stade, Bodo: Aussage gegen Aussage. In: *Kieler Nachrichten*, 17.9.2002

Stade, Bodo: So lange hat noch keiner zuvor regiert. In: *Kieler Nachrichten*, 9.10.2004

Stade, Bodo: Sie musste immer wieder kämpfen. In: *Kieler Nachrichten*, 18.3.2005

Stahl, Urs: „Nicht wieder 92 Seiten Koalitionsvertrag". In: *Kieler Nachrichten*, 28.2.2000

Stahl, Urs: Heide Simonis muss aufpassen. In: *Kieler Nachrichten*, 18.3.2005

Stief, Gabi: Heide und die Politik: Eine lange Liebe. In: *Hannoversche Allgemeine Zeitung*, 18.3.2005

Stüben, Heike: Klaus Gärtner: Mit seinem Rücktritt verliert Simonis ihren engsten Mitarbeiter. In: *Kieler Nachrichten*, 13.3.2002

Sturm, Daniel Friedrich: Folklore für die Stammklientel – Heide Simonis, SPD. In: *Die Welt*, 12.5.2005

Süskind, Martin, E.: Heide Simonis. Finanzministerin, vertritt die Länder im Tarifstreit. In: *Süddeutsche Zeitung*, 7.5.1992

Thoemmes, Martin: Temperamentvolle Sparkommissarin. In: *Rheinischer Merkur*, 7.5.1993

Thomas, Christian: Es steht nicht gut um Heide Simonis. In: *Das Parlament*, 14./21.7.2003

Vaquette, Gabriele: Mit Witz und Grips nach oben. In: *Holsteinischer Courier*, 4.3.1995

Vestring, Bettina: Drei Frauen, eine Mehrheit. In: *Berliner Zeitung*, 22.2.2005

Wenz, Dieter: Eiserne Sparkommissarin. In: *Frankfurter Allgemeine*, 25.9.1997

Wenz, Dieter: Pointiertes öffentliches Urteil. In: *Frankfurter Allgemeine*, 30.10.1997

Wenz, Dieter: Allgemein gelte ich als netter. In: *Frankfurter Allgemeine*, 18.08.1999

Wenz, Dieter: Auf bröseligem Fundament. In: *Frankfurter Allgemeine*, 29.2.2000

Wenz, Dieter: Eine Frau als starker Mann. In: *Frankfurter Allgemeine*, 24.2.2000

Wenz, Dieter: Die Niederlagen einer Wahlsiegerin. In: *Frankfurter Allgemeine*, 29.11.2000

Wenz, Dieter: Was wusste die Ministerpräsidentin. In: *Frankfurter Allgemeine*, 2.11.2002

Wenz, Dieter: Heide Simonis soll es richten. In: *Frankfurter Allgemeine*, 7.12.2002

Wenz, Dieter: Aus dem Schneider? In: *Frankfurter Allgemeine*, 21.12.2002

Wenz, Dieter: Thönnes als Landesvorsitzender abgewählt. In: *Frankfurter Allgemeine*, 14.4.2003

Wenz, Dieter: Scherben aufkehren. In: *Frankfurter Allgemeine*, 13.5.2003

Wenz, Dieter: Hat Heide Simonis vor dem „Filzausschuss“ gelogen? In: *Frankfurter Allgemeine*, 19.5.2003

Westhoff, Joachim: Die Erste. In: *Westfälische Rundschau*, 20.5.1993

Wessels, Herbert: Im Hintergrund ein Mann für alle Fälle. In: *Hamburger Abendblatt*, 29.11.1992

Wiegand, Ralf: Frau Käpt'n steht im Trockenen. In: *Süddeutsche Zeitung*, 15.2.2005

Wiegand, Ralf: Showdown zweier Dickköpfe. In: *Süddeutsche Zeitung*, 11.3.2005

Wiegand, Ralf: Prima Klima. In: *Süddeutsche Zeitung*, 11.3.2005

Wiegand, Ralf: Fristlos gekündigt. In: *Süddeutsche Zeitung*, 28./29.1.2006

Wilke, Uta: Kabinett-Pläne ohne Möller und Franzen. In: *Kieler Nachrichten*, 7.9.2002

Wilke, Uta: Gärtner: Ich habe schlicht etwas übersehen – dreimal. In: *Kieler Nachrichten*, 5.11.2002

Wilke, Uta: Simonis tritt wieder an. In: *Kieler Nachrichten*, 22.1.2003

Wilke, Uta: Suchen nach dem Motiv. In: *Kieler Nachrichten*, 18.2.2005

Wille, Joachim: Für einen ganzen SPD-Pullover wird es nicht reichen. In: *Frankfurter Rundschau*, 19.9.1995

Zastrow, Volker: „Die Folgen dieser ehrlosen Schweinerei…“. In: *Frankfurter Allgemeine*, 19.3.2005

Zurheide, Jürgen: „Wir machen keinen Mädchen-Wahlkampf“. In: *Der Tagespiegel*, 25.2.2005

Zeitungsartikel (ohne Verfasser)

Eine Wirtschaftssprecherin der SPD? In: *Süddeutsche Zeitung*, 25.1.1979

Unerwartet deutlicher Sieg für Heide Simonis im Wahlkreis 4. In: *Eckernförder Zeitung*, 6.10.1980

Auch SPD-Linke will Stellvertreter Wehners werden. In: Süddeutsche Zeitung, 12.11.1981

Heide Simonis. In: *die tageszeitung*, 3.5.1993

Heide Simonis nominiert. In: *Frankfurter Allgemeine*, 17.5.1993

Große Mehrheit für Simonis. In: *Berliner Zeitung*, 17.5.1993

SPD nominiert Heide Simonis. In: *Süddeutsche Zeitung*, 17.5.1993

Heide Simonis' Erfolgsrezept: Flirten allein genügt nicht. In: *Die Welt*, 17.9.1993

Heide Simonis. Resolute Chefin und Landesmutter. In: *Dithmarscher Landeszeitung*, 18.4.1994

Heide Simonis: Erste Frau an der Spitze. In: *Vorwärts*, Juni 1995

Simonis schlägt Auflösung der SPD-Troika vor. In: *Der Tagesspiegel*, 10.8.1995

Kanzlerin Simonis: Will sie, oder will sie nicht? In: *Kieler Nachrichten*, 12.1.1996

„Der Satz ist weg". In: *Der Spiegel*, 18.3.1996

Simonis widerspricht Gerüchten über Wechsel. In: *Frankfurter Rundschau*, 20.9.1998

Linke Modernisiererin auf Konsolidierungskurs. In: *Neue Zürcher Zeitung*, 23.2.2000

Simonis regiert mit Frauenpower. In: *Flensburger Tageblatt*, 29.3.2000

Simonis trennt sich vom Chef der Staatskanzlei. In: *Frankfurter Allgemeine*, 13.3.2002

Kritik an Simonis aus den eigenen Reihen In: *Flensburger Tageblatt*, 3.2.2003

Die stille Revolte der Partei. In: *Kieler Nachrichten*, 14.4.2003

Widerstand aus den eigenen Reihen – Es kriselt in Kiel. In: *Die Welt*, 27.5.2003

Die SPD in Schleswig-Holstein schrumpft weiter. In: *Die Welt*, 14.4.2004

Petersilie zerzaust. In: *die tageszeitung*, 21.2.2005

Aus Tränen wurden Konfetti. *Hamburger Abendblatt*, 22.2.2005

Simonis will ohne Mehrheit regieren. In: *Frankfurter Rundschau*, 22.2.2005

Waagemut. In: *Frankfurter Allgemeine*, 23.2.2005

Gelassenheit mit Grund. In: *Frankfurter Allgemeine*, 24.2.2005

...am Abgrund. In: *Financial Times Deutschland*, 18.3.2005

„Ehrlose Schweinerei". In: *Die Welt*, 19.3.2005

„Ein Mann – kühl und rachsüchtig". In *Frankfurter Allgemeine*, 15.4.2005

Freie Bahn. In: *Frankfurter Allgemeine*, 25.4.2005

Zeitungsinterviews

„Das Land wird zur Normalität zurückkehren", Interview mit Heide Simonis. In: *Flensburger Tageblatt*, 4.9.1993

„Wie kleine Jungs im Sandkasten", Interview mit Heide Simonis. In: *Der Stern*, 10.8.1995

„Tief nach Luft schnappen", Interview mit Heide Simonis. In: *Der Spiegel*, 14.2.1994

„Die Fraktion braucht frisches Blut", Interview mit Lothar Hay. In: *Kieler Nachrichten*, 15.7.2003

„Ich habe ernsthaft überlegt, aus der Partei auszutreten", Interview mit Heide Simonis. In: *Süddeutsche Zeitung*, 14.4.2005

„Natürlich ist die SPD meine Partei", Interview mit Heide Simonis. In: *Kieler Nachrichten*, 15.4.2005

„Mein Mann wird verrückt mit mir", Interview mit Heide Simonis. In: *Der Stern*, 10.2.2005

IV. Sonstige Quellen

Internet-Quellen

Führen heißt auch: den Kopf hinhalten, Interview mit Heide Simonis. Entnommen aus: http://www.in-fuehrung-gehen.de/download/Interview_Simonis.pdf, eingesehen am 30.09.2006

Barbieux, Fréderik; Steffi Gande: Frauen in Spitzenpositionen. Entnommen aus: http://www.krauthammer.com/visions/VRB10GE.htm, eingesehen am 18.4.2006

Lehmacher; Stefan: Landesmutter mit losem Mundwerk. ZDF, 11.02.2005. Entnommen aus: http://www.zdf.de/ZDFde/inhalt/18/0,1872,2260466_2265573_TB,00.html, eingesehen am 5.07.2006

Schleswig-holsteinische Landesregierung: http://landesregierung.schleswig-holstein.de, eingesehen am 12.8.2006

Ergebnisse der Longitudinalstudie zur Genese individueller Kompetenzen (LOGIK-Studie) des Arbeitskreises des Max-Planck-Instituts für Kognitions- und Neurowissenschaften in München. Entnommen: http://www.volkswagenstiftung.de/fileadmin/downloads/LOGIK-Zusammenfassung82006.pdf, eingesehen am 21.10.2006

Landeshauptstadt Kiel (Hrsg.): Gemeindewahlen und Sitzungsverteilung in der Ratsversammlung seit 1948. Entnommen aus: www.kiel.de/.../04/Statistik/pdf/wahlen/Gemeindewahlenund Sitzverteilunginder-Ratsversammlungseit1948.pdf, eingesehen am 2.11.2006

Andere Quellen

Pfeifer, Wolfgang et al. (Hrsg.): Etymologisches des Deutschen. Band O-Z. Berlin 1989, S. 1824 Datenauszug erhalten vom Statistischen Amt für Hamburg und Schleswig-Holstein im Oktober 2006

Landeswahlergebnis Schleswig-Holstein der Bundestagswahl am 6.03.1983, BVII 1-5/83, Datenauszug erhalten vom Statistischen Amt für Hamburg und Schleswig-Holstein im Oktober 2006

Landeswahlergebnis Schleswig-Holstein der Bundestagswahl am 5.10.1980, BVII 1-5/80, Datenauszug erhalten vom Statistischen Amt für Hamburg und Schleswig-Holstein im Oktober 2006

Landeswahlergebnis Schleswig-Holstein der Bundestagswahl am 3.10.1976, BVII 1-5/76, Datenauszug erhalten vom Statistischen Amt für Hamburg und Schleswig-Holstein im Oktober 2006

Landeswahlergebnisse Schleswig-Holstein der Bundestagswahl am 19.11.1972, BVII 1-5/72, Datenauszug erhalten vom Statistischen Amt für Hamburg und Schleswig-Holstein im Oktober 2006

Landeswahlergebnisse Schleswig-Holstein der Landstagswahl am 5.04.1992, Statistischer Bericht, Datenauszug erhalten vom Statistischen Amt für Hamburg und Schleswig-Holstein im Oktober 2006

Landeswahlergebnisse Schleswig-Holstein der Landstagswahl am 24.03.1996, Statistischer Bericht, Datenauszug erhalten vom Statistischen Amt für Hamburg und Schleswig-Holstein im Oktober 2006

Landeswahlergebnisse Schleswig-Holstein der Landstagswahl am 27.02.2000, Statistischer Bericht, Datenauszug erhalten vom Statistischen Amt für Hamburg und Schleswig-Holstein im Oktober 2006

Landeswahlergebnisse Schleswig-Holstein der Landstagswahl am 20.02.2005, Statistischer Bericht, Datenauszug erhalten vom Statistischen Amt für Hamburg und Schleswig-Holstein im Oktober 2006

Wagner, Hans: Ästhetik bei der Tragödie bei Aristoteles bis Schiller. Würzburg 1987

GÖTTINGER JUNGE FORSCHUNG

Schriftenreihe des Göttinger Instituts für Demokratieforschung

Herausgegeben von Dr. Matthias Micus

ISSN 2190-2305

1 *Stine Harm*
Bürger oder Genossen?
Carlo Schmid und Hedwig Wachenheim - Sozialdemokraten trotz bürgerlicher Herkunft
ISBN 978-3-8382-0104-7

2 *Benjamin Seifert*
Träume vom modernen Deutschland
Horst Ehmke, Reimut Jochimsen und die Planung des Politischen in der ersten Regierung Willy Brandts
ISBN 978-3-8382-0105-4

3 *Robert Lorenz*
Siegfried Balke
Grenzgänger zwischen Wirtschaft und Politik in der Ära Adenauer
ISBN 978-3-8382-0137-5

4 *Johanna Klatt*
Rita Süssmuth
Politische Karriere einer Seiteneinsteigerin in der Ära Kohl
ISBN 978-3-8382-0150-4

5 *Bettina Munimus*
Heide Simonis
Aufstieg und Fall der ersten Ministerpräsidentin Deutschlands
Mit einem Geleitwort von Heide Simonis
ISBN 978-3-8382-0170-2

In Vorbereitung:

Michael Lühmann
Der Osten im Westen – oder: Wie viel DDR steckt in Angela Merkel, Matthias Platzeck und Wolfgang Thierse?
Versuch einer Kollektivbiographie
ISBN 978-3-8382-0138-2

Frauke Schulz
„Im Zweifel für die Freiheit“
Aufstieg und Fall des Seiteneinsteigers Werner Maihofer in der FDP
ISBN 978-3-8382-0111-5

Daniela Kallinich
Die politische Karriere von Nicolas Sarkozy
ISBN 978-3-8382-0122-1

Ralf Schönfeld
Kanzleramtschefs im vereinigten Deutschland
Friedrich Bohl, Frank-Walter Steinmeier und Thomas de Maizière im Vergleich
ISBN 978-3-8382-0116-0

Abonnement

Hiermit abonniere ich die Reihe **Göttinger Junge Forschung (ISSN 2190-2305),** herausgegeben von Dr. Matthias Micus,

❒ ab Band # 1

❒ ab Band # ___

❒ Außerdem bestelle ich folgende der bereits erschienenen Bände:

#___, ___, ___, ___, ___, ___, ___, ___, ___, ___, ___, ___

❒ ab der nächsten Neuerscheinung

❒ Außerdem bestelle ich folgende der bereits erschienenen Bände:

#___, ___, ___, ___, ___, ___, ___, ___, ___, ___, ___, ___

❒ 1 Ausgabe pro Band ODER ❒ ___ Ausgaben pro Band

Bitte senden Sie meine Bücher zur versandkostenfreien Lieferung innerhalb Deutschlands an folgende Anschrift:

Vorname, Name: ______________________________

Straße, Hausnr.: ______________________________

PLZ, Ort: ______________________________

Tel. (für Rückfragen): ________________ *Datum, Unterschrift:* ________________

Zahlungsart

❒ *ich möchte per Rechnung zahlen*

❒ *ich möchte per Lastschrift zahlen*

bei Zahlung per Lastschrift bitte ausfüllen:

Kontoinhaber: ______________________________

Kreditinstitut: ______________________________

Kontonummer: ________________ Bankleitzahl: ________________

Hiermit ermächtige ich jederzeit widerruflich den ***ibidem***-Verlag, die fälligen Zahlungen für mein Abonnement der Schriftenreihe **Göttinger Junge Forschung** von meinem oben genannten Konto per Lastschrift abzubuchen.

Datum, Unterschrift: ______________________________

Abonnementformular entweder **per Fax** senden an: **0511 / 262 2201** oder 0711 / 800 1889
oder als **Brief** an: ***ibidem***-Verlag, Julius-Leber Weg 11, 30457 Hannover oder
als e-mail an: ibidem@ibidem-verlag.de

***ibidem*-Verlag**
Melchiorstr. 15
D-70439 Stuttgart
info@ibidem-verlag.de

www.ibidem-verlag.de
www.ibidem.eu
www.edition-noema.de
www.autorenbetreuung.de